国家社会科学基金项目
"落后产能的淘汰机制研究"（11BJY070）研究成果

落后产能淘汰机制研究
——以钢铁行业为例

LUOHOU CHANNENG TAOTAI JIZHI YANJIU

窦　彬　汤国生　熊侃霞／著

中国社会科学出版社

图书在版编目（CIP）数据

落后产能淘汰机制研究：以钢铁行业为例/窦彬等著 . —北京：
中国社会科学出版社，2019. 12
ISBN 978 - 7 - 5203 - 5242 - 0

Ⅰ . ①落… Ⅱ . ①窦… Ⅲ . ①钢铁工业—工业发展—研究—中国
Ⅳ . ①F426. 31

中国版本图书馆 CIP 数据核字（2019）第 216514 号

出 版 人	赵剑英
责任编辑	卢小生
责任校对	周晓东
责任印制	王　超

出　　版	中国社会科学出版社
社　　址	北京鼓楼西大街甲 158 号
邮　　编	100720
网　　址	http：//www. csspw. cn
发 行 部	010 - 84083685
门 市 部	010 - 84029450
经　　销	新华书店及其他书店

印　　刷	北京明恒达印务有限公司
装　　订	廊坊市广阳区广增装订厂
版　　次	2019 年 12 月第 1 版
印　　次	2019 年 12 月第 1 次印刷

开　　本	710×1000　1/16
印　　张	22
插　　页	2
字　　数	361 千字
定　　价	118. 00 元

目　　录

第一章 落后产能淘汰的相关政策

本书梳理了 1990 年以来国家对钢铁行业产能相关的产业政策，首先将政策按照制定和实施的目的进行了分类；其次采用内容分析法对相关政策的具体条款进行分析，着重在政策的制定中是否体现了解决落后产能淘汰问题的市场调节机制以及政府规制中保障政策实施的承诺机制、激励约束机制以及监督机制；最后以出口退税政策为例，实证研究了该系列政策实施的效应。

第一节 国家宏观调控政策

将自 1990 年以来的钢铁行业与产能相关的产业政策按照政策制定和实施的目的分为十类，分别是总量控制、产业政策、落后产能淘汰、固定资产投资、技术管理、节能减排、行业准入、生产规范、出口退税以及其他等。其中，1990—2012 年的政策选自《中国钢铁工业年鉴》（1991—2013），2014 年的政策由笔者整理。

一 总量调整政策

与钢铁行业总量调整相关的政策 10 项，发文机关均为部级或以上，其中，"国发" 2 项，"国办发" 1 项，内容涉及针对产能过剩的总量控制、关停小钢厂等钢铁行业的重大问题，同时，具有充分的可行性论证以及解决思路等（见表 1－1）。

表 1－1　　　　　　　　总量调整相关政策分析

年份	部门	关键词	强调词 1	强调词 2	强调词 3	强调词 4	类型
1999	国经贸运行	总量控制	做好	钢铁工业			通知
2000	国办	清理整顿	小钢铁厂	意见	转发国经贸委		通知

年份	部门	关键词	强调词1	强调词2	强调词3	强调词4	类型
2000	国经贸冶金	关停	小钢铁厂	公布名单	第一批		通知
2000	国经贸冶金	关停	小钢铁厂	公布名单	第二批		通知
2004	发改产业	清理规范	焦炭行业	若干意见			紧急通知
2004	发改产业	清理整顿	巩固成果	进一步	电石、铁合金、焦炭行业	有关意见	通知
		健康发展	规范				
2009	国发	产能过剩	抑制	部分行业			通知
		重复建设					
		产业健康发展	引导	若干意见	批转发改委等部门		
2013	发改产业	产能过剩	坚决遏制	严重			通知
		盲目扩张					
2013	国发	产能过剩	严重	化解			指导意见
2014	工信部产业	产能过剩	在建项目	部分行业			通知
		产能置换					

由表1-1可知，在上述政策中，出现得最为频繁的关键词是"产能过剩"，出现了4次，在2009年提出（国发〔2006〕11号首次提出了"产能过剩"的概念，但是落脚点在于产业结构调整，而非专门针对产能过剩、钢铁总量调整等问题的解决），而对此关键词的强调词，也从2009年的"抑制"转变为2013年的"坚决遏制""化解"等，同时，产能过剩问题也由一般转向"严重"。可见，产能过剩问题在多年的政策实施中并没有得到解决，是钢铁行业在较长的时间内存在的顽疾。

此外，在2004年以前，对钢铁工业的总量控制，较为突出的手段是"清理""整顿""规范""关停"，针对的对象是"小钢铁厂"。2009年之后的政策有更多的综合性。

二 产业结构调整及钢铁产业政策

产业结构调整及钢铁产业政策、发展规划等内容，共计19项相关政策，其中"国发"3项，有2项为具有决策性和制约性的"决定"；"国办发""意见"1项；"发改委令"3项；海关总署"公告"1项，这些政策主要侧重于通过解决现实问题，例如产能过剩、节能减排等，实现钢铁行业的结构优化及长期可持续发展，见表1-2。

表 1 - 2　　　　　　　　　　产业结构调整和钢铁产业政策

年份	部门	关键词	强调词 1	强调词 2	强调词 3	类型
1989	国发	产业政策	当前	要点		决定
1990	冶金部	产业政策	当前	要点	贯彻	实施办法
2003		产业结构调整	方向	指导目录	征求意见稿	暂行规定
2005	国发	产业结构调整		促进	暂行规定	决定
2005	发改委	产业政策	钢铁	发展		产业政策
2005	发改委	产业结构调整	指导目录	2005 年本		指导目录
2006	海关总署	产业结构调整	指导目录	2005 年本	公布执行	公告
2006	发改办产业	行业结构调整	焦化行业	做好		通知
2006		国民经济和社会发展	第十一个五年规划纲要			决议
2006	国发	产能过剩				通知
		行业结构调整	推进	加快		
2009	国务院办公厅	产业调整和振兴规划	钢铁			产业政策
2010	国办发	节能减排	加大力度			意见
		工业结构调整	加快	钢铁		
2010	工信部	节能减排	加大力度	贯彻落实		通知
		工业结构调整	加快	钢铁		
2011	工信部	"十二五"发展规划	钢铁			通知
2011	发改委	产业结构调整	指导目录	2011 年本		指导目录
2012	科技部	高品质特殊钢				通知
		科技发展"十二五"专项规划				
2012	工信部	《新材料产业"十二五"发展规划》				发展规划

　　由表 1 - 2 可知，产业政策、行业规划类的政策 1989—2012 年共有 8 个，关键词为"产业政策""发展规划"等，特别是 2009 年为应对国际金融危机还发布了"产业调整和振兴规划"，将长期规划和短期需要解决的产业调整问题结合起来。此外，关键词中含有"产业结构调整""行业结构调整"或"结构调整"的政策 2003—2011 年共有 10 项，而且强调词中从 2006 年开始采用了"促进""推进""加快"之类的强调问题紧迫性的用语，表明了政府对钢铁行业结构不合理问题的持续关注和解决的决心。

三 落后产能淘汰相关政策

该部分政策主要有关落后产能淘汰总思路、淘汰产品目录、落后产能企业名单、奖励财政资金管理、目标任务等 26 项政策。其中，"国发" 1 项，为落后产能淘汰的指导性政策，其他的均为部委的"通知""公告""令"等是对该政策的进一步细化和落实，见表 1 - 3。

表 1 - 3　　　　　　　　　落后产能淘汰相关政策

年份	部门	关键词	强调词1	强调词2	强调词3	强调词4	类型
1998	国冶发	限期淘汰工艺技术装备	计划	1999 年	报送		通知
1999	国经贸	淘汰落后	生产能力、工艺和产品	目录		第一批	令
1999	国经贸	淘汰落后	生产能力、工艺和产品	目录		第二批	令
2002	国经贸	淘汰落后	生产能力、工艺和产品	目录		第三批	令
2006	发改工业	控制总量	钢铁工业				通知
		淘汰落后					
		结构调整	加快				
2007	发改委	淘汰落后生产能力	企业名单	电石、铁合金、焦化行业			公告
2007	发改委	淘汰落后生产能力	企业名单	电石、铁合金、焦化行业		第二批	公告
2007	发改产业	落后淘汰设备	炼铁高炉	转为他用	禁止		紧急通知
2007	发改产业	落后生产能力	转移流动	禁止	严格		通知
2007	财建	淘汰落后产能	中央财政奖励资金管理				暂行办法
2009	工信部产业	淘汰落后产能	任务	2009 年	分解落实		通知
2010	国发	淘汰落后产能	加强	进一步			通知
2010	工信部产业	淘汰落后产能	企业名单	工业行业	2010 年		公告
2010	工信部产业	淘汰落后	生产工艺装备和产品	部分工业行业	2010 年本		指导目录

续表

年份	部门	关键词	强调词1	强调词2	强调词3	强调词4	类型
2011	工信部产业	淘汰落后产能	下达目标任务	工业行业	2011年		通知
2011	工信部	淘汰落后产能	企业名单	工业行业	2011年		公告
2011	财建	淘汰落后产能	中央财政奖励资金管理	印发			通知
2012	工信部产业	淘汰落后产能	下达目标任务	19个工业行业	2012年		通知
2012	工信部	淘汰落后产能	企业名单	19个工业行业	2012年	第一批	公告
2012	工信部	淘汰落后产能	企业名单	19个工业行业	2012年	第二批	公告
2013	工信部产业	淘汰落后产能	下达目标任务	19个工业行业	2013年		通知
2013	工信部	淘汰落后产能	企业名单	工业行业	2013年	第一批	公告
2013	工信部	淘汰落后产能	企业名单	工业行业	2013年	第二批	公告
2014	工信部产业	淘汰落后产能	下达目标任务	工业行业	2014年		通知
2014	工信部	淘汰落后产能	企业名单	工业行业	2014年	第一批	公告
2014	工信部	淘汰落后产能	企业名单	工业行业	2014年	第二批	公告

　　由表1-3可知，落后产能的淘汰工作早在1998年就有相关的政策，1999—2002年出台了三批淘汰的目录，目录中较为详细地规定了需要淘汰的生产能力、工艺和产品。2006年之后，随着新一轮的钢铁投资热潮，钢铁产能激增，给生态环境带来了巨大的压力，淘汰落后产能问题日益严峻，2006年出台了淘汰落后产能、控制钢铁工业总量、加速产业结构调整的纲领性文件。此后，相应的配套文件也陆续出台，包括财政奖励、税收、任务分解落实、禁止落后产能的流动及对新建项目的严格控制等，但是，依然没有解决落后产能淘汰的问题。2010年国发〔2010〕7号文件，用两个强调词"进一步""加强"着重强调了落后产能淘汰工作需要深入落实，表明了中央政府对落后产能坚决淘汰的决心，可以认为，这是本次落后产能淘汰政策中最具有标志性意义的政策。此后，出台了配

套的淘汰目录，更新了财政奖励办法，并且连续五年公布了各地需要淘汰的企业名单、产能，俗称"黑名单"，以及当年完成的情况，后面的部分政策也是该政策的配套或细化政策。

四　固定资产投资相关政策

该部分主要是有关钢铁行业固定资产投资方面的投资目录、制止重复建设目录、对产能过剩行业固定资产投资管理等方面共计9项政策文件。其中，"国发"1项，"国办发"2项，可以认为，均是对钢铁产业落后及过剩产能在新建、在建投资方面的管理和指导，见表1-4。

表1-4　　　　　　　　　钢铁行业固定资产投资相关政策

年份	部门	关键词	强调词1	强调词2	强调词3	强调词4	类型
1998	国家计委等	外商投资产业指导目录	1998年版				指导目录
1999	经贸委	重复建设	制止	工商投资领域	第一批		目录
2000	人民银行等	限制或禁止贷款	淘汰落后	生产能力、工艺、产品			通知
			重复建设	项目			
2001	国家计委等	外商投资产业指导目录	2001年版				指导目录
2003	国办发	盲目投资	制止	钢铁电解铝水泥行业	若干意见	转发发展改革委等部门	通知
2004	国发	固定资产投资项目	资金比重	调整	部分行业		通知
2004	国办发	固定资产投资项目	清理				通知
2004	发改产业	控制信贷风险	产业政策	信贷政策	协调配合	有关问题	通知
2015	发改委等	外商投资产业指导目录	2015年修订				指导目录

由表1-4可知，对固定资产投资的管理，一是引导投资方向。1998—2015年共出台了3个《外商投资产业指导目录》，1998年版、2001年版和2005年修订版，明确规定了外商投资方向；1999年还出台了

制止工商投资领域目录,通过鼓励和限制两种方式引导产业结构的优化。二是通过金融机构对落后产能行业金融约束和监管。包括限制或禁止贷款,控制信贷风险、调整资金比重等。

五 钢铁行业技术管理相关政策

钢铁行业的生产装备技术分级、鼓励进口技术和产品目录、重点及优先发展技术目录等 7 项政策文件。这些政策较为清晰地界定了钢铁行业设备、产品、企业的技术水平,提供了行业发展的标杆,见表 1-5。

表 1-5 钢铁行业技术管理相关政策

年份	部门	关键词	强调词1	强调词2	强调词3	类型
1990	冶金部	企业标准水平等级	申报评定	冶金产品		办法
1992	冶金部	生产设备装备	技术水平分等	钢铁企业		办法
1999	国家计委等	高技术产业化重点领域指南目录	国家优先发展	当前		指南目录
2000	国家计委等	产业、产品和技术目录	国家重点鼓励发展	当前	2000 年修订	令
2000	国家经贸委投资与规划司	"双高一优"项目	国家重点技术改造	导向计划		计划
2009	发改产业	鼓励进口技术和产品目录	2009 年版			通知
2011	发改产业	鼓励进口技术和产品目录	2011 年版			通知

由表 1-5 可知,对钢铁行业的技术管理主要采用技术水平的评定和出台鼓励目录等方式,表中的鼓励目录 1999—2011 年共有 4 个,强调词都是"鼓励""重点鼓励""优先""导向"等,希望通过鼓励方式引导钢铁企业技术创新、调整产品结构。

六 节能减排相关政策

钢铁行业节能减排的相关政策,包括发展循环经济、水资源、废钢、清洁生产、大气污染等方面的 19 项政策文件。部分文件,如工信部〔2010〕176 号明确地指出了钢铁行业落后产能数量、标准以及钢铁生产的能耗、环保要求,见表 1-6。

表 1-6   节能减排政策

年份	部门	关键词	强调词1	强调词2	强调词3	强调词4	类型
1997	冶金部	总排水治理技术政策	冶金工厂	试行			
2005	国发	循环经济	加快发展				意见
2005	发改环资	循环经济	试点工作	组织开展	第一批	特急	通知
2007	国发	节能减排	综合性工作方案				通知
2009	环保部	环境保护	进口废钢铁	管理规定	试行		公告
2010	工信部	节能减排	钢铁工业				指导意见
2010	工信部节函	能效水平对标达标活动	重点用能行业				通知
2010	环办	环境保护核查	钢铁生产企业	现有			通知
2011	国发	节能减排	综合性工作方案	"十二五"			通知
2013	工信部	节能减排	有色金属工业				指导意见
2013	环保部	污染防治技术政策	钢铁工业				公告
2013	发改环资	节能减排	目标任务	2013	确保实现	加大工作力度	通知
2013	国发	大气污染防治	行动计划				通知
2013	环发	大气污染防治	行动计划	实施细则	落实	京津冀及周边地区	通知
2014	工信部	清洁生产	水平提升计划	重点工业企业	京津冀及周边地区		
2014	国办发	大气污染防治	行动计划	实施情况考核办法	试行		通知
2014	环保部等	大气污染防治	行动计划	实施情况考核办法	试行		实施细则
2014	发改委等	清洁生产	评价指标体系	钢铁行业			
2015	环保部	环境影响评价	技术导则	钢铁建设项目			

由表 1-6 可知，主要的钢铁行业节能减排政策从 2005 年开始，关键词为"循环经济"；2007 年第一次用"节能减排"作为主题词，并制订"综合性工作方案"；2011 年又出台了"十二五"的节能减排综合性工作方案，钢铁行业是节能减排的重点行业，落后产能淘汰的目的之一是实现节能减排，因此，在此类政策中，专门针对钢铁行业的政策就有 3 个；

2013 年以后，针对雾霾，提出了"大气污染防治"行动计划，并制定相应的实施细则和考核办法等，同时强调钢铁行业的"清洁生产"和"环境影响评价"，可以看到，对钢铁行业节能减排、环境监控的措施更加具体和全面。

七　行业准入相关政策

本部分收集了钢铁及其相关行业的行业准入标准以及达到行业准入的企业名单公示等政策、文件，共计23项（其中"关于符合×××准入条件的企业名单"之类的政策文件不完全）。通过这些政策文件明确了钢铁行业的进入门槛，规范了行业进入标准，见表1–7。

表1–7　　　　　　　　　　行业准入相关政策

年份	部门	关键词	强调词1	强调词2	强调词3	类型
1994	冶金部	生产许可证	管理	冶金产品		暂行办法
1996	冶金部	生产许可证	冷轧带肋钢筋			实施细则
1997	冶金部	生产许可证	（复查换证）	炼钢电炉顶用高铝砖		实施细则
1997	冶金部	生产许可证	（复查换证）	轴承钢		实施细则
2004	发改委	行业准入条件	电石行业	铁合金行业	焦炭行业	公告
2005	发改产业	行业准入管理	加强	焦化生产企业		紧急通知
2005	发改产业	行业准入管理	加强	铁合金生产企业		通知
2005	发改委	行业准入条件	焦化生产企业	74家符合	第一批	公示
2006	发改委	行业准入条件	焦化生产企业	34家符合	第二批	公示
2006	发改委	行业准入条件	电解金属锰企业			公告
2007	发改委	行业准入条件	焦化生产企业	34家符合	第三批	公示
2007	发改办产业	行业准入管理	电石、焦化	继续做好		通知
2008	发改委	行业准入条件	铁合金	电解金属锰	2008年修订	公告
2008	发改委	行业准入条件	焦化生产企业	49家符合	第四批	公示
2008	发改产业	行业准入条件	焦化	2008年修订		公告
2009	发改委	行业准入条件	焦化生产企业	76家符合	第五批	公示
2011	发改委	行业准入条件	焦化生产企业	74家符合	第六批	公示
2012	工信部	行业准入条件	废钢加工			公告
2012	工信部	行业准入条件	焦化	符合企业名单	第七批	公告
2013	工信部	行业准入条件	铸造			公告

年份	部门	关键词	强调词1	强调词2	强调词3	类型
2013	工信部	行业准入条件	废钢加工	符合企业名单	第一批	公告
2013	工信部	行业准入条件	焦化	符合企业名单	第八批	公告
2014	工信部	行业准入条件	铁合金＼电解金属锰	符合企业名单	第五批	公告

由表 1 - 7 可知，2004 年第一次提到"行业准入"的概念，之前对行业并没有准入标准，类似的有"生产许可证"制度，1997 年（含）之前的 4 个"生产许可证"有关政策，行业准入管理主要通过规定进入行业所应达到的标准和要求来控制进入该行业企业的数量，公示制是向社会公开，体现准入公平的主要方式，在 23 个政策文件中，有 10 个是公示文件（不完全统计）。

八 行业规范相关政策

钢铁行业规范类的政策文件，共计 6 项，目前已公示了三批符合钢铁行业规范的企业，这是对已在业内的企业的规范性管理，见表 1 - 8。

表 1 - 8 　　　　　　　　行业规范相关政策

年份	部门	关键词	强调词1	强调词2	强调词3	类型
2010	工信部	生产经营规范条件	钢铁行业			
2011	工信部	企业认定规范条件	铸造用生铁			通知
2012	工信部	行业规范条件	钢铁行业		2012 年修订	
2013	工信部	行业规范条件	钢铁行业	符合企业名单	第一批	公告
2013	工信部	行业规范条件	钢铁行业	符合企业名单	第二批	公示
2014	工信部	行业规范条件	钢铁行业	符合企业名单	第三批	公示

由表 1 - 8 可知，2012 年，工信部修订了《行业规范条件》，并且分批次公示符合规范的企业名单，这个名单俗称"白名单"，在白名单上的企业才是有合法性的钢铁企业；而未上白名单的企业，必须通过整改达到行业规范要求，否则将被淘汰。目前，白名单已经公示了三批，共 307 家企业，仅占黑色延压加工业企业总数 6743 家（2011 年统计）的 4.6%，未来应该还会陆续公布，白名单的出台，从公示达到规范的企业

名单入手，堵住了地方虚报、瞒报、注水淘汰落后产能名单的口，将落后产能淘汰工作推进了一步。

九 进出口税则相关政策

钢铁产品进出口的相关税则共计 11 项政策文件，2007—2010 年，出口退税是一项重要的调节高能耗产品（如钢材中的粗钢产品）出口量、价的方式，见表 1-9。

表 1-9　　　　　　　　　进出口税则相关政策

年份	部门	关键词	强调词1	强调词2	强调词3	类型
1999	国经贸贸易	以产顶进	钢材	改进办法		通知
2002	国经贸产业	以产顶进	钢铁工业协会	承担	有关工作	通知
2002	国经贸外经	以产顶进	钢材	调整工作		通知
2007	财税	出口退税率	钢材	调整		通知
2008	税委会	出口关税	铝合金、焦炭和煤炭	调整		通知
2008	税委会	出口关税		调整		通知
2008	财税	产品增值税税率	金属矿、非金属矿采选			通知
2009	财税	出口退税率	轻纺、电子信息	提高		通知
2009	财税	出口退税率	部分商品	提高	进一步	通知
2009	税委会	出口关税	部分产品	调整		通知
2010	财税	出口退税	部分商品	取消		通知

由表 1-9 可知，2002 年以前，在对外贸易上的主要政策是"以产顶进"，即对于国内尚无能力生产的钢铁产品，允许"三资"企业购买替代进口。2004 年以后，出口退税、关税等成为调节高耗能钢材产品出口的主要手段，详细分析见本章第三节。

十 落后产能淘汰其他相关政策

落后产能淘汰的其他相关政策，共计 5 项政策文件，包括兼并重组、阶梯电价、重点项目督查等方面，见表 1-10。

表 1-10　　　　　　　落后产能淘汰的其他相关政策

年份	部门	关键词	强调词1	强调词2	强调词3	类型
2013	工信部产业	兼并重组	重点行业企业	推进	加快	指导意见
2014	国发	兼并重组	市场环境	优化	进一步	意见

年份	部门	关键词	强调词1	强调词2	强调词3	类型
2007	发改价格	差别电价	坚决执行			通知
		优惠电价	自行出台	禁止		
2013	发改价格	阶梯电价	电解铝企业			通知
2001	国经贸	项目督查	重点项目			办法

第二节　相关政策中保障落后产能淘汰的措施

本部分选取钢铁行业总量控制中的国经贸运行〔1999〕29号、国办发〔2000〕10号、国发〔2009〕38号、发改产业〔2013〕892号、国发〔2013〕41号，产业结构调整和产业政策中的国发〔2006〕11号、国办发〔2010〕34号、工信部原〔2010〕381号，落后产能淘汰中的国冶发〔1998〕40号、发改工业〔2006〕1084号、国发〔2010〕7号政策文件，固定资产投资中的国办发〔2003〕103号、国办发〔2004〕38号等一共13项政策（见表1-11），这些政策都具有综合性、纲领性和代表性，从中采用选取关键词的内容，分析方法梳理出现有政策体系中保障落后产能淘汰的市场调节以及政府规制的各个方面的措施，具体做法是：首先将这些政策按照市场调节和政府规制分类，其次按照这两种方式的细类再分类，最后从这些表述中抽选关键词进行梳理分析。这些政策从1998—2013年，将其依据落后产能淘汰的特点，将其划分为三个阶段，第一阶段是1998—2000年，第二阶段是2003—2006年，第三阶段是2009—2013年，基本上可以反映政府对钢铁行业落后产能治理的变迁和路径。

表1-11　　　　　　　本节重点分析的政策目录

文件编号	关键词	强调词1	强调词2	强调词3	类型
国经贸运行〔1999〕29号	总量控制	做好	钢铁工业		通知
国办发〔2000〕10号	清理整顿	小钢铁厂	意见	转发国经贸委	通知

续表

文件编号	关键词	强调词1	强调词2	强调词3	类型
国发〔2009〕38号	产能过剩	抑制	部分行业		通知
	重复建设				
	产业健康发展	引导	若干意见	批转发改委等部门	
发改产业〔2013〕892号	产能过剩	坚决遏制	严重		通知
	盲目扩张				
国发〔2013〕41号	产能过剩	严重	化解		指导意见
国发〔2006〕11号	产能过剩				通知
	行业结构调整	推进	加快		
国办发〔2010〕34号	节能减排	加大力度			意见
	工业结构调整	加快	钢铁		
工信部原〔2010〕381号	节能减排	加大力度	贯彻落实		通知
	工业结构调整	加快	钢铁		
国冶发〔1998〕40号	限期淘汰工艺技术装备	计划	1999年	报送	通知
发改工业〔2006〕1084号	控制总量	钢铁工业			通知
国发〔2010〕7号	淘汰落后产能	加强	进一步		通知
国办发〔2003〕103号	盲目投资	制止	钢铁电解铝水泥行业	若干意见	通知
国办发〔2004〕38号	固定资产投资项目	清理			通知

一 市场调节

在现有政策中，主要从理顺要素价格体系、建立公平竞争环境以及及时提供行业信息三个方面表述了落后产能淘汰的相关市场调节措施。

（一）要素价格

要素价格不能正确地反映市场竞争状况和资源的稀缺程度，导致落后产能企业可以低成本获得竞争优势，从而在市场竞争中生存下来。研究从任务和要求两个方面分析现有政策中对于要素价格的改革观点，具体内容见表1-12。

表1-12 要素价格

文件编号	任务			要求			
	关键词	强调词1	强调词2	关键词	强调词1	强调词2	强调词3
国发[2006]11号	价格改革	资源性产品	积极稳妥推进	价格形成机制	反映市场供求状况	资源稀缺程度	健全
发改工业[2006]1084号	淘汰落后产能	促使	尽快	生态补偿责任机制	建立	完善	
				差别电价	经济手段	地方	根据实际情况
				差别水价			
国发[2010]7号	淘汰落后产能			资源性产品	价格改革	价格机制	充分发挥作用
				使用能源、资源、环境、土地	提高成本	落后产能企业和项目	
工信部原[2010]381号	差别电价	充分发挥作用		差别电价执行情况	监督检查	加强	
国发[2013]41号	价格政策	完善	规范	资源性产品价格	深化改革	按照体现资源稀缺性和环境成本的原则	
				非居民用水超额定额加价			
				环保收费政策	继续实施	完善	
				差别电价政策			
				优惠电价政策	清理整顿	产能严重过剩行业	
				电价优惠和电费补贴	自行实行	禁止	

续表

文件编号	任务			关键词	要求		
	关键词	强调词1	强调词2		强调词1	强调词2	强调词3
国发[2013]41号	价格政策	完善	规范	差别电价	钢铁、水泥、电解铝、平板玻璃等耗高能行业		
				惩罚性电价、水价	能耗、电耗、水耗达不到行业标准的产能		
				资源税	改革	推进	
				环境保护税	立法	推进	
	市场配置资源	基础性作用	切实发挥	资源、要素价格的市场形成机制	完善	理顺	
				差别化价格政策		能耗物耗水耗和生态环保	
				产业准入的标准	提高	以资源环境承载力上限	
				超标产能	倒逼退出		
				节能减排	倒逼达标		
				自然环境	倒逼改善		
				转移支付制度	完善		
				生态环保补偿责任制	建立		

由表 1 - 12 可知，在后两个阶段提到了要素价格的改革问题，第二阶段中，要素是指电、水和资源性产品，认为要素价格的改革能尽快促进落后产能的淘汰，希望能通过建立生态补偿机制以及差别电价和水价改变要素价格扭曲的状况。第三阶段，除上述内容之外，还有两个方面的改进：一是要对落后产能企业在土地、能源、资源、环境方面提高成本，征收环保相关费用；二是作为差别电价、水价相关政策的补充和完善，提出清理整顿优惠电价、禁止电费补贴，同时实施惩罚性电价和水价。

（二）公平经营环境

落后产能无法淘汰与市场缺乏公平竞争的经营环境密切关联，公平经营环境的创造，不仅需要理顺价格体系，还包括信贷、土地、财税以及社会保障乃至于整个体制环境的改变，从公平经营环境创造的方式和手段两个方面剖析了现有政策的观点，见表 1 - 13。

表 1 - 13 公平经营环境

文件编号	方式			手段		
	关键词	强调词 1	强调词 2	关键词	强调词 1	强调词 2
国发〔2009〕38 号	体制改革	深化		财税体制	深化改革	推进产业结构调整
				投融资体制		解决长期困扰我国产业良性发展的深层次矛盾
				价格体制		
				社会保障体制		
	干部考核制度	完善				
	体制环境	形成		有力地促进经济结构战略性调整		
				推动我国工业实现由大到强转变		
国发〔2013〕41 号	政府管理	创新		加强部门协调配合	产业、土地、环保、节能、金融、质量、安全、进出口	
	市场监管机制	形成	法律法规约束下责任清晰	用地、用海和岸线审查	强化	
				环保和质量监督管理	严格	
				银行独立审贷	坚持	
	公平环境	营造		平等使用生产要素	各种所有制经济	保障

续表

文件编号	方式			手段		
	关键词	强调词1	强调词2	关键词	强调词1	强调词2
国发〔2013〕41号	创新创业的市场环境	有利于	形成	公平参与市场竞争		
				同等受到法律保护		
				对企业生产经营活动的行政干预		切实减少
				损害公平竞争的优惠政策	坚决清理废除	地方政府在招商引资中采取土地、资源、税收、电价
				限制措施	坚决清理废除	地方保护、市场分割
				知识产权保护	加强	
				质量体系建设	加强	
				假冒伪劣产品	打击	
				市场秩序	整顿规范	
	投资体制	深化	改革	纵横协管	事中和事后	强化

由表1-13可知，创造公平经营环境的有关措施出现在第三个阶段的政策中，主要方式是深化体制改革、投资体制改革、完善市场机制、形成市场监管机制、创新政府管理、完善干部考核制度等长期战略，具体的手段包括信贷、财税、价格和质量四方面的措施，但从总体上看，由于淘汰落后产能是一个行业阶段性的工作，而公平经营环境的创造涉及整个经济环境的优化，不是行业政策所能解决的，因此，相关政策在此的表述都比较笼统。可以认为，这是解决落后产能退出市场的最终方式，即通过市场之手来调节产业的发展。

（三）供求信息

中国钢铁工业协会是全国性的钢铁行业组织，在8个工作机构中设有3个与行业供求信息相关的部门，分别是信息统计部、市场调研部和咨询服务部，如何发挥好行业协会在信息发布上的优势和作用，充分利用市场调节、优化产业结构在各阶段政策中也有强调，见表1-14。

表 1 – 14　　　　　　　　　　　　供求信息

文件编号	方式		手段		
	关键词	强调词1	关键词	强调词1	强调词2
国办发〔2003〕103 号	市场信息发布制度	建立完善	国内外钢铁工业发展形势	研究和分析	加强
			市场供需状况	钢铁产品、铁矿石、焦煤等重要原燃料	及时发布信息
			生产能力		
			价格变化		
			投资方向	地方和企业	引导
国发〔2006〕11 号	行业信息发布制度	健全	统计、监测制度	完善	有关部门
			对产能过剩行业运行动态的跟踪分析	做好	
			判断产能过剩衡量指标	尽快建立	
			数据采集系统		
			定期向社会披露相关信息制度	建立	有计划、分步骤
	行业发展的信息引导	加强	行业协会的作用	发挥	
			市场调研	搞好	
			产品供求、现有产能、在建规模、发展趋势、原材料供应、价格变化	适时发布	
	其他行业出现产能严重过剩	防止	其他行业生产、投资和市场供求形势的发展变化	密切关注	苗头性、倾向性问题
发改工业〔2006〕1084 号	钢铁工业协会		行业发展方向	关心	
			行业的整体利益		
			需求预测、产能变化、落后生产能力等信息	及时发布	关系行业健康发展
			与政府、企业	及时沟通	
			协调互动的机制	形成	
			各项政策措施	确保落到实处	
			行业自律	加强	
			行业秩序	规范	
			无序竞争和盲目发展	避免	

续表

文件编号	方式		手段		
	关键词	强调词1	关键词	强调词1	强调词2
国发〔2009〕38 号	信息发布制度	建立	部门联合发布信息制度	建立	发改委
			行业产能及产能利用率统一监测	加强	
			产业政策导向及产业规模、社会需求、生产销售库存、淘汰落后、企业重组、污染排放		适时向社会发布
			行业协会作用	充分发挥	
			行业问题和企业诉求	及时反映	
			信息服务	为企业提供	行业协会
			落实国家产业政策和发展规划	引导	企业和投资者
			行业自律	加强	
			行业整体素质	提高	
国发〔2013〕41 号	信息发布		产能利用、市场供需	适时发布信息	产能严重过剩行业
			动态监测分析	加强	
			产能过剩信息预警机制	建立	
	行业协会		行业自律、信息服务	发挥作用	

　　从表1-14可知，在后两个阶段中均提到了信息发布的重要作用。第二阶段，关于信息的沟通和发布的相关政策更为详细、具体，并且在强调词上，采用了"完善""健全"之类的强调性用语，同时从三个方面较为详细地提出了信息发布的要求：一是行业供求方面的信息，包括国内外进展、市场供需、产能状况、价格、投资、在建项目、原材料等；二

是对信息系统建设的要求，包括统计监测系统、产能过剩行业监控、数据采集等；三是提出了分步骤建立定期向社会披露相关信息的制度的设想。同时，对于提供信息的行业协会的相关职责也做了具体要求和规定。第三阶段，提出除行业协会之外，发改委应建立部门联合发布信息制度，强调信息发布中的部门联合和动态监测。对信息发布的要求更高，也更有利于企业充分进行市场化竞争。

二 政府规制

（一）承诺机制

政策体系中的承诺机制体现在对政策重要性的强调、政策原则的明确、政策目标的清晰可度量、政策目标实现的可行性的掌握以及政策未达成的处罚等方面。下面从这五个方面将政策在相关处的表述进行结构化分析。

1. 政策的重要性

对政策的重要性的分析从钢铁行业存在的问题在哪里？这些问题导致了怎样的结果以及该政策实施对行业发展的意义三个方面展开。有 7 项政策对重要性有强调，见表 1 – 15。

由表 1 – 15 可知，第一阶段的问题是低水平重复建设、行业结构不合理、投资和产量的增速太快，带来的问题是产能过剩、企业经济效益下滑、环境资源压力和金融风险。第二阶段，行业供过于求问题"加剧"，产能过剩"矛盾十分突出"，带来的问题是能源、运输矛盾加剧，国际贸易摩擦，企业经营状况进一步恶化，政策的实施具有"迫切性""必要性"，不能错失钢铁工业"由大变强"的重大战略机遇。2009 年之后，钢铁行业经过短暂的促进调整之后，巨大的产能压力使全行业都处于微利甚至亏损的状态中，多项政策中都强调淘汰落后产能、实现产业结构调整的重要性，这一阶段，行业除上面两个阶段的问题仍没有解决并更加严重之外，还强调了对产能过剩需要"尽快抑制"，能源资源"瓶颈""加剧"，同时，在意义的强调上，补充了"经济增长的质量""节能减排的迫切需要"以及"新兴工业化的必然要求"等。总之，在第三阶段，政策实施的意义和重要性更丰富、更紧迫。表明中央政府对于淘汰钢铁行业落后产能，解决产能过剩问题，调整行业结构的决心更加坚决。

表1-15

政策的重要性

文件编号	问题 关键词	问题 强调词1	问题 强调词2	结果 关键词	结果 强调词1	结果 强调词2	意义 关键词	意义 强调词1	意义 强调词2
国经贸运行[1999]29号	重复建设	日益突出		供大于求			行业结构调整	客观需要	机遇
	结构不合理			价格下跌			宏观调控	艰巨任务	
	投资增速	加快		经济效益下滑			科学发展	迫切需要	
	产量上升	大幅度		产能过剩			经济增长	重要举措	负面影响
	新建扩建	大规模		无序竞争			转变生产方式	必要性	
	低水平重复建设			资源	浪费		由大变强	再次丧失	紧迫性
	违法生产			环境	污染				重要战略机遇
				金融风险	隐患				
国发[2006]11号	供大于求	加剧		能源	矛盾进一步加剧				
				运输	矛盾进一步加剧				
				国际贸易摩擦	扩大				
发改工业[2006]1084号	产能过剩	矛盾十分突出		行业亏损面	扩大				
	资源	难以支撑		企业停产					
	环境	难以支撑							
	低水平产能比例	相当比重							
	恶性竞争	出现							

续表

文件编号	问题			结果			意义		
	关键词	强调词1	强调词2	关键词	强调词1	强调词2	关键词	强调词1	强调词2
发改工业[2006]1084号	产业集中度下降	进一步		失业人数	增加				
				银行呆坏账	扩大				
	经济发展方式	粗放		恶性竞争			企稳向好		
国发[2009]38号	重复建设	调控	引导	企业倒闭			产业结构调整	错失历史机遇	
	盲目扩张			开工不足			产业健康发展	重要的意义	
	产能过剩	加剧	尽快抑制	下岗失业			转变生产方式	重要的意义	
				银行不良资产	大量增加		可持续发展	重要的意义	
国发[2010]7号	结构性矛盾	比较突出		落后产能	比例大	比较严重	淘汰落后产能问题	加快	重要任务
	政策措施	不够完善		节能减排	严重制约		转变生产方式	大力推进	
	激励和约束	不够强		可持续发展	严重制约		调整产业结构	大力举措	
	认识偏差			应对气候变化	严重制约		经济增长质量	迫切需要	
	责任落实	不够					节能减排	必然要求	
	按期实现目标	确保					新兴工业化	必然要求	
	产业转型升级	大力推进					由大变强		

续表

文件编号	问题			结果			意义		
	关键词	强调词1	强调词2	关键词	强调词1	强调词2	关键词	强调词1	强调词2
发改产业〔2013〕892号	产能过剩	严重		就业	巨大危害		产业健康发展		
	资源	瓶颈	制约	金融	巨大危害				
	环境			安全生产	巨大危害				
				稳增长	不利影响				
				防通胀	不利影响				
				控风险	不利影响				
国发〔2013〕41号	任建、拟建项目	突出矛盾	问题根源	产业发展	危及	健康	可持续发展	重大意义	
	产能过剩	加剧		民生改善					
	恶性竞争	扩大		社会稳定					
	行业亏损面	增加		产业结构调整	加快				
	失业人数	增加		产业转型升级	促进				
	银行不良资产			系统性金融风险	防范				
	能源资源"瓶颈"	加剧							
	环境	恶化							

2. 政策原则

对政策原则的分析主要从原则中的关键词和强调词出现的频率来判断政策的导向和趋势，见表 1 – 16。

表 1 – 16 政策原则

文件编号	原则		
	关键词	强调词 1	强调词 2
国办发〔2003〕103 号	市场导向	坚持	
	产业政策和发展规划	依照	
	法律经济行政手段	运用	
国办发〔2004〕38 号	科学发展观	贯彻落实	
	法律法规政策	依据	
	突出重点、分类指导、区别对待	坚持	
	项目隶属	按照	
发改工业〔2006〕1084 号	市场机制	为主	
	法律法规	严格执行	坚持
	区别对待，分类指导	坚持	
	平稳发展	防止大起大落	
	标本兼治	长效机制	
国发〔2006〕11 号	市场配置资源	充分发挥	基础性作用
	法律经济行政手段	综合运用	
	区别对待	扶优汰劣	促进
	结构调整	健全	制度保障
国发〔2009〕38 号	控制增量	优化存量	结合
	分类指导	有保有压	结合
	培育新兴产业	提升传统产业	结合
	市场引导	宏观调控	结合
国发〔2010〕7 号	市场	发挥	
	依法行政	坚持	
	目标责任	落实	
	政策环境	优化	
	协调配合	加强	

续表

文件编号	原则		
	关键词	强调词1	强调词2
国办发〔2010〕34号	市场倒逼	充分利用	
	经济技术法律行政	综合运用	
国发〔2013〕41号	市场规律	宏观调控	结合
	开拓市场	产业转型升级	结合
	控制增量	优化存量	结合
	完善政策措施	深化改革创新	结合
发改产业〔2013〕892号	尊重规律		
	分业施策		
	多管齐下		
	标本兼治		

由表1-16可知，在后两个阶段的政策中包含政策原则，在2006年（含）之前的阶段中，关键词"市场机制""法律""区别对待"等出现了三次，是主要原则，其他原则还包括标本兼治的长效机制、科学发展观、平稳发展等。在2009年之后的阶段中，国办发〔2010〕34号中首次出现了充分利用"市场倒逼"机制，优化产业结构，与之前的"引导"相比，"倒逼"更形象、更具有强制性，"法律"手段出现了两次，并强调"综合运用"和"多管齐下"，"分业施策"也较"区别对待"更具体简洁。此外，在该阶段中还增加包括"控制增量"（出现了两次）"培育新兴产业""目标责任""政策环境""协调配合""开拓市场""完善政策"等新的原则，表明在新的阶段，结合现实的行业发展，政策的手段和措施更加灵活多样。

3. 政策目标

对政策目标的分析主要从定量目标和定性目标两个方面展开，见表1-17。

由表1-17可知，各阶段均有定量和定性的目标。在第一阶段，重点控制的对象是"五小"企业、年产50万吨以上的国有大中型企业、连续三年亏损扭亏无望的企业和生产线，控制的目标是减量10%等，并淘汰"三高一低"的产品。第二阶段，2006年主要以高炉容积等规模来划定落

表1-17　政策目标

目标 文件编号	定量目标			定性目标		
	关键词	强调词1	强调词2	关键词	强调词1	强调词2
国经贸运行[1999]29号	连续亏损扭亏无望	3年	企业和生产线	五小	重点控制对象	小电炉、小高炉、小焦炉、小轧机、小转炉
	年产量	50万吨以上	国有重点大中型企业	落后产能	产品质量	差
	产量压缩	10%	1999年较上年	污染	严重	
	国产钢占有率	92%以上			能耗	高
	全行业利润	50亿元	国有	供大于求	严重	产品
	大中型冶金企业	不亏损				
	全年进口	700万吨以内	国内能生产的一律不再进口			
国办发[2004]38号	项目	2004年以来	所有开工	在建拟建项目	全面	清理审核
				钢铁	重点清理	
				产业政策行业规划	是否符合	
				土地利用总体规划	是否符合	土地利用年度计划
				国家环保规定	是否符合	环境影响评价
				城市总体规划	是否符合	
				项目审批程序	是否符合	
				信贷政策和固定资产贷款	是否符合	

续表

目标	定量目标			定性目标		
文件编号	关键词	强调词1	强调词2	关键词	强调词1	强调词2
国办发[2004]38号	项目	2004年以来	所有开工	国发[2003]103号	是否符合	
				国经贸令6号、16号、32号	是否属于	破坏资源、污染环境、不具备安全生产条件
				法律法规政策	其他相关	
国发[2006]11号	炼铁高炉	300立方米以下	淘汰	小企业	关闭	
	炼钢转炉、电炉	20吨以下	淘汰	落后生产能力	淘汰	分期分批
	高炉	400立方米以下	2011年年底以前坚决淘汰	淘汰落后的生产设备	销毁处理	
	转炉和电炉	30吨以下	2011年年底以前坚决淘汰	淘汰落后	结构调整技术进步	加快
国发[2009]38号	吨钢综合能耗	低于620千克标准煤	碳钢企业	联合重组	由大到强	钢铁工业
	吨钢耗用新水量	低于5吨	碳钢企业	城市钢厂搬迁	减少或不增加产能	
	吨钢粉尘排放量	低于1.0千克	碳钢企业			
	吨钢二氧化硫排放量	低于1.8千克	碳钢企业			
	二次能源	实现100%回收利用	基本			
	特厚板和高压锅炉管	百万千瓦火电及核电用	重点支持			

续表

目标编号	定量目标			定性目标		
文件编号	关键词	强调词1	强调词2	关键词	强调词1	强调词2
国发〔2009〕38号	高磁感低铁损取向硅钢，高档工模具钢	25万千伏安以上变压器用	重点支持			
	热轧带肋钢筋	强度335兆帕以下	加快淘汰			
	钢筋	强度400兆帕及以上	推广			
国发〔2010〕7号	高炉	400立方米以下	2011年年底以前淘汰			
	转炉和电炉	30吨以下	2011年年底以前淘汰			
国发〔2013〕41号	产能规模	基本合理	5年努力	产能总量	适应环境承载力、市场需求、资源保障	
				空间布局	协调区域经济发展	
				产能利用率	合理水平	
				兼并重组	实质性进展	
				产能结构	优化	
	发展质量	明显改善	5年努力	清洁生产污染治理	水平提高	
				资源综合利用水平	明显提升	
				经济效益	好转	
				盈利水平	回归合理	
				行业平均负债	风险可控	
				核心竞争力	增强	

续表

目标		定量目标			定性目标		
文件编号		关键词	强调词1	强调词2	关键词	强调词1	强调词2
国发〔2013〕41号		长效机制	初步建立	5年努力	公平竞争环境	完善	
					企业市场主体作用	充分发挥	
					预警体系监督机制	基本建立	
					资源要素价格	重大进展	
					财税体制	重大进展	
					责任追究		
发改产业〔2013〕892号					过剩产能	消化一批	
						转移一批	
						整合一批	
						淘汰一批	

后产能的标准，2006 年标准是 300 立方米以下的炼铁高炉和 20 吨以下的炼钢电炉和转炉，关闭的对象是"小企业"，并且提出要"分期分批"淘汰落后生产能力。第三阶段，2009 年将淘汰落后产能的规模标准提升到"400 立方米以下的"炼铁高炉和 30 吨以下的炼钢电炉和转炉，且限定在 2011 年年底前要淘汰完毕，最重大的调整是在淘汰的标准中，增加了吨钢综合能耗、吨钢耗用新水量、吨钢粉尘排放量、吨钢二氧化硫排放量和二次能源回收利用率等指标，在以规模定标准的同时，兼顾能耗、环保要求，而且不再出现"小企业"这样的表述。

4. 完成目标的阶段性

提高承诺可信度的手段之一就是小步前进（Dixit and Nalebuff，1991），即目标的实现要分步实施，下面仍然从分步的定量和定性两个方面展开分析，见表 1 - 18。

由表 1 - 18 可知，第一阶段，淘汰的目标从 1999—2002 年逐年细分，较为详尽，主要分步淘汰的目标是：2000 年年底前要淘汰 50 立方米以下的高炉和 10 吨以下电炉及转炉；2002 年年底前要淘汰 100 立方米以下的高炉和 15 吨以下的转炉以及 10 吨以下的电炉。第二阶段，淘汰的目标有 3 个时间点和 1 个中期目标，2006 年的目标是兼并重组，形成大型企业集团；2007 年前淘汰 200 立方米及以下高炉、20 吨及以下转炉和电炉；2010 年前淘汰 300 立方米及以下高炉，板带比达 50%；中期目标，即在"十一五"期间淘汰落后炼铁能力 1 亿吨。第三阶段，淘汰的目标有 1 个时间和 1 个中期目标，2015 年淘汰落后的炼铁、炼钢能力分别为 1500 万吨；"十三五"期间压缩钢铁总量 8000 万吨以上。三个阶段的分步目标，后阶段的分步定量目标反而没有前期的详细，定性目标更多，而且淘汰的量也减少了，同时提出"压缩"产能问题，政策分析表明，淘汰落后产能进入越来越困难的状况，在规模偏小的产能基本淘汰完成之后，钢铁行业仍存在大量的过剩产能，环境、资源、市场、物流等压力仍然很大，"缩减"产能成为唯一出路，但是，如何缩减，如何以环保、能耗和执法等手段实现"缩减"，成为摆在钢铁行业面前的又一难题。

5. 问责制及一票否决制

问责制及一票否决制是加重地方政府不淘汰落后产能后果的举措，下面从处理方式和为什么需要处理（缘由）两个方面来解析政策，见表 1 - 19。

表1-18 完成目标的阶段性

文件编号	定量				定性		
	关键词	强调词1	强调词2	强调词3	关键词	强调词1	强调词2
国冶发[1998]40号	热烧结矿工艺、土焦工艺、土烧结工艺、土直接还原工艺	淘汰		1999年加大力度			
	小高炉	100立方米	2000年及2002年年底				
	小转炉、侧吹转炉、平炉	15吨以下	2000年及2002年年底				
	小电炉、化铁炉	10吨以下	2000年及2002年年底	1999年加大力度			
	铁合金电炉	2400千伏安（含）以下	2000年及2002年年底				
	叠轧薄板轧机、普钢初轧机及开坯用中型轧机、折叠式热轧窄带轧机			1999年加大力度			
	热轧无缝管机组	直径76毫米以下	2000年及2002年年底				
	横列式线材轧机、一列式小型轧机						
	高炉	50立方米（含）以下	1999年年底				
	转炉、侧吹转炉	10吨（含）以下					
	平炉	9座					
	小电炉	5吨（含）以下					
	铁合金电炉	1800千伏安（含）以下					

续表

文件编号	定量				关键词	定性	
	关键词	强调词1	强调词2	强调词3		强调词1	强调词2
国冶金发[1998]40号	1999年确定落后工艺技术装备	年产钢100万吨以上	5月1日完成		淘汰设备名称	生产能力	淘汰时间
		年产钢30万～100万吨	10月1日完成		进度安排	具体措施	
		其他企业	年底前完成		关停"五小"企业建议名单	各省、自治区、直辖市冶金行业主管部门	
	本企业、本地区1999年限期淘汰工艺技术装备计划	报国家冶金工业局	1999年2月底前	各省、自治区、直辖市冶金主管部门和各企业	编制淘汰落后的计划安排	立即组织力量	各企业和各省、自治区、直辖市冶金行业主管部门
					提出意见	问题、政策建议	
国经贸运行[1999]29号	钢铁产量	下调10%	各省、自治区、直辖市、计划单列市及新疆生产建设兵团		控制总量	国有及国有控股、"三资"企业	集体、乡镇、私营冶金主管部门
					目标分解	各地经贸委和冶金主管部门	

续表

文件编号	定量				定性		
	关键词	强调词1	强调词2	强调词3	关键词	强调词1	强调词2
国办发[2000]10号	土焦生产设备（含地方改良焦生产设备）和土烧结生产设备						
	烧结机	18平方米以下（含18平方米）					
	小高炉	50立方米以下（含50立方米）	2000年	关停小钢厂	关停小钢厂	分阶段	
	小转炉、小电炉	公称容量10吨以下（含10吨）					
	铁合金电炉	1800千伏安以下					
	小炼钢厂	1998年产钢10万吨（含）以下					
	小轧钢厂	横列式小型材、线材轧机年产量10万吨（含）以下					
	地条钢或土口锭设备		2000年	坚决取缔			
	铁合金电炉	3200千伏安以下（含3200千伏安）	2001年年底	关停小钢厂			

续表

文件编号	定量				关键词	定性	
	关键词	强调词1	强调词2	强调词3		强调词1	强调词2
国办发[2000]10号	烧结机	生产热烧结矿					
	小高炉	100立方米以下（含100立方米）					
	小转炉	公称容量15吨以下（含15吨）	2002年年底	关停小钢厂			
	小炼钢厂	年产普碳钢30万吨以下（含30万吨）					
	小轧钢厂	横列式小型材、线材轧机年产量25万吨以下（含25万吨）					
发改工业[2006]1084号	落后炼铁能力	1亿吨	"十一五"	淘汰	落后生产能力	浪费资源	关闭一批
	落后炼钢能力	5500万吨	2007年前	淘汰		污染环境	
	淘汰落后产能	实质性进展	2006年	淘汰		不具备生产条件	
	钢铁工业布局	不合理得到改善	2006年		新增产能	控制	
	曹妃甸等沿海钢铁基地	建成	2006年				
	前10位钢厂总产量占比	50%	2006年	兼并重组			

续表

文件编号	定量				定性		
	关键词	强调词1	强调词2	强调词3	关键词	强调词1	强调词2
发改工业〔2006〕1084号	大型钢企集团	3000万吨级	2006年	2—3个			
	大型钢企集团	千万吨级	2006年	若干个			
	高炉	200立方米及以下	2007年前	淘汰			
	转炉和电炉	20吨及以下	2007年前	淘汰			
	高炉	300立方米及以下	2010年前	淘汰			
	板带比	50%	2010年				
	本地区五年规划和实施方案	报国家发展改革委	2006年三季度前	落后产能情况	明确重点和进度		
		报国务院有关部门	每半年将进展情况				
国发〔2010〕7号					工信部、能源局商有关部门	落后产能年度目标制定并分解	省、自治区、直辖市
					省、自治区、直辖市	目标分解	市、县、企业
						上报落后产能企业名单	工信部能源局
工信部原〔2010〕381号					各地工业主管部门	淘汰落后产能任务目标分解落实	市、县、企业

续表

文件编号	关键词	定量			关键词	定性	
		强调词1	强调词2	强调词3		强调词1	强调词2
国发[2013]41号	炼铁	1500万吨	2015年年底	淘汰	年度目标	分解落实	
	炼钢	1500万吨			等量或减量置换	落实	
	特别排放限值		"十三五"期间	严格执行	钢铁产业结构调整	重点推动山东、辽宁、江苏	河北、山西、江西等
	处罚力度	一批		加大	分散产能	整合	
	落后产能			加快淘汰退出	推动城市钢厂搬迁		
	央企	示范带头			产业布局	优化	
	钢铁产能总量	8000万吨以上		压缩			
发改产业[2013]892号	违规项目清理情况	各地区人民政府主管部门	向省（区、市）主要领导报告后				
	报送发改委、工信部情况	发改委、工信部	6月底前				
	汇总清理情况	发改委、工信部	向国务院汇报				

表1-19　问责制及一票否决制

文件编号	处理的方式				原由			
	关键词	强调词1	强调词2	强调词3	关键词	新上项目	强调词1	强调词2
国办发〔2003〕103号	追究责任	有关责任人	法律责任		用地／转让土地／审批钢铁项目		违规／低价／违规越权	违法／化整为零
发改工业〔2006〕1084号	责任	有关领导	到位		淘汰落后产能			
国办发〔2006〕11号	追究责任					新上项目	违规	拒不执行
国发〔2009〕38号	问责制	有关责任人	实行	中办发〔2009〕25号	工作严重失职失误		恶劣影响	违反国家土地、环保法律法规和信贷政策、产业政策规定
国发〔2010〕7号	问责制／通报、限期整改	有关责任人	实行	依法依纪	淘汰进展／整改		瞒报、谎报／不到位	
国办发〔2010〕34号	问责制	有关责任人	进一步健全		未完成淘汰任务／项目审批／违规在建项目		越权审批、未批先建、边批边建／未停建	
发改产业〔2013〕892号	追究责任／问责	相关责任人／机构和人	依法／中办发〔2009〕25号	中办发〔2009〕25号	核准、备案新增产能项目以及向违规项目发放贷款、供应土地和通过环评审批			违反国家土地、环保法律法规以及发改产业〔2013〕892号规定
国发〔2013〕41号	问责／通报批评、责任延伸制度	相关责任人／地方和部门	按照国家有关规定／建立健全	认真执法	监管不力／工作开展不力			违法违规建设产能严重过剩行业项目

由表 1 – 19 可知,第二和第三阶段涉及问责。在第二阶段,主要针对违规用地、审批钢铁项目等事项,以及淘汰落后产能和违规新上项目,违规用地、审批钢铁项目追究有关领导责任以及有关责任人法律责任,落后产能淘汰要责任到人,违规项目的处理要追究有关责任人责任。第三阶段,2009 年首次提出"问责制",并按照中办发〔2009〕25 号相关规定执行,缘由也更加具体和详细,主要包括违反国家土地、环保法律法规、信贷政策、产业政策规定引起恶劣影响,瞒报、谎报落后产能淘汰进展、未完成淘汰任务、整改不到位、项目审批违规、未停建违规项目、对违规项目监管不力等。三个阶段的责任归属的规定变化,从泛泛而谈,到较为详尽的规定,并出台专门政策规定,表明中央政府希望提高政治承诺的可信度,从根本上解决政策执行难、落实难的问题。

(二) 激励机制

政策体系中的激励机制,主要是指正向激励,政府主要通过财政资金引导、税收调节、健全退出保障机制、促进企业升级改造、推动兼并重组、出口管理以及需求结构的调整等方面达成激励地方政府淘汰落后产能的目的。下面从这七个方面将政策在相关处的表述进行结构化分析。

1. 财政资金引导

财政资金引导是利用中央或地方的财政资金鼓励、奖励地方政府、企业淘汰落后产能、进行技术改造等,将从资金的来源、安排以及用途等方面对政策进行分析,见表 1 – 20。

由表 1 – 20 可知,包括财政资金引导方面,激励措施的政策在第三阶段,资金的来源是中央财政和各地财政,主要用途在钢铁企业的技术改造,各地落后产能淘汰中的职工安置、企业转产以及奖励,产业结构调整的关键项目,支持产能严重过剩行业压缩产能等。在资金的使用上,强调"支持""加大支持""鼓励""引导"等强调词,同时提出提高资金的使用效率和各地财政的专项资金安排等。政策的分析表明,财政资金解决落后产能淘汰中的各类问题起到的是引导作用,表明了政府的导向,还需要吸引其他渠道的资金进入。

2. 税收调节

通过税收的方式促进落后产能的淘汰,从调节方式和目标两个方面分析现有政策是如何采用税收调节方式的,见表 1 – 21。

表 1-20　财政资金引导

文件编号	资金来源、安排			引导的用途		
	关键词	强调词 1	强调词 2	关键词	强调词 1	强调词 2
国发〔2009〕38 号	财政性资金	严格防止	各级政府	扩大产能项目	产能过剩行业	
	财政支持政策	积极落实	鼓励引导	钢铁企业技术改造	加强	
国发〔2010〕7 号	中央财政	统筹支持	现有资金渠道		各地区	重点支持
	资金安排	淘汰落后产能	衔接	职工安置、企业转产	淘汰落后产能	
	增加转移支付	加大支持	加大奖励力度	落后产能淘汰		
	地区资金	淘汰落后产能	支持企业		经济大发达地区	
	资金安排	淘汰落后产能	产生实效	发挥工业、能源等行业主管部门的作用，加强协调配合	资金申报、安排、使用中	
国办发〔2010〕34 号	中央财政	加大支持	挂钩	淘汰落后产能		集中支持
	奖励资金	淘汰落后产能		钢铁企业技术改造	加强	
	财政支持政策	积极落实		关键项目和企业	对钢铁工业结构调整意义重大	
	资金使用效率	切实提高	各地			
工信部原〔2010〕381 号	奖励资金	用好				
国发〔2013〕41 号	各地财政	完善		产业结构调整	产业升级	产能严重过剩行业
	中央财政	加大支持	现有资金渠道	扩大资金规模	适当	支持
	中央财政奖励资金	淘汰落后产能		压缩过剩产能	产能严重过剩行业	
	各地财政	专项资金	安排支持			

表 1 –21   税收调节

文件编号	调节方式				目标		
	关键词	强调词1	强调词2	强调词3	关键词	强调词1	强调词2
国发〔2010〕7号	税收征管	严格					
	税收优惠政策	地方擅自出台	清理纠正	钢铁企业	公平竞争市场环境	营造	
	税收优惠政策	落实	完善		企业升级改造	支持	
	资源及环境保护税费制度	落实	完善		节能减排	调控	
国发〔2013〕41号	公平税赋政策	落实			进口钢材保税政策	加工贸易项下	取消
	出口退税政策				出口设备及产品	向境外转移过剩产能的企业	
	资源综合利用财税优惠政策	修订	完善		高标号水泥、高性能混凝土以及利用水泥窑处置城市垃圾、污泥和产业废弃物	支持生产	
	促进企业兼并重组的税收政策	完善			企业重组	鼓励	

由表 1 –21 可知，税收调节的方式也在第三阶段，调节方式有三种：一是通过创造公平的税收政策，取消对落后产能行业的税收优惠政策，形成公平的竞争环境；二是通过完善和落实资源环境类的税费制度，加大落后产能生产成本，促进落后产能的淘汰；三是完善兼并重组企业的税收政策，推动钢铁企业多种方式的兼并重组。

3. 退出保障

没有完善的退出保障机制是落后产能不能完全退出市场的主要原因，从退出保障机制需要解决的主要任务事项和解决的途径两个方面解析现有政策对落后产能退出后的保障，见表 1 –22。

表 1-22 　　　　　　　　　　　　　　退出保障

文件编号	事项			途径		
	关键词	强调词1	强调词2	关键词	强调词1	强调词2
国办发〔2000〕10 号	关闭小钢厂善后问题	依法关停	国发〔1997〕10 号	清理债权债务	依法	谁批准谁负责、谁投资谁承担风险
				下岗分流和再就业工作	妥善解决安排	国务院有关规定
国发〔2006〕11 号	落后企业退出机制	建立健全		人员安置		
	制定改革政策	兼并重组	有利于	土地使用		
		退出市场	有利于	资产处置		
				保障职工权益		
发改工业〔2006〕1084 号	处理淘汰落后产能过剩中出现的问题	妥善处理	谁批准谁负责			
国发〔2010〕7 号	职工安置政策	认真落实	完善	职工安置	妥善	依法
				职工社会保险关系转移与接续	做好	
				失业	大规模集中	避免
				群体性事件	防止	
国办发〔2010〕34 号	落后产能退出机制	完善		公平竞争和落后产能退出	市场环境	努力营造
国发〔2013〕41 号	产能退出	有序	引导			
	过剩产能退出	法律制度	研究建立	退出过剩行业	主动	引导企业
	职工安置	落实		就业扶持政策体系	企业下岗失业人员	
				吸纳就业和帮扶就业困难人员就业	鼓励企业	
				促进自主创业	落实	
				免费职业介绍、职业指导等服务	下岗失业人员	加强
				职业培训	提供	

续表

文件编号	事项			途径		
	关键词	强调词1	强调词2	关键词	强调词1	强调词2
国发〔2013〕41号	职工安置	落实		创业指导和创业培训	开展	
				自主创业税费减免	落实	
				小额担保贷款	落实	
				以创业带动就业	扶持	下岗失业人员
				社会保险关系	接续和转移	下岗失业人员
				社会保障待遇	落实	按规定
				职工劳动关系	妥善处理	依法

由表1-22可知，三个阶段都有相应的退出保障政策。第一阶段，保障机制包括清理债权债务和职工安置问题，但政策只指出了大致的方向，可操作性不强，原则是"谁批准谁负责""谁投资谁承担风险"，这样，实际解决问题就落在了企业和地方政府身上，企业被淘汰后本身就没有能力再解决就业和债务问题，地方政府淘汰了企业之后，不仅损失了税收，还要解决再就业问题，从地方利益的角度没有淘汰落后产能企业的动力。第二个阶段，保障机制包括人员、土地、资产、职工权益等问题，或落后产能淘汰中出现的各种问题，仍然不够深入，原则还是"谁批准谁负责"。第三个阶段，相关退出保障政策在三个方面做了改进：第一，针对在淘汰落后产能中出现的尖锐矛盾，提出了要防范群体性事件发生的原则，避免大规模的集中性失业；第二，对职工的安置问题解析得更为详细，包括创业指导和创业培训、小额担保贷款、社会保险结转、落实社会保障待遇、各项帮扶政策等；第三，提出努力营造落后产能退出环境，引导企业主动退出的观点。但保障的主体仍是地方政府，由于落后产能关系到地方利益以及人民生活保障，退出保障仍需要进一步完善。

4. 企业升级改造

从企业升级改造需要解决的主要事项和实施途径两个方面解读政府对钢铁企业升级改造的相关政策和发展趋势，见表1-23。

表1-23 企业升级改造

文件编号	事项			途径		
	关键词	强调词1	强调词2	关键词	强调词1	强调词2
发改工业[2006]1084号	自主创新能力	增强		改善品种，提高质量，降低消耗		
	产业技术水平	提升	着力	综合利用，环境保护和安全生产的项目		
	项目		加强支持	符合钢铁产业政策，对调整结构，改善环境，调整布局方面有重大影响和带动作用的项目		
				开发产品	高附加值，高质量	节约型，有特色
	技术改造	大型企业		技术开发力度	企业加大	鼓励
	传统产业	改造提高		清洁生产	促进	
	自主知识产权技术	开发		淘汰企业转产其他符合国家产业政策项目	土地，金融等方面	支持
国发[2006]11号	重大技改和新产品项目	大型钢铁集团	支持	提升技术水平，改善品种，保护环境，降低消耗，综合利用		
				消化引进	加快开发	
				取向冷轧硅钢片技术	提升	
				汽车板生产水平	国产化	推进
				大型冷、热连轧机组		
国发[2010]7号	企业升级改造		支持	技术改造资金	统筹安排	
				税收优惠和金融支持	落实完善	政策

续表

文件编号	事项			途径		
	关键词	强调词1	强调词2	关键词	强调词1	强调词2
国发〔2010〕7号	企业升级改造		支持	支持符合国家产业政策和规划布局的企业对落后产能进行改造	运用高新技术和先进适用技术、能降耗、环境保护、改善装备、重点	以质量品种、安全生产等为、节
				引导提高生产、技术、安全、能耗、环保、质量等国家标准和行业标准水平		标准的衔接和贯彻
	技术创新	钢铁行业	积极支持	科研经费	投入力度	持续加大
				引导和鼓励钢铁企业和科研机构加大投入	围绕重大工程和战略需求	依托相关科技计划
				新工艺、新技术、新产品研发	加强	
				引进消化吸收再创新	加强	
				技术研究	前瞻性储备技术	加强
				尽快形成核心关键技术和高附加值产品	自主知识产权、适应未来国际竞争需要、支撑钢铁工业转型升级	
国办发〔2010〕34号	技术改造	钢铁企业	重点支持	财政支持政策	鼓励	加强引导
				资金使用效率	切实提高	
				关键项目和企业	对钢铁工业结构调整意义重大	集中支持

续表

文件编号	事项			途径		
	关键词	强调词1	强调词2	关键词	强调词1	强调词2
国办发〔2010〕34号	技术改造	钢铁企业	重点支持	加大技术改造力度	关键钢材品种、钢铁新材料、新一代可循环、节能减排、矿山资源综合利用以及工业化与信息化融合等	逐步提高
	钢材规范与高技术水平产品推广			热轧带肋钢筋、电工用钢、船舶用钢等钢材产品标准	修订完善	
				钢材使用设计规范	全面推广	
				400兆帕及以上强度高强钢筋	推动	替代335兆帕热轧带肋钢筋
				高强钢筋产品的分类认证和标识管理	推动	加快
国发〔2013〕41号	企业创新驱动发展动力	增强		核心关键技术	突破	
				市场机制	经济杠杆	
				企业转型和产业升级	推动	
				提升市场竞争力	以产品质量、标准、技术为核心要素	
				构建技术创新体系	以企业为主体、市场为导向、产学研相结合	
				关键共性技术	突破掌握	集中精力

续表

文件编号	事项 关键词	事项 强调词1	事项 强调词2	途径 关键词	途径 强调词1	途径 强调词2
	企业创新驱动发展动力	增强		技术改造	鼓励	
				推广应用工艺技术	更节能、安全、环保、高效	
				引导国有资本转移	产能严重过剩行业	战略性新兴产业和公共事业领域
国发〔2013〕41号	企业创新管理	加强		战略管理、培育知名品牌，加强产品创新、组织创新、商业模式创新、提升有效供给，创造有效需求		强化鼓励
				企业管理信息化水平	提高	
				精细化管理	推进	
				企业家才能	发挥	
				人才队伍建设	创新型	加强
				人才激励机制	完善	以人为本
				企业管理创新优秀成果	总结推广	
				企业管理创新示范工程	实施	

由表 1 - 23 可知，企业升级改造相关政策出现在后面两个阶段。在第二阶段，规定了钢铁企业在当时的技术水平条件下应发展的产品、建设的项目，并强调对应该鼓励的项目加大土地、金融方面的支持，同时，对于大型钢铁企业的技改项目予以支持。第三阶段，在企业升级改造方面更加全面，除上述相关政策之外，还有四个方面的改进：第一，企业的创新管理，通过"管理"提高企业的创新能力和水平；第二，提出利用市场倒逼机制促进企业形成创新发展的动力；第三，引导国有资本从严重产能过剩行业转移出来，投入战略性新兴产业和公共事业领域；第四，强调企业的技术改造与国家相关科技计划、钢铁产业结构调整等长期发展目标结合起来。这四个方面的改进表明现有的政策在淘汰落后产能的同时，更加关注企业创新中的"人"的因素、企业自身的动力、国有资本的投资效率以及行业发展的前景。

5. 兼并重组

兼并重组方式多样，既包括联合钢厂之间的兼并重组（横向兼并），也包括钢铁企业的上下游之间的联合重组（纵向兼并）；既包括本省的钢铁企业之间的兼并，也包括跨省、跨地区的兼并；既包括相同所有制企业之间的兼并，也包括不同所有制企业的兼并重组。各种方式由于都涉及企业债务、所有制、地方税收、人员优化等问题，困难重重，多年来，在各方努力下，已经通过兼并形成了一批千万吨级的大型钢铁集团，但是，任务依然艰巨，研究从事项和途径两个方面分析现有政策对钢铁企业兼并重组的导向，见表 1 - 24。

由表 1 - 24 可知，在后面两个阶段中有兼并重组的相关政策。第二阶段，鼓励钢铁企业以各种方式实现兼并重组，并巩固现有的兼并重组成果，学习宝钢并购经验。第三阶段的政策更为详尽，改进体现在三个方面。第一，对企业兼并重组的目的、原则、支持政策、组织实施等做了详细的陈述和要求。第二，定量化地提出了提高钢铁行业集中度的目标，包括培育 3—5 家特大型钢铁企业集团、6—7 家特大型钢铁企业集团以及 2015 年排名前 10 位钢铁企业集团钢产量占全国产量比重等较为具体的目标。第三，提出要推动优强企业引领行业发展并强调非公所有制企业参与兼并重组。

此外，在第三阶段，还具体提出了优化产业布局的相关措施，发展钢铁企业，不仅需要做大，还有做强，现代钢铁企业的布局原则是就近原

表1-24　兼并重组

文件编号	事项			途径			
	关键词	强调词1	强调词2	关键词	强调词1	强调词2	强调词3
国发〔2006〕11号	兼并重组	促进	产业的集中化、大型化、基地化	跨地区、跨行业的兼并重组	有实力的大型企业集团	以资产、资源为纽带，按照市场原则	鼓励
				横向联合重组	优势大型钢铁企业与区域内其他钢铁企业	形成若干年产3000万吨以上的钢铁企业集团	推动
				纵向兼并联合	焦化企业与钢铁企业、化工企业	生产与使用一体化，经营规模化、产品多样化，资源利用综合化	
发改工业〔2006〕1084号	产业集中度	提高		跨地区、跨所有制的兼并、联合重组	有实力的大型企业集团	以资产为纽带，按照市场优胜劣汰原则	鼓励
				兼并重组的政策	制定	金融、社保、财税部门	排除体制障碍
				企业生产要素优化组合	兼并重组实效	防止"拉郎配"	实质性重组
				敨本联合	巩固	敨本资产、人事和管理结合	
				河北省钢铁企业的联合重组	首钢搬迁		
				宝钢与上海冶金企业重组	总结经验		
国发〔2009〕38号	兼并重组 结构调整、控制总量和淘汰落后产能	做好	紧迫	企业组织结构	调整		
				思想政治工作	维护群众利益	保持社会稳定	
				工作程序	科学规范行之有效		
				企业兼并重组的指导意见	尽快出台	按照重点产业调整和振兴规划要求	防止国有资产流失

续表

文件编号	事项			途径			
	关键词	强调词1	强调词2	关键词	强调词1	强调词2	强调词3
国办发〔2010〕34号	兼并重组	明确目标		跨地区、跨所有制兼并重组	各省、自治区、直辖市人民政府	优势大型钢铁企业集团	支持
	钢铁企业兼并重组	支持各类		本地区钢铁企业的兼并重组		鼓励继续推动	按照市场化运作、企业平等协商、政府引导的原则
	钢铁产业集中度	提高	进一步	3—5家特大型钢铁企业集团	较强国际竞争力	培育形成	
				6—7家特大型钢铁企业集团	较强实力	培育形成	
				排名前10位钢铁企业集团钢产量占全国产量比例	44%/2009年	60%以上/2015年	
				本地区2010—2011年钢铁企业兼并重组方案	制定和上报	各省、自治区、直辖市人民政府	由工信部会同有关部门审批后组织实施
	钢铁企业兼并重组的政策	抓紧完善	落实促进	项目审批	支持		
		依法规范操作		土地供应	支持		
		保护出资人和职工合法权益		贷款授信	支持		

续表

文件编号	事项			途径			
	关键词	强调词1	强调词2	关键词	强调词1	强调词2	强调词3
国办发[2010]34号	钢铁企业兼并重组的政策	维护金融机构合法债权安全	切实防止国有资产流失	资本市场融资	支持		
				安排国有资本经营预算支出	支持		
		维护企业和社会稳定		国有钢铁企业重组中经营绩效和负债率等任期考核目标	国有资产监管机构	调整	
工信部原[2010]381号	钢铁工业结构性矛盾	解决矛盾	关键措施	钢铁企业兼并重组	加快		
				钢铁产业集中度	提高		
	省（自治区、直辖市）钢铁企业兼并重组方案	各地工业主管部门研究制定	全面掌握本地区钢铁企业基本情况	钢铁企业基本情况			
				兼并重组的规划方案			
				拟淘汰的落后产能及关闭的企业名单	结合兼并重组和技术进步		
				兼并重组的进度安排			
				相关措施	本地区		
	兼并重组原则			按照市场化运作，企业平等自愿，政府引导的原则			
				国有企业的兼并重组要加强与各地国有资产管理部门的联系，认真听取其意见和建议			
				兼并重组工作要尊重各方企业的权益，坚决避免"拉郎配"			

续表

文件编号	事项			途径			
	关键词	强调词1	强调词2	关键词	强调词1	强调词2	强调词3
工信部原[2010]381号	兼并重组原则			全国范围内兼并重组	兼并落后、淘汰落后、技术改造	可能性 三结合	
				各地区兼并重组方案	地方人民政府审核同意	上报工业和信息化部审批	2010年年底前
	兼并重组组织实施			已成熟的钢铁企业兼并重组个案	省工业主管部门组织编制兼并重组方案	报经地方政府同意	按国办发[2010]34号文件要求
				近期已实施或计划实施的钢铁企业兼并重组	首钢重组吉林通钢 天津渤海钢铁集团的组建 山西钢铁企业重组		将兼并重组方案报送工信部
				中央钢铁企业实施的跨地区或区域内兼并重组	报送工信部	工信部将从行业管理的角度会同有关部门予以审批	
国发[2013]41号	企业兼并重组	推进		财税、金融、土地等政策措施	促进企业兼并重组	完善和落实	
				企业跨地区兼并重组	协调解决	分配关系	理顺
				整合内部资源、优化技术、产品结构、压缩过剩产能		支持兼并重组企业	
				非公有制企业参与企业兼并重组	鼓励和引导	通过参股、控股、资产收购等多种方式	

续表

文件编号	事项 关键词	事项 强调词1	事项 强调词2	关键词	途径 强调词1	途径 强调词2	途径 强调词3
国发〔2013〕41号	企业兼并重组		推进	企业做优做强	促进	支持培育	
				优强企业引领行业发展	推动		
				产业集中度	提高		
				行业发展的协调和自律能力	增强		
	产业空间布局	分工合理	优化	产业布局规划	科学制定		
				产业布局调整和优化	有序推进	坚决遏制产能盲目扩张和严控总量的前提下	
		优势互补	各具特色	产业梯度转移和环保搬迁、退城进园，防止落后产能转移	有序推进	按照区域发展总体战略要求，结合地方环境承载力，适应城镇化发展需要、产业基础、市场空间、资源能源禀赋、物流运输等条件	
				跨地区产能置换	支持		
				国内有效产能向优势企业和具有比较优势的地区集中			引导

材料来源地和产品消费地，并且还要考虑资源与环境的承载力，优化产业布局是做强的重要举措。

6. 出口管理

国内巨大的产能，需要国外市场消化，从总体上看，对于钢铁行业是鼓励出口的，但是，对于高耗能、高污染和资源性产品有所限制，从事项和途径两方面分析政府对钢材产品出口的相关政策，见表1-25。

表1-25　　　　　　　　　　　出口管理

文件编号	事项			途径		
	关键词	强调词1	强调词2	关键词	强调词1	强调词2
国经贸运行〔1999〕29号	出口	鼓励		以产顶进	优惠政策	简化操作程序
国发〔2006〕11号	出口政策	高耗能、高污染、资源性产品	限制			
国发〔2013〕41号	出口退税政策	向境外转移过剩产能的企业		出口设备及产品	按现行规定享受	

由表1-25可知，三个阶段都有出口管理方面的政策。第一阶段主要是"以产顶进"，鼓励出口；第二阶段，由于粗钢等半成品以及中厚板等低附加值产品大量出口，不仅加剧了国内环境问题，也带来了国际贸易摩擦，所以，2004年以后，通过出口退税以及关税等方式对高耗能、高污染和资源性产品出口进行限制；第三阶段，首次提出将境外作为消化过剩产能的渠道，并享受退税优惠政策，这是出口政策的新导向，也是解决落后产能淘汰的新思路。

7. 需求结构调整

产品结构调整有赖于需求结构的调整。长期以来，在建筑中钢建构比重低、建筑用钢级别低的问题十分突出，相关政策对此提出推广和扩大有效需求的要求，从事项和途径两方面解析在政策中对需求结构调整的要求，见表1-26。

表1-26 需求结构调整

文件编号	事项			关键词	途径		
	关键词	强调词1	强调词2		强调词1	强调词2	强调词3
国经贸运行(1999)29号	销售管理	钢坯钢锭	加强	销售给"五小"企业	不得		
				钢铁工业产业政策和发展规划	抓紧修订		走新型工业化道路的原则
				产业结构调整和升级		国务院有关部门	
国办发〔2003〕103号	国内外两种资源	利用好		调整战略布局	及时	引导	
				企业联合重组	推进		
	国内外市场的整体竞争力	提高	钢铁工业	板管等高附加值短缺钢材		供给能力	鼓励增加
				已经过剩、质量低劣、污染严重的长线材		发展能力	限制
				降低资源消耗			
				实现清洁化生产			
国发〔2013〕41号	国内市场需求	努力开拓	扩大有效需求	工业化、城镇化、信息化、农业现代化深入推进		挖掘国内市场潜力	消化部分过剩产能
				提高钢结构比例	公共建筑和政府投资建设项目		推广应用
				轻钢结构抗震建筑	地震等自然灾害高发地区		推广
				钢材、水泥、铝型材、平板玻璃	稳步扩大市场需求	建材下乡	推动
				老旧运输船舶	加快淘汰更新	航运力结构	优化

续表

文件编号	事项			途径			
	关键词	强调词1	强调词2	关键词	强调词1	强调词2	强调词3
	需求结构	改善	着力	绿色建材工程	实施	需求升级	
				绿色安全节能建筑	发展	需求升级	
				标准规范	制修订	产品升级换代	带动
				产品使用标准	提高	建筑用钢、混凝土以及玻璃	
				节能、节材和轻量	推动	先进制造业	
				高品质钢材、铝材	促进应用	传统产业转型升级	满足需要
国发〔2013〕41号	国际市场	巩固	扩大	各类贸易促进活动	鼓励企业	参加	积极承揽
				国际贸易方式	鼓励企业	创新	
				对外工程承包	领域	拓展	
				对外承包工程	质量和效益	提升	
				重大基础设施和大型工业、能源、通信、矿产资源开发等项目	出口		带动
				国内技术、装备、产品、标准和服务	出口		
				"中国建设"国际品牌	培育		
				增强节能环保船舶设计制造能力	稳定船舶出口市场		
	对外投资合作		扩大	"走出去"	鼓励企业	多种方式	优势企业

续表

文件编号	事项			途径			
	关键词	强调词1	强调词2	关键词	强调词1	强调词2	强调词3
国发〔2013〕41号	国际发展新空间		拓展	制造产地分布		优化	
				国内产能		消化	
				贸易投资平台		健全	建立
				"走出去"投融资综合服务平台	设立	健全	建立
				境外经贸合作区	吸引	推动	
				国内企业入园			
				全球范围内开展资源和价值链整合	按照优势互补、互利共赢的原则发挥优势	提高钢铁、水泥、电解铝、平板玻璃、船舶等产业的技术、装备、规模	
				投资合作	加强	周边国家及新兴市场国家	
				对外投资	开展	多种形式	
				境外生产基地	建设		
				企业跨国经营水平	提高		

由表1-26可知，在三个阶段提到了需求结构调整。第一阶段通过销售限制来实现需求调节。第二阶段中，以要利用好国内外两种资源为结构调整的目标，以提高板管比重、限制长线材为结构调整的方式和途径。第三阶段对需求结构的调整要求没有本质上的变化，但政策内容更加细致，对国内需求和国际发展新空间的途径展开更具体，同时在结构调整中对具体品种的调整较少提及，更多地强调调整的原则。

（三）约束机制

1. 严格市场准入

（1）严格市场准入管理。市场准入管理是在2003年产能过剩之后提出的，目的在于限制低水平重复建设，提高钢铁行业整体技术水平，从事项和要求两个方面解析相关政策内容，见表1-27。

由表1-27可知，在第二和第三阶段，有相关的行业准入规定。在第二阶段，行业准入包括投资进入钢铁行业的最低要求和新建钢铁联合企业的基本条件，除一些相关部门的批准要求之外，还定量性地明确设备及排放、能耗等达标要求。在第三阶段，对市场准入加上了"严格"这样的强调词，表明产能过剩状况已经很严重，行业对于新进入者的要求更严格。在具体的要求上，一再强调要"进一步提高进入门槛"，并加强环评、土地、安全生产、质量管理等部门对行业准入的约束作用。

（2）项目准入。项目准入是对于钢铁行业新建、在建等项目的投产规定，旨在防止低水平重复建设和落后产能的形成，研究从事项和要求两个方面分析现有政策中有关项目准入的规定，见表1-28。

由表1-28可知，项目准入在三个阶段都存在。第一阶段，并没有明确提出"项目准入"的概念，实施项目准入的目的是避免重复建设，针对的对象是"关停范围内的小钢厂"，包括在建小钢厂和工艺设施设备等，实施的措施是停建、停产、设备就地报废，规定期限内不再批准新项目，并委托地方政府和行政主管部门实施及处罚。该阶段的规定较为简单、措施直接，但对实施部门及其责任和划分不明确。第二阶段，明确提出"项目准入"概念，并且要"严把关"，实施的事项包括清理、审批、自查，实施的对象较上一阶段更广泛，包括违反土地、城市规划、项目审批、信贷的有关规定的，擅自开工的，钢铁、电解铝、水泥等过剩产能行业的，"三高一低"的外资项目进入等，实施的措施包括停建、

表 1-27

严格市场准入

文件编号	事项			关键词	强调词 1	要求	
	关键词	强调词 1	强调词 2			强调词 2	强调词 3
国办发〔2003〕103 号	管理市场准入		严格				
	投资建设项目的最低条件	钢铁	暂定	烧结机使用面积	180 平方米以上		
				焦炉炭化室高度	4.3 米及以上	焦炉必须同步配套建设干熄焦装置	装煤、推焦除尘
				高炉容积	1000 立方米及以上	高炉必须同步配套建设煤粉喷吹装置、炉前粉尘捕集装置	大型高炉要配套建设余压发电装置
				转炉容积	100 吨及以上	转炉必须同步配套建设转炉煤气回收装置	
				电炉	60 吨及以上	电炉必须配套烟尘回收装置	
				吨钢综合能耗	低于 0.7 吨标煤		
				吨钢耗新水	低于 6 吨		
				清洁生产	符合要求		
				污染物排放指标	达到环保标准要求		
				矿石、焦炭、供水、交通运输等外部条件			具备并落实
	钢铁联合企业	新建		达不到条件	一律不得批准建设		
				已开工建设的项目	按规定程序批准	积极调整	
				技术进步	提高装备水平	达到条件	
				批准新建钢铁联合企业和独立炼铁厂、炼钢厂项目	原则上不再批准	原则上不再批准	国家和各地

续表

文件编号	事项			要求			
	关键词	强调词1	强调词2	关键词	强调词1	强调词2	强调词3
国办发〔2003〕103号	钢铁联合企业	新建		国家投资主管部门按照规定的准入条件进行充分论证和综合平衡		报国务院审批	确有必要
				将项目化整为零、越权、违规审批钢铁钢项目		地方各级人民政府	严禁
				追究有关领导的责任		依法	违反规定
				生产"地条钢"	严厉打击	依法	
				外商投资方向	指导和引导	加强	
				产业政策		完善	
				产业结构调整指导目录	编制或修订	尽快修订发布	行业管理部门
				进一步提高钢铁、水泥、平板玻璃、传统煤化工准入门槛		能源消耗、环境保护、资源综合利用	
国发〔2009〕38号	市场准入	严格		专项规划	编制或修订	加快	
				监管责任	质量管理部门		
				产品生产许可证	螺纹钢、线材、水泥等产品	按照产业政策的要求和企业的质量保证能力严格核发	质量管理部门
				无证生产	坚决查处		
				产品质量监督	依法加强		
				处罚力度	加大		

续表

文件编号	事项			要求			
	关键词	强调词1	强调词2	关键词	强调词1	强调词2	强调词3
国发[2010]7号	市场准入	严格		安全、环保、能耗、质量、土地等指标		约束作用	强化
				产业结构调整指导目录		尽快修订	
				行业准入条件	制定和完善	提高门槛	
				落后产能界定标准	制定和完善		
				低消耗、低污染的先进产能		鼓励发展	
				投资项目	审核管理	加强	
				政府核准的投资项目目录		尽快修订	
				新增产能与淘汰产能"等量置换"或"减量置换"			产能过剩行业
				环评、土地和安全生产	遏制	审批	严格
				低水平重复建设	新增	防止	
				落后产能	改善		
				土地利用计划调控			
				落后产能和产能严重过剩行业建设项目		提供土地	严禁
				兼并、收购、重组落后产能企业		优势企业	支持
				落后产能	淘汰		
国发[2013]41号	落实工业转型升级规划			产业政策	钢铁 水泥		
	落实行业发展规划			行业准入条件	铝、水泥、平板玻璃、船舶		修订完善

表 1-28

项目准入

文件编号	事项			要求			
	关键词	强调词1	强调词2	关键词	强调词1	强调词2	强调词3
国经贸运行〔1999〕29号	重复建设	制止	各地坚决	炼钢、炼铁、轧钢新建项目	一律停建	不再批准	3年内
				未经批准的项目			
				已经停产的企业和生产线	不得再恢复生产	设备	就地淘汰不得转移
国发〔2000〕10号	在建小钢铁厂	关停范围内	立即停止建设	新建项目〔小炼铁（高炉）、小炼钢（转炉、电炉）〕		一律不再批准	
				扩大现有生产规模的技术改造项目	不得批准炼铁、炼钢	2000年	国家有关部门和各省、自治区、直辖市人民政府
				新的技改、基建项目	一律停止审批	钢铁企业	
	工艺设备设施		不得生产、施工、设计	出租、变卖和易地使用关停设备	不得	就地拆除报废	
	项目清理	认真做好		对设计、生产、施工单位进行处罚	违反规定	行政主管部门	依法
国办发〔2003〕103号	1. 未经审批或违规审批的项目 2. 违法生产"地条钢"		不符合国家产业政策	清理已建（含各类开发区已征用土地）项目	钢产量增长较快的地区	近几年	
				用地（含各类开发区已征用土地）申请	不得受理	各级国土资源行政主管部门	
				环境影响报告书	不得审批	环境保护行政主管部门	
				排污许可证	不得核发	环境保护行政主管部门	
					不予登记	工商行政管理部门	

续表

文件编号	事项			关键词	要求		
	关键词	强调词1	强调词2		强调词1	强调词2	强调词3
国办发[2003]103号	1. 未经审批或违规审批的项目		不符合国家产业政策	生产许可证	不得发放		质检部门
	2. 违法生产"地条钢"			首次公开发行和再融资申请		不得核准	证监会
	违规或越权审批的项目		经有关部门检查认定	未经审批的项目引进设备		不予免税	海关
				已免税的进口设备	补征相应税款	海关	
国办发[2004]38号	在建项目			停止建设	国家明令禁止	土地管理法	违反
				暂停建设、限期整改	环保规定、城市规划、项目审批等建设程序、信贷政策		不符合
				合理安排建设进度	落实项目建设条件	法律、法规	国家政策要求
	拟建项目			取消立项		法律、法规	国家政策要求
	开工新项目			不再开工	擅自开工建设		
	重大项目			开工	年内	钢铁、电解铝、报国家批准	水泥项目
国发[2006]11号	新上项目	调整优化结构 控制	严格	提高准入门槛	环境、安全、能耗、水耗、质量、技术、环境保护、安全生产	资源综合利用和停止建设	根据法律法规制定更加严格
	在建项目			不符合规划、产业政策、供地、等市场准入条件	停止建设		依法
				拒不执行	追究有关人员责任	采取经济、法律和行政手段	

续表

文件编号	事项			要求			
	关键词	强调词1	强调词2	关键词	强调词1	强调词2	强调词3
国发〔2006〕11号	拟建项目	区别情况	清理整顿	不批准建设新的钢厂			
				个别结合搬迁、淘汰落后生产能力的钢厂			原则上
				现有企业异地建厂	产销量达到批准产能80%以上		从严审批
				外资项目进入	禁止技术和安全水平低、能耗物耗高、污染严重	必须满足	提高利用外资质量
	项目准入关	严把		投资主管部门严格市场准入	技术、资金、资源消耗、土地和环保的准入标准	能耗、水耗	按照钢铁产业政策规定
				新建钢铁企业	原则上不批准		
				个别结合搬迁、淘汰落后的项目			从严掌握
发改工业〔2006〕1084号	违规项目	停下来	依法	钢铁项目	立即停建	未经科学论证、用地手续不合法和缺少环保审批、违规建设	
				钢铁项目	清理整顿		
				钢铁项目	予以处理	依法	
				在建能力	按程序核准	符合产业政策	
				违规审批和建设的项目	令其停建	产业政策明令禁止建设和限期淘汰的工艺装备	
				违规审批和建设的项目	从严查处按照有关规定	违规	国办发〔2003〕103号文件下发后仍继续

续表

文件编号	事项			要求			
	关键词	强调词1	强调词2	关键词	强调词1	强调词2	强调词3
发改工业〔2006〕1084号	自查			土地使用情况、金融、环保和项目审批			钢铁企业
				牵头	各省市发改委（计委）、经贸委（经委）		
				自查结果和处理意见	上报国家各有关部门	2006年7月31日前	
	项目核准			核准钢铁项目	发改委	该地区淘汰落后产能进度挂钩	
国发〔2009〕38号	项目审批			项目审批管理进一步加强	钢铁、水泥、平板玻璃、风电设备	煤化工、多晶硅	
				扩大产能的项目	不再批准	原则上	
				下放审批权限	不得		
				化整为零、违规审批	严禁		
				扩大产能的项目	产能过剩行业	各级政府的财政性资金	各级投资主管部门
							严格防止流向
	管理	严格		政府投资项目核准目录	修订完善	尽快	新的核准目录出台前
				确有必要建设的项目	产能过剩行业	报发改委组织论证核准	
				单纯新建、扩建产能的钢铁项目		不再核准	不再支持
				严禁各地自行建设钢铁项目	借等量淘汰落后产能之名	避开国家环保、土地和投资主管部门的监管、审批	

续表

文件编号	事项			关键词	要求		
	关键词	强调词1	强调词2		强调词1	强调词2	强调词3
国办发〔2010〕34号	盲目投资、重复建设	钢铁行业	切实制止	钢铁产能过快增长	抑制	落实节能减排	重中之重
				国家已批准开展前期工作的项目			除外
				扩大产能的钢铁项目	不再核准、备案		2011年年底前
				行业准入门槛	依法提高	强化质量、安全、环保、能耗、清洁生产等指标以及金融监督	
	审批和核准程序	严格履行	钢铁项目	新建和改造项目	所有	依法依规	审批
				擅自建设钢铁项目	坚决制止	严肃处理	以淘汰落后产能名义
				钢铁项目	清理	2005年以来建设	发改委牵头组织
				违法违规用地行为	查处	在建和已建成的钢铁项目	国土资源部牵头组织
				钢铁项目	查处	未经环评审批或污染超标	环境保护部牵头组织
国发〔2013〕41号	新增产能项目	严禁建设		产能严重过剩行业项目	加强管理	严格执行国家投资管理规定和产业政策	
				产能严重过剩行业新增产能项目	不得核准、备案	以任何名义、任何方式	地方、部门
				产能严重过剩行业新增产能项目相关业务	不得办理	土地（海域）供应、能评、环评审批和新增授信	

续表

文件编号	事项			要求			
	关键词	强调词1	强调词2	关键词	强调词1	强调词2	强调词3
国发〔2013〕41号	在建违规项目	分类妥善处理		未按土地、环保和投资管理等法律法规履行相关手续或手续不符合规定违规项目			地方政府全面清理
				未开工的违规项目	不得开工		一律
				不符合产业政策、准入标准、环保要求违规项目		停建	一律
				确有必要建设的项目符合布局规划和环境承载力要求，以及等量减量置换原则		地方政府提出申请报告	报发改委、工信部
						发改委、工信部商国土资源部、环境保护部等职能部门	委托咨询机构评估
						咨询机构	出具认定意见
						相关部门依法依规补办手续	
				未予认定的在建违规项目	不得续建	一律	自行妥善处理
					立即停建	停止发放贷款	金融机构
				隐瞒不报在建违规项目		予以处理	国土、环保部门
						严肃查处	失职渎职
						相关人员责任	严肃追究
	善后工作（债务、人员安置）		谁违规谁负责	在建违规项目处理结果	向社会公开	所有	

续表

文件编号	事项			要求			
	关键词	强调词1	强调词2	关键词	强调词1	强调词2	强调词3
国发[2013]41号	清理整顿	全面		产能严重过剩行业建成违规项目	行政许可法、土地管理法、环境保护法等		及能源消耗总量控制指标，产业结构调整指导目录，行业规范和准入条件，环保标准
				全面清理	整顿方案		
				报发改委、工信部、国土资源部、环境保护部备案		向社会公示	省级人民政府
				不符合备案要求的项目	及时反馈	有关部门	
	项目	工艺装备落后	产品质量不合格	列入淘汰落后年度任务	淘汰	加快	
	新增产能项目	产能严重过剩行业	严禁核准	产能严重过剩行业新增产能项目	不得以任何名义核准备案		
					不得办理	地方各级政府及其发改委、工信主管部门	
	项目管理		加强		不得提供任何形式的新增授信	土地、环评审批	金融机构
发改产业[2013]892号	违规在建项目	产能严重过剩行业	坚决停建	未批先建、边批边建、越权核准的违规项目	尚未开工建设的		不准开工
					正在建设的	停止建设	
			立即认真清理		停止土地供应	土地部门	国土
					强化环境监管	环保部门	环保
					不得提供任何形式的新增授信		金融机构
	停建		善后工作	债务、人员安置	已经发放的贷款保障债权安全		
	停建		区分情况				妥善措施

清理整顿、处理责任人、上报核准等，在实施人上有所改进，具体到了各个职能部门，并且发动企业力量，进行自查、自报。第三阶段的政策基本延续了第二阶段的主要思路，但有了很大的改进，具体体现在以下四点上：第一，对于出现的新问题有所强调，例如下放审批权限、化整为零违规审批等；第二，对于钢铁行业的投资项目的规定更加严格，主要包括项目审批管理、严防扩大产能项目不再核准备案、必要的建设报发改委论证审批、不再核准单纯的新建扩建项目、借等量淘汰之名自建项目、坚决制止擅自建设以及清理 2005 年以来的建设项目等 7 条措施；第三，强调分类妥善处理，并向社会公开处理情况；第四，对违规项目不再一拆了事，考虑停建后的善后处理问题。包括债务和人员安置等。可见，近年的规定更加细致、考虑更全面，也更多地借社会舆论监督力量实施项目管理。

（3）生产许可证及规范管理。生产许可证制度是为了保证产品的质量安全及贯彻国家产业政策，行业规范条件是具体针对某个特定行业，规范该行业的生产经营秩序、推动行业结构调整和产业升级而发布制定的，从利用生产许可证制度淘汰落后产能，到公布规范管理企业名单，对落后产能的淘汰工作更加具有针对性和专门化，见表 1 - 29。

由表 1 - 29 可知，第一阶段和第三阶段的政策中有生产许可证和规范管理相关内容。第一阶段，要加强生产许可证管理，利用许可证的整顿、颁发和换证手段淘汰落后产能。第三阶段，在工信部〔2010〕381 号文中针对规范管理有了明确的规定和要求，包括企业规范申请、公示、不符合规范企业的区别对待、分类整改措施；在国发〔2013〕41 号文中，可以看到产品生产许可证只是规范管理中的一项措施，规范管理的含义更广。2012 年以来，已经公示了三批钢铁行业规范企业名单，俗称"白名单"，这是从是否符合企业规范条件入手，综合评价企业生产水平，是对需要淘汰的落后产能的新界定，进入"白名单"对于钢铁企业的生存和发展，具有重大的意义，也拓展了落后产能淘汰工作的新思路。

2. 信贷、土地

严把"信贷、土地"关是落后产能淘汰的主要约束措施，研究从事项和要求两个方面解析政策中对落后产能在信贷和土地方面的相关规定，见表 1 - 30。

表1-29

生产许可证及规范管理

文件编号	事项				要求			
	关键词	强调词1	强调词2	关键词	关键词	强调词1	强调词2	强调词3
国经贸运行[1999]29号	生产许可证	加强管理	国家冶金工业局	落后工艺装备的淘汰	加快		利用许可证的整顿、手段	颁发和换证
国办发[2000]10号				应予关闭的小钢铁厂	收回其生产许可证		国家质量技术监督部门要会同有关部门依法	
					吊销其营业执照		工商行政管理部门	逾期不申请注销登记
工信部[2010]381号	规范管理	现有钢铁企业 统筹安排分期分批组织审查和上报	纳入	钢铁企业的规范申请	所在地条件较好		2010年9月底前上报	
				环保审查			同步完成	
				规范企业名单	公示、公布2—3批		年内	
		2009年钢产量100万吨及以上	各地工业主管部门	督促企业提出整改措施	抓紧进行整改		补办环评、土地等相应手续	引导
		2009年产量在100万吨以下	区别情况进行分类指导	装备水平满足规范条件、产品质量满足国家标准的企业	产品质量满足国家标准		参与兼并重组	
				污染严重、装备水平差、产品质量难以保证的企业	产品质量难以保证的企业		逐步退出钢铁生产	迫使
				用工频炉生产"地条钢"的企业			予以打击和取缔	坚决
	规范申请	钢铁企业		中央钢铁企业	统筹上报		钢企、地区工业主管部门要积极配合中央企业做好自审工作	

续表

文件编号	事项			要求			
	关键词	强调词1	强调词2	关键词	强调词1	强调词2	强调词3
	规范申请		钢铁企业	地方钢铁企业集团多省区有钢铁企业	报工信部	所在地工业主管部门分别提出审查意见	
				集团内不同地区具有独立法人的钢铁企业	单独编制分报告，分报告与总报告一同上报		
工信部〔2010〕381号	规范管理	实施		拟申请的规范企业名单	工业主管部门	提前提供	环保部门
				对申请报告的审查	工信部	结合各地申报企业兼并重组、淘汰落后等工作的贯彻落实情况	
	规范企业	公示	公告	经审查符合规范条件的企业	公示		
					公告	公示无异议后	
				在某些方面存在问题的钢铁企业		给予一定的整改时限	
				钢铁行业生产经营状况	全面整顿规范	3年左右的时间	
国发〔2013〕41号	规范管理		加强	规范管理	建成违规产能	加强	各级政府
				行业规范和准入管理		加强	工业主管部门
				监督检查		严格	国土、环保部门
				产品生产许可证	质量保障能力综合评价		质检部门
				符合条件的生产线和企业名单		公告	
				淘汰落后产能企业名单		定期发布	
				产能严重过剩行业产品质量分类监管		推行	

表1-30

信贷、土地

文件编号	事项			关键词	要求		
	关键词	强调词1	强调词2		强调词1	强调词2	强调词3
国经贸运行(1999)29号	贷款	减少	金融部门	已经停产和半停产的企业	提出名单	国家冶金工业局各地经贸委部门	冶金主管
	供电	停止	电力部门				
国办发[2000]10号	小钢铁厂	应予关停的		煤炭、燃油	不得提供	煤炭、石油行业	
				电力	不得提供	电力部门	
				贷款	不得提供	银行	
	信贷管理	加强	改进	"窗口"指导	加强	按照国家产业政策	人民银行
				监管	控制信贷风险	督促金融机构	银监会
				信贷审核	强化	增强金融风险意识	金融机构
国办发[2003]103号	用地管理	钢铁企业	切实加强	钢铁企业和建设项目	符合产业政策和各项市场准入条件		积极支持
					盲目投资、低水平扩张、不符合产业政策市场准入条件		一律不得贷款
					已发生贷款的要采取适当方式予以纠正		
				新建、扩建(改建)铁企业用地	未按规定程序审批	土地利用年度计划	
					土地利用规模	纳入各地土地利用总体规划	
					用地规模	符合《工程项目建设用地利用指标》规定	
					占用农用地和征用农民集体土地	农用地转用和土地征用审批手续	严格按法定程序权限

续表

文件编号	事项			要求			
	关键词	强调词1	强调词2	关键词	强调词1	强调词2	强调词3
国办发[2003]103号	新建、扩建（改建）钢铁企业的用地情况	2000年以末	检查	未经依法批准擅自占地开工建设	停止建设收回土地	省级国土资源行政主管部门	
					不能收回	发改委（计委）、经贸委（经委）、监察部门	依法查处
				违背土地利用总体规划以及违法用地、低价出让土地	严肃处理	依法	
					情节严重	追究法律责任	有关责任人
国发[2006]11号	信贷			真正做到投资由企业自主决策、自担风险，银行自担风险独立审贷		企业投资的核准和备案制度	完善和严格执行
				信贷结构	优化	金融机构	信贷支持
				符合国家产业政策、市场准入条件的项目和企业			积极支持
				信贷投放大起大落	防止		
				市场前景好、有效益、有助于形成规模经济兼并重组			
				不符合国家产业政策、供地政策、市场准入条件、国家明令淘汰的项目和企业			不得提供贷款
	土地			土地供应结构	优化	国土资源部门	土地供应
				符合国家产业政策、市场准入条件的项目和企业			土地供应
				不符合国家产业政策、供地政策、市场准入条件、国家明令淘汰的项目和企业		不得提供土地、城市规划、建设、环保和安全监管部门不得办理相关手续	
				盲目上项目	压低土地价格	降低环保和安全标准	坚决制止

续表

文件编号	事项			要求			
	关键词	强调词1	强调词2	关键词	强调词1	强调词2	强调词3
发改工业〔2006〕1084号	淘汰的落后生产企业		污染严重能耗高				
	能源、水、电供应		资源配置不支持	列入淘汰目录装备	转让、变卖	不得	
	流动资金贷款				慎贷	金融机构	
	铁矿				排污监控	环保部门	加强
					质量检查	质监部门	加强
国发〔2009〕38号	金融政策	有保有控		不符合重点产业调整和振兴规划以及相关产业政策要求，未按规定审批或核准的项目		一律不得发放贷款	金融机构
	宏观信贷政策指导	监管		已发放贷款	予以纠正	适当方式	
	信贷审核引导和督促	改进和完善	金融机构	发债、资本市场融资审核程序		严格	
				不符合重点产业调整和振兴规划及相关产业政策要求，不按规定程序审批或核准的项目及项目发起人	通过企业债、项目债、短期融资券、中期票据、可转换债、首次公开发行股票、增资扩股等方式进行融资		一律不得
				违反规定的金融机构和有关单位	严肃处理	人民银行、银监会、证监会、发改委	

续表

文件编号	事项			要求			
	关键词	强调词1	强调词2	关键词	强调词1	强调词2	强调词3
国发〔2009〕38号	供地用地	依法依规		各类建设项目用地		监管	切实加强
				不符合产业政策和供地政策项目			
				未达到现行《工业项目建设用地控制指标》及相关工程建设项目用地指标要求的项目		批准用地	一律不得
				未按规定履行审批或核准手续项目		供应土地	一律不得
	监管责任	国土资源部门	切实负起	从重处理		依法	
				未经依法批准擅自占地开工建设的	追究政纪法律责任		
				追究刑事责任		构成犯罪的	有关责任人
国发〔2013〕41号	金融政策		落实	产能严重过剩行业	有针对性的信贷指导政策	信贷管理	
				未取得合法手续的建设项目	不得放贷、发债、融资	一律	保护金融债权
	产能严重过剩行业企业兼并重组信贷支持			整合过剩产能			
				转型转产			
				产品结构调整	加大	商业银行	鼓励
				技术改造			
				向境外转移产能			
				开拓市场			

续表

文件编号	事项			要求			
	关键词	强调词1	强调词2	关键词	强调词1	强调词2	强调词3
国发〔2013〕41号	对整合过剩产能的企业			并购贷款业务		积极稳妥开展	
				并购贷款利率		合理确定	
				贷款期限		延长至7年	
				企业兼并重组融资渠道		各类机构投资	大力发展
						创新基金品种	鼓励
	产能向境外转移		支持	企业"走出去"的贷款支持力度		加大	
				审批程序		适当简化	
				海外投资保险产品		完善	
				"走出去"投融资服务体系		研究完善	
	土地岸线管理		加强	产能严重过剩行业企业使用土地、岸线			全面检查
				违规建设项目使用土地、岸线			清理整顿
				发现的土地违法行为			依法查处
				对产能严重过剩行业新增使用土地岸线			加强审核
				未经核准、备案的项目	批准使用土地、岸线		一律不得
				取消产能严重过剩行业项目用地优惠政策			各地
				企业环保搬迁、兼并重组、淘汰落后等退出的土地		政府土地储备机构有偿收回	
				善后处理工作和转型发展		支付给企业的土地补偿费	

由表1-30可知，在三个阶段都有较为详细的信贷、土地方面的限制措施。在第一阶段，没有土地方面的相关政策，在信贷方面，对于停产和半停产企业减少贷款，还有对于供电、燃油、煤炭的限制措施。第二阶段，在信贷方面，强调监管、审核，并且对钢铁企业有专门的规定；在土地方面，对于钢铁用地也是分情况有专门规定；在能源、水电等方面，按照淘汰目录设备规定要求限制。第三阶段，主要约束方式与第二阶段相同，在实施方面，措施和规定更加具体，在信贷和土地方面的政策改进如下：在金融政策方面，强调有保有控，保护金融债权，对于产能过剩行业分不同的情况实施金融政策，例如，对于兼并重组中的金融贷款要给予支持，向境外转移的产能贷款要给予支持，对整合过剩产能的企业在信贷上也要给予支持，这样做更有利于企业通过兼并重组、整合等方式进行调整发展，而不是"一刀切""一律不贷"的措施；在土地的管理方面，针对钢铁企业向沿海发展的趋势，加入了对岸线的管理，以及土地退出后的善后工作。

3. 环保、能耗约束

环保、能耗约束是今后落后产能淘汰中淘汰标准设定的重要依据，研究从事项和要求两方面解析现有政策在环保与能耗约束方面的相关规定，见表1-31。

由表1-31可知，在三个阶段都强调了环保和能耗约束。第一阶段，通过吊销排污许可证方式来实施约束。第二阶段，对环保和能耗的要求加大，体现在监管和执法方面，主要停产整改、限期治理、限产限排以及环境影响评价报告书的措施。第三阶段，将环保标准上升到"硬约束"高度，且要提高环保标准，并且要曝光环境违法的严重过剩行业企业名单等更严厉的措施实施环保和能耗对钢铁等行业的约束。

4. 进口限制

对进口钢铁产品的限制措施，从事项和要求两个方面来进行分析，见表1-32。

由表1-32可知，在三个阶段都有进口限制方面的政策内容。第一阶段，明确规定国内能够生产的钢材一律不再进口，并实施进口钢材的限量登记制度。第二阶段，是对进口商品的免税规定。第三阶段，取消了国内完全可以生产的78个税号的钢材产品在加工贸易项下进口的保税政

表1-31

环保、能耗约束

文件编号	事项			要求			
	关键词	强调词1	强调词2	关键词	强调词1	强调词2	强调词3
国办发[2000]10号	对应关停的小钢铁厂	排污许可证	环保部门吊销	钢铁生产企业执行环保标准情况		监督检查	加强
				环保不达标钢铁生产企业名单		定期发布	环保总局
				达不到排放标准或超过排污总量指标		限期治理	钢铁生产企业
国办发[2003]103号	环境监督管理执法	强化		在限期治理期间限产限排	按照达标排放和环境保护行政主管部门下达的污染物排放总量控制的要求		
				限期治理不合格	停产处理		
				擅自开工建设的项目	未按法定程序向环境保护行政主管部门报批环境影响报告书		
	环境监管	强化		区域内钢铁、水泥、平板玻璃、传统煤化工、多晶硅等高耗能、高污染项目			在建一律停建 投产一律停产
	环境影响评价	区域产业规划	推进开展	未通过环境影响评价审批的项目	一律不准开工建设		在产业规划环评通过后受理和审批
国发[2009]38号	环保部门	监管责任	切实负起	环保不达标的生产企业名单		定期发布	
				使用有毒、有害原料进行生产或者在生产中排放有毒、有害物质的企业			限期完成清洁生产审核
				达不到排放标准或超过排污总量指标的企业			实行限期治理
				未完成限期治理任务的企业		予以关闭	
				主要污染物排放总量控制指标的地区	暂停环评审批		依法
				增加主要污染物排放项目			

续表

文件编号	事项			要求			
	关键词	强调词 1	强调词 2	关键词	强调词 1	强调词 2	强调词 3
工信部原 [2010]381 号	环保硬约束			环保、质量、能耗、安全		监督检查和执法	加大
		监督管理	强化	环保准入管理		加强	
				区域主要污染物排放总量		严格控制	
				区域限批措施		完善	
	污染物排放和环境质量标准		抓紧研究 完善	环境标准	提高	对京津冀等环境敏感区域	
国发 (2013)41 号	环境质量、重点污染源排放			动态监测			
				污染物排放超标企业	执法监督检查	强化	限产、停产
				污染物排放超标严重企业			停产整顿
				经整改整顿仍不符合污染物排放标准和特别排放限值等相关规定的企业			关停
				产能严重过剩行业企业	企业名单	曝光	
					处罚	加大力度	环境违法
					限期整改	责令	

表 1 - 32　　　　　　　　　　　　进口限制

文件编号	事项			要求			
	关键词	强调词1	强调词2	关键词	强调词1	强调词2	强调词3
国经贸运行〔1999〕29号	进口	控制	严格	限量登记制度	进口钢材		
				国内能够生产的钢材	一律不再进口	进口控制在700万吨	全年
国办发〔2003〕103号	海关免税规定			未经审批的项目引进设备	海关免税	不予	
				违规或越权审批的项目	已免税的进口设备	补征相应税款	
发改工业〔2006〕1084号	进口设备的关税 进口环节增值税	不予减免		海关	违反法律法规和钢铁产业政策的企业或项目		
国发〔2013〕41号	进口钢材保税政策	加工贸易项下	取消				

策，开始征收关税和进口环节税。该措施国内钢铁企业呼吁多年，也是首次取消，保证了国内的高端钢材与国外进口产品的公平竞争。

5. 法律手段

在落后产能淘汰的相关政策中，多次强调"依法"，从事项和要求两方面解析法律手段，见表 1 - 33。

由表 1 - 33 可知，在第二和第三阶段的政策中包括法律手段相关措施。主要法律依据是环境保护和安全生产方面的法律法规，以及钢铁产业政策等。除环保部门和安全生产监督部门之外，其他部门对落后产能淘汰相关政策的执行依然遵从行政规定。

6. 改革地方政绩考核体系

长期以来，地方政绩考核以 GDP 为主，不利于地方政府对于落后产能的淘汰，改革地方政绩考核体系，将淘汰落后产能与地方政府考核结合起来，促进地方政府对落后产能的淘汰工作，见表 1 - 34。

表1-33 法律手段

文件编号	事项				要求		
	关键词	强调词1	强调词2	关键词	强调词1	强调词2	强调词3
发改工业[2006]1084号	保护环境	法律法规	贯彻落实		信贷支持	不提供任何形式	金融机构
	安全生产				用地手续	不予办理	国土资源管理部门
	钢铁产业发展政策				环境影响评价文件	不受理	环保管理部门
					合同和章程	不予批准	商务部门
		各部门职能	产业政策	对于违反法律法规和钢铁产业政策的企业或项目	外商投资企业证书	不发放	商务部门
	具体配套办法				生产许可证	不发放	质检部门
					生产许可证	依法收回	质检部门
					在境内外证券市场上募集资金	不允许	证监会
					项目确认书	不予出具	项目审批部门
					进口设备的关税	不予减免	海关
					进口环节增值税	不予减免	海关
					登记	不予	工商、税务部门
					设计	不予提供	设计部门
					差别水价、电价政策	研究制定	物价部门及水、电供应单位

续表

文件编号	事项			要求			
	关键词	强调词1	强调词2	关键词	强调词1	强调词2	强调词3
国发〔2010〕7号	法律手段	强化		监督性监测	减排核查	执法检查	环境保护
				监督检查	产品质量标准和能耗限额标准	严格控制	安全生产规定
	执法处罚力度	加大		未按期完成淘汰落后产能任务的地区	国家安排淘汰的投资项目	暂停该地区项目的环评、核准和审批	核准和审批
					"区域限批"		
				未按规定期限淘汰落后产能的企业	排污许可证	吊销	
					任何形式新增授信支持	不得提供	银行业金融机构
					新的投资项目	不予审批核准	投资管理部门
					新增用地	不予批准	国土资源管理部门
					生产许可	不予办理	相关管理部门
					已颁发生产许可证	依法撤回	限期办理
					已颁发安全生产许可证	依法撤销	依法吊销
				未按规定淘汰落后产能、被地方政府责令关闭或撤销的企业		工商注销登记	
						工商营业执照	

表 1 – 34   改革地方政绩考核体系

文件编号	事项			要求			
	关键词	强调词1	强调词2	关键词	强调词1	强调词2	强调词3
国发〔2010〕7号	地方政府绩效考核体系	淘汰落后产能目标完成情况	纳入	考核	落后产能任务完成情况	提高考核中的比重	国发〔2007〕36号
国办发〔2010〕34号	确定年度考核和任期考核目标	相应调整	国有资产监管机构	因重组出现阶段性经营绩效下降和负债率上升	国有钢铁企业		
国发〔2013〕41号	地方政府政绩考核指标体系	遏制重复建设、化解产能严重过剩矛盾工作	列入				

由表 1 – 34 可知，在第三阶段的政策中，明确提到了将淘汰落后产能目标完成情况和遏制重复建设、化解产能严重过剩矛盾工作纳入地方政府绩效考核体系中，以此促进对落后产能的淘汰和化解严重产能过剩矛盾的工作，以改变地方政府对 GDP 的单纯追求。

（四）监督机制

现有政策中的监督机制主要体现在舆论和社会监督以及监督检查方面。

1. 舆论和社会监督

舆论和社会监督是发挥社会舆论和媒体监督的力量，促进落后产能的淘汰。具体政策解析见表 1 – 35。

由表 1 – 35 可知，在第三阶段的几乎所有相关政策中都特别强调了发挥舆论和媒体监督的力量。具体措施包括公示淘汰落后产能的企业名单、宣传落后产能淘汰经验、公示符合生产经营规范条件企业名单、鼓励引导社会参与监管举报落后产能淘汰中种种违规行为等。作为外部体系的监督机制，舆论和媒体监督的效用不容忽视。

2. 监督检查

监督检查是内部监督机制，由委托方组织专门人员或临时监察组等对代理人完成落后产能的执行情况进行监察，相关政策包括监督检查和组织实施两个方面，分别见表 1 – 35 和表 1 – 36。

舆论和社会监督

表1-35

文件编号	事项			要求			
	关键词	强调词1	强调词2	关键词	强调词1	强调词2	强调词3
国发[2010]7号	舆论和社会监督	加强		淘汰落后产能企业名单	向社会公告		
				落后工艺设备		各地区	
				淘汰时限			
				总体进展	加强	工信部、能源局	各地区、各行业
				淘汰落后产能工作交流			
				淘汰落后产能先进地区			
				淘汰落后产能先进企业		总结推广、广泛宣传	
				淘汰落后产能的舆论氛围	营造		
国办发[2010]34号				淘汰落后产能企业名单		尽快公布	
				《钢铁行业生产经营规范条件》		抓紧牵头制定	
				符合规范条件的企业名单		及时公布	工信部
工信部原[2010]381号	各地有关工作进展	及时报送	工信部	淘汰落后产能企业名单	及时向社会公告		
				落后工艺设备		本地区年度	各地
				淘汰时限			
国发[2013]41号	发挥新闻舆论引导作用			化解产能严重过剩情况	及时公开		
	发挥社会公众监督作用			建设项目信息公开和服务	加强		
	协同监管机制			国土、环保、金融等信息系统		建设	互联互通
	社会参与监管		鼓励引导	举报查处制度		建立	完善

表1-36　监督检查

文件编号	事项			要求			
	关键词	强调词1	强调词2	关键词	强调词1	强调词2	强调词3
国经贸运行[1999]29号	总量控制	钢铁工业		牵头	国家经贸委		
				配合	国务院有关部门		
				负责	各省、自治区、直辖市、计划单列市及新疆生产建设兵团		
				监督实施	国家冶金工业局		
				报告总量控制进展	各地经贸委和冶金主管部门	及时	
				报告执行情况	年产50万吨以上冶金企业	定期	主管部门
				通报建设情况	国家冶金工业局	不定期	各地
				提出建设措施			根据进展
国办发[2000]10号	清理整顿小钢铁厂	本地区应予取缔、关停的小钢铁厂名单	进展情况	牵头	国家经贸委		
				指导、监督	国家计委、财政部、建设部、环保总局、工商局、质量技监局和冶金局		
				组织实施	各省、自治区、直辖市经贸委（经委、计经委）		
				负责提出			
				实施	各省、自治区、直辖市经贸委（经委、计经委）		
				审核批准	国家经贸委	有关部门	会同
				及时报告	各地		
				及时通报	国家冶金局		
				提出措施和建议	国务院	根据工作需要	
国办发[2003]103号	各地投资建设项目	进行	钢铁电解	组织力量	各地区、各部门		
	建设项目	认真清理	铝水泥行业	2004年2月底前报	国务院		
				派出检查组	检查组		
				督促检查	各地		落实情况

续表

文件编号	事项			要求			
	关键词	强调词1	强调词2	关键词	强调词1	强调词2	强调词3
发改工业[2006]1084号	监督检查	重点地区检查		会同检查	国家发改委	土地、金融、环保等部门	
国发[2010]7号	监督检查		加强	及时了解掌握淘汰落后产能工作进展	各省、自治区、直辖市人民政府有关部门		国家相关部门
				及时了解掌握职工安置			
				定期报告淘汰落后产能工作情况		加强	
				定期监督检查	工信部、发改委、财政部、能源局要组织有关部门	加强	各地
				重点地区指导		切实加强	国务院
				报告进展			
工信部原[2010]381号	监督检查			检查验收	各地工业主管部门		
				监督考核	各地工业主管部门		
				报送进展完成情况	各地工业主管部门	年底前	
国发[2013]41号	监督检查		强化	列为	地方政府	落实中央重大决策部署监督检查的重要内容	
				对本意见贯彻落实情况	化解产能严重过剩矛盾工作		
发改产业[2013]892号	监督检查	严格	加强领导	落实主体责任	各地省人民政府	本地区遏制产能严重过剩行业盲目扩张	切实加强
				组织领导	监督检查	本地区淘汰落后钢铁产能工作	加强

（1）监督检查。由表1－37可知，三个阶段都有监督检查方面的政策规定。第一阶段，委托人是以国家经贸委等国务院部委为代表的中央政府，代理人是各地方政府，监督人是国家冶金工业局，或国家经贸委会同国家发改委、财政部、建设部、环保总局、工商局、质量技监局和冶金局的部委。第二阶段，委托人是国务院，代理人是各地方政府，监督人由国务院派出检查组到各地督查或国家发改委会同土地、金融、环保等部门检查。第三阶段由工信部、国家发改委、财政部、能源局组织有关部门定期督查、重点地区指导。在三个阶段的监督检查工作都是主要各部委组织联合检查，是临时性的检查小组，并不是专门的督查小组。监督工作还较为薄弱，不过，在第三阶段强调了定期督查，重点地区指导。

（2）组织实施。由表1－37可知，组织安排是落后产能淘汰工作中重要环节。后两个阶段政策详细规定了各部门在落后产能淘汰工作中的组织安排。在各项有关落后产能淘汰及过剩产能化解的工作中，都是由国家发改委或工信部牵头、各部委按职能管理、地方政府实施、部委组织检查组实施监督检查，在第三阶段政策中有两个特点。第一，专门成立了淘汰落后产能工作部际协调小组，协调在落后产能淘汰中各部门之间的工作，专门小组的成立表明了中央政府对落后产能淘汰工作的重视；第二，政策中规定了行业协会、商会的职责。

综上所述，对现有政策的结构化分析，研究认为：

（1）从长期来看，钢铁行业的结构调整仍要靠市场机制的作用，理顺价格体系、深化改革、创造公平竞争环境等有利于创造促使市场机制发挥作用的政策还不够明确。

（2）承诺机制中，政策目标明确、阶段步骤也较为合理，但是，政府对于处罚措施的规定方面还有待于进一步细化。

（3）激励机制中，退出保障仍需要进一步完善，兼并重组还需要进一步强调兼并环境的创造，出口鼓励以及向境外转移落后、过剩产能的具体措施也还需要细化。

（4）约束机制中，进一步加大进口限制，特别是对高附加值且国内具备生产能力的进口产品的限制。此外，短期规制中，可以考虑立法来加大促进淘汰落后产能的力度。

（5）监督机制中，内部监督体系还较为薄弱，临时监督小组和协调小组无法从根本上监督改进地方政府对落后产能的淘汰工作。

表1-37

组织实施

文件编号	主要工作			要求			
	关键词	强调词1	强调词2	关键词	强调词1	强调词2	强调词3
国办发〔2004〕38号	项目清理工作			高度重视	加强领导		
				亲自挂帅	主要负责同志		
				组成临时机构	抽调人员	各地区、各部门和各有关单位	
				明确责任	周密工作方案		
				发出通知之日起1个半月内完成	清理范围内所有		上报国家发改委
				在建、拟建项目			停止建设
				总投资1000万元及以上的项目		重点清理的项目	取消立项
				总投资3000万元及以上的项目		清理的其他项目	清理工作结束后
				国家发改委、监察部、国土资源部、建设部、人民银行、审计署、环保总局、银监会抽查			
				形成清理报告上报		国务院	抽查工作结束后
	清理结果			如实上报	防止出现地方、行业保护主义		各地区、各部门和各有关单位
				妥善处理好项目停止或暂停建设后可能出现的问题		善后工作	
	处理措施			弄虚作假、有意隐瞒不报	因工作原因造成停止或暂停建设后出现新的不良后果	追究责任	有关领导
				突出问题	及时发现	协调解决	
				重大问题	报告	国务院	国务院各部门

续表

文件编号	主要工作			要求			
	关键词	强调词 1	强调词 2	关键词	强调词 1	强调词 2	强调词 3
国办发〔2004〕38 号	工作班子	清理工作	负责具体落实	负责清理	省级人民政府		
	项目责任			组织和督促落实	国务院有关部门和有关单位	具体清理工作 国家产业政策、行业规划、项目审批程序等方面	地方项目
					国务院有关部门和有关单位		中央项目
					省级人民政府		中央投资为主
					省级人民政府		地方投资为主
				督导和抽查	国土资源部、建设部、环保总局	土地管理、城市规划、环境保护	
				抽查	银监会	信贷政策和固定资产贷款规定	
				牵头	银监会	城市建设打捆项目贷款	
				参加	国家发改委		
					监察部、国土资源部、人民银行、审计署、环保总局、银监会等部门		
发改工业〔2006〕1084 号	淘汰落后	高度重视	各级政府	主导	地方政府		
				配合联动	部门		
				淘汰设备关停企业意见	地方经济综合主管部门		
				实施关闭	政府统一组织		依法

续表

文件编号	主要工作			要求			
	关键词	强调词1	强调词2	关键词	强调词1	强调词2	强调词3
发改工业[2006]1084号	改革、发展与稳定	正确处理		困难和问题	淘汰落后、结构调整	认真解决	各地
				人员安置	做好		
				社会稳定	维护		
				密切配合	各司其职		国务院有关部门
				总结淘汰落后和结构调整的经验			
				对地方的指导			
国发[2010]7号	组织协调机制	领导	建立	淘汰落后产能工作部际协调小组			
		淘汰落后产能工作	加强	研究解决淘汰落后产能工作中的重大问题			
				统筹协调淘汰落后产能工作	牵头		工信部
				参加（国家发改委、监察部、财政部、人力资源社会保障部、国土资源部、环境保护部、农业部、商务部、人民银行、国资委、税务总局、工商总局、质检总局、安全监管总局、银监会、电监会、能源局等部门）			
	下一步淘汰落后产能目标	做好任务分解		认真履行职责	积极贯彻落实各项政策措施		有关部门
		组织落实工作			加强沟通配合		

续表

文件编号	主要工作			要求			
	关键词	强调词1	强调词2	关键词	强调词1	强调词2	强调词3
国发〔2010〕7号		确保淘汰落后产能工作取得明显成效			健全领导机制	责任到位、措施到位、监管到位	地方各级人民政府
					明确职责分工		
	组织实施	强化	淘汰落后产能	各司其职			各有关部门
				密切配合			
				督促检查	加强对各地		
				政策落实	切实抓好		
				制定实施方案	各省、自治区、直辖市人民政府		
				分解落实			
国办发〔2010〕34号	奖惩	未完成淘汰落后钢铁产能任务的地区		暂停对该地区其他地区建设项目供地和核准审批		根据工信部提出的淘汰落后钢铁产能年度目标任务	市、县及具体企业
		完成淘汰落后产能任务较好的地区		优先予以核准先拆后建的技术改造项目		严格执行项目"区域限批"规定	
	社会和谐稳定	维护		职工安置		各地	综合平衡后
				企业转产			按政策规定
				债权债务重组			
发改工业〔2006〕34号	1. 加强组织协调			统筹规划和政策协调	钢铁工业节能减排、结构调整工作的		
	2. 狠抓工作落实			抓紧细化和落实有关政策措施	妥善解决	加强	各有关部门

续表

文件编号	主要工作			要求			
	关键词	强调词1	强调词2	关键词	强调词1	强调词2	强调词3
国办发〔2010〕34号	1. 加强组织协调			结合当地实际制定具体实施方案和配套办法 组织领导		切实加强	各地区
	2. 狠抓工作落实			提出政策建议	反映钢铁行业的新情况新问题	桥梁和纽带	行业协会、商会
				积极开展淘汰落后、节能减排、技术改造、兼并重组	督促钢铁企业认真落实钢铁产业政策 从产业发展的大局出发强化内部管理		钢铁企业
		合理推进	各地区、各部门	监督指导	工信部	有关部门	合同
		协调配合		供地用地管理	进一步加强	国土资源部	把好土地关口
		履行职责		环境监管	继续强化	环境保护部门	管好环保门槛
				信贷管理	改进和加强	金融部门	用好信贷闸门
				制定配套文件 完善配套政策 确保各项任务得到贯彻实施			各有关部门
国发〔2013〕41号	化解产能严重过剩各项工作	组织安排		负总责	对本地区化解产能严重过剩矛盾工作	各省级人民政府	高度重视和有效防范社会风险
				结合实际、制订具体实施方案			切实加强组织领导和监督检查
				组织实施			保障各项任务顺利实施

第三节　政策效应

——以出口退税政策为例*

依据2011年7月19日国务院审议并原则通过的《"十二五"节能减排综合性工作方案》，调整出口退税将成为遏制高能耗、高排放产品出口的重要措施。这项措施是否能有效地促进节能减排？其短期和长期效应如何？差别退税的退税政策是否更有效？

出口退税是指对出口货物免除或退还其在国内各环节征收的流转税的一种制度。该制度符合世界贸易组织规则，是国际上的通行做法，避免了国家间的重复征税，有利于出口货物和劳务在国际市场上公平竞争（陈平和黄健梅，2003）。布兰德等（Brander et al.，1985）从战略视角建立了古诺模型，发现出口补贴政策实际上是将国外公司的一部分利润转移到国内公司，以提高国民福利的最佳选择，曹等（2001）、刘穷志（2005）、陈等（2006）和马埃（Mah，2007）等也基本支持了这一观点。

然而，目前出口退税政策已成为调整最为频繁的贸易政策之一。出口退税的政策目标也由单纯的刺激出口转变为控制贸易平衡，优化出口产业结构，遏制高能耗，高排放产品出口，提高出口收益（裴长洪，2008）。尽管国内外有关出口退税政策效应的研究成果颇为丰富，但基本上都着重于分析出口退税对贸易的激励效应，并未更深入地研究政策目标多样化后的出口退税政策效应，仅有为数不多的文献研究了出口退税对产业升级的影响（王世嵩，2008；樊琦，2009）总的来说，目前的研究在两个方面仍需拓展：第一，研究中的出口绩效，通常指的是出口量（陈等，2006）、出口利润（马埃，2007）、出口结构（樊琦，2009）、税收收入及就业（刘穷志，2005）、社会福利（曹等，2006）等，但都未考虑能耗绩效，如产值能耗之类的能耗绩效指标，出口退税既然已成为节能减排的政策工具，就有必要考察其能耗绩效。第二，近年来，出口退税率的调整实施了有保有压的差别退税政策，拉开了不同能耗水平产品的退税率差距，且差距逐步拉大，这样的政策是否更有效，也是值得思

---

* 本节内容为课题组主持人成果，已发表。

考的问题。

因此，下面将以钢铁行业为例，采用理论及实证研究方法评估和预测退税政策对高耗能行业的节能减排效应。

一　钢铁行业出口退税调整的路径

钢铁行业是能源和资源消耗最大的行业之一，国家始终坚持不鼓励大量出口钢材产品的方针政策。2003 年以来，受钢材产量和进出口量波动、国际经济形势变化、国际贸易摩擦以及节能减排等因素的影响，出口退税政策作出频繁的调整。下面以热轧薄板和冷轧薄板为两个代表性的钢材品种（见表 1 - 38），分析钢铁行业出口退税调整的路径（见图 1 - 1）。

表 1 - 38　　　　　　热轧薄板和冷轧薄板能耗[①]、进出口均价[②]

产品	单位能源消耗（千克标准煤/吨）	出口均价（美元/吨）	进口均价（美元/吨）
热轧薄板	62.1	574.15	744.36
冷轧薄板	114.3	2066.46	1651.61

注：①表内单位能源消耗为热轧产品及冷轧产品"最优"能源消耗量，资料来源：Jacco, C. M., Farla, B. K., "The Quality of Energy Intensity Indicators for International Comparison in the Iron and Steel Industry"［J］. *Energy Policy*，2001，29：523 - 543。②表内进出口均价是根据 2010 年第一季度进出口额与进出口量的比值计算而来，资料来源：《2010 年 3 月全国冶金产品出口情况》，《中国钢铁行业》2010 年第 5 期；《2010 年 3 月全国冶金产品进口情况》，《中国钢铁行业》2010 年第 5 期。

由表 1 - 38 可知，热轧薄板工艺较为简单，进出口均价低，已成为"大路货"，以该品种代表高能耗产品；冷轧薄板工艺复杂，标杆单位能耗是热轧薄板的 1.8 倍，而出口均价却是其 3.6 倍，是典型的高附加值、低能耗比产品。

2004 年 1 月 1 日开始，钢材出口退税率经过了 7 次调整，可分为以下四个阶段（见图 1 - 1）。

第一阶段：2004 年 1 月至 2007 年 4 月，具有调整的频率高、幅度小、调整面广等特点。自 2003 年以来，国内钢材消费一直保持快速增长，成为全球最大的钢材进口国。为了避免国内过剩产能大量出口，这一阶段国家四次调整出口退税，每次下调的幅度都只在 2%—3%，且下调的品种较多。

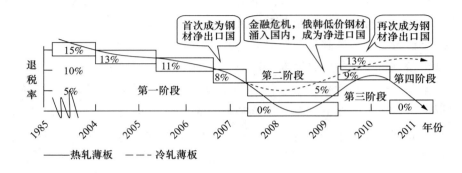

图 1-1　钢材代表品种出口退税调整路径

第二阶段：2007 年 4 月至 2009 年 4 月，具有下调力度大且实施差别退税政策、依据能耗水平调整税率的特点。2006 年，随着钢材产能的逐步释放，以及钢材消费增长强度的减弱，中国实现了由钢材净进口国向钢材净出口国的转变；2007 年 4 月出口退税率再次调整，与第一阶段相比，此次下调力度较大，且不同能耗水平产品的下调比重不同，冷轧产品等 76 个税号，出口退税率降为 5%，而热轧产品等 83 个税号的钢材则全部取消出口退税。

第三阶段：2009 年 4 月至 2010 年 7 月，具有上调幅度大，但仍拉开了不同能耗产品退税差的特点。受国际金融危机影响，国际需求下降，加上汇率因素，使中国钢价在国际上丧失了比价优势，在出口形势持续恶化的情况下，2009 年 4 月和 6 月两次上调部分钢材品种的出口退税，将热轧薄板上调为 9%，冷轧薄板上调为 13%，即使在出口形势严峻的情况下，仍然坚持控制高能耗产品出口的方针。

第四阶段：2010 年 7 月以后，具有有保有压、不同能耗产品退税差进一步拉大的特点。随着全球经济恢复，2009 年下半年，钢材出口出现了井喷，全年净出口 697 万吨。2010 年 7 月，财政部宣布取消包括热轧薄板在内的 46 个税则号产品的出口退税，但原退税率为 13% 的品种（包括冷轧薄板）大部分仍保留。进一步拉大了不同能耗产品的退税差，以充分发挥出口退税对高能耗产品出口的控制调节作用。

二　出口退税政策的节能减排效应的理论模型

（一）利润函数

假设有国内和国外两家企业，生产一种同质产品。其主要的生产成本由两部分组成，第一部分是进口中间产品成本；第二部分是能耗成本，即企业购回中间产品至生产出最终产品阶段所耗费的能耗成本。其他成本忽略，不会影响计算结果。

假设国内政府对进口的中间产品施加关税，且采取调节出口退税率的政策以控制高能耗的最终产品出口，该政策意味着在国内公司支付的出口商品关税中返还的比重将随能耗水平而调节。国内企业生产出最终产品供应国内市场（D），并出口（E）到第三方市场；外国企业生产出的所有最终产品（Y）全部出口到第三方市场，为了简化分析，将国内市场和第三方市场的逆需求函数设为线性形式：

$$P_1 = a - bD \qquad\qquad\qquad (1.1a)$$
$$P_2 = \alpha - \beta(E + Y) \qquad\qquad\qquad (1.1b)$$

式中，a、b、α、$\beta > 0$，P_1 和 P_2 分别代表最终产品在国内市场和第三方市场的价格，这两个市场的价格是相互独立的。为了分析的目的，假设一个单位中间产品生产出一个单位的最终产品，由此，国内企业的利润函数可以式（1.2a）表达：

$$\Pi^d = (a - bD)D - c(a - bD)D - (1 + t)mD + [\alpha - \beta(E + Y)]E -$$
$$c[\alpha - \beta(E + Y)]E - (1 + t)mE + \gamma tmE \qquad\qquad (1.2a)$$

式中，Π^d 为国内企业的利润函数；c 为国内企业单位产值能耗成本，是从购入中间产品至生产出最终产品阶段的单位产值所耗费的以标准煤价格计量的能耗成本（以金额表示），$0 < c < 1$；t 为中间品进口税率；m 为中间品进口价格；γ 为出口退税率。

国外企业的利润函数可以用式（1.2b）表达：

$$\Pi^f = [\alpha - \beta(E + Y) - m]Y - c^*[\alpha - \beta(E + Y)]Y \qquad (1.2b)$$

式中，Π^f 为国外企业的利润函数，c^* 为国外企业单位产值能耗成本，$0 < c^* < 1$。

基于上述假设条件，国内政府采用出口退税政策以控制高能耗企业出口的过程可以用一个两阶段的博弈过程来描述。第一阶段，国内政府确定最优出口退税率。最优出口退税率的取得实际上是以在最大化社会福利下的企业产量决策为基本条件的；第二阶段，在现有出口退税政策和能耗水平下，国内企业不仅要决定国内的销量 D，还要与外国竞争者在第三方市场上展开古诺产量竞争，其销量分别为 E 和 Y。

（二）完全信息下的静态博弈

在博弈的第二阶段，要寻求两个企业在两个市场上的最优产量，首要条件就是必须使式（1.2a）和式（1.2b）极大化：

$$\frac{\partial \prod^d}{\partial D} = \prod_D^d = a - 2bD - ac + 2cbD - (1+t)m = 0 \tag{1.3a}$$

$$\frac{\partial \prod^d}{\partial E} = \prod_E^d = \alpha - 2\beta E - \beta Y - \alpha c + 2\beta cE + c\beta Y - (1+t)m + \gamma tm = 0 \tag{1.3b}$$

$$\frac{\partial \prod^f}{\partial Y} = \prod_Y^f = \alpha - \beta E - m - 2\beta Y - c^*\alpha + c^*\beta E + 2c^*\beta Y = 0 \tag{1.3c}$$

由式（1.3a）、式（1.3b）和式（1.3c）可得：

$$D = \frac{a}{2b} - \frac{(1+t)m}{2b(1-c)} \tag{1.4a}$$

$$E = \frac{1}{3\beta}\left[\alpha + \frac{m}{1-c^*} - \frac{2(1+t-\gamma t)m}{1-c} \right] \tag{1.4b}$$

$$Y = \frac{1}{3\beta}\left[\alpha - \frac{2m}{1-c^*} + \frac{(1+t-\gamma t)m}{1-c} \right] \tag{1.4c}$$

（三）出口退税的节能减排效应

再回到博弈的第一阶段，最优的出口退税率应由社会总福利最大化来确定。社会总福利除了包括在国内市场上的消费者剩余（CS）、生产者剩余（国内企业利润 $\prod^d$）和政府税收收入（TR），还应该包括国内企业生产过程中能源、资源的耗费以及环境污染等给社会福利带来的净损失（EL）。

分别以式（1.5a）、式（1.5b）、式（1.5c）和式（1.5d）来表示：

$$CS(\gamma) = \frac{b}{2}D^2 \tag{1.5a}$$

$$\prod^d = (a - bD)D - c(a - bD)D - (1+t)mD + [\alpha - \beta(E+Y)]E \\ - c[\alpha - \beta(E+Y)]E - (1+t)mE + \gamma tmE \tag{1.5b}$$

$$TR(\gamma) = tmD + tm(1-\gamma)E \tag{1.5c}$$

为简化分析，将 EL 设为 c 的二次方形式：

$$EL = \frac{gc^2}{2}(D+E) \tag{1.5d}$$

式中，$g > 0$，反映国内企业生产能耗成本的参数，即每生产一单位产品，净损失增加 gc，则社会总福利定义为：

$$W(\gamma) = CS(\gamma) + \prod{}^{d} + TR(\gamma) - EL \tag{1.6}$$

依据社会总福利式（1.6）最大化的一阶条件，求出最优出口退税率：

$$\frac{\mathrm{d}W(\gamma)}{\mathrm{d}\gamma} = \frac{tm}{3\beta(1-c)}\big[2tm(1-\gamma) + \beta E(1-c)\big] - \frac{gc^2tm}{3\beta(1-c)} = 0 \tag{1.7}$$

其二阶导为：

$$W_{\gamma\gamma} = \frac{\mathrm{d}^2 W(\gamma)}{\mathrm{d}\gamma^2} = \frac{-4t^2m^2}{9\beta(1-c)} < 0 \tag{1.8}$$

则

$$\gamma^* = 1 + \frac{\beta E(1-c)}{2tm} - \frac{gc^2}{2} \tag{1.9}$$

式中，γ^* 为最优出口退税率。

将 E 代入式（1.9），得：

$$\gamma^* = 1 + \frac{1-c}{6tm}\Big[\alpha + \frac{m}{1-c^*} - \frac{2m(1+t-\gamma t)}{1-c}\Big] - \frac{gc^2}{2} \tag{1.10}$$

由式（1.10）提出如下假设：

假设 1 - 1：单位产值能耗成本越高，最优出口退税率越小。

根据上述假设，得出如下推论：

推论 1 - 1：下调出口退税率，将降低单位产值能耗成本。

接下来，将采用协整方法分析出口退税对钢材行业出口能源强度的影响，以验证上述假设及推论的正确性，并以此分析出口退税率的调整是否改善了出口产品的能耗绩效。

三 出口退税政策对钢材出口控制效应的实证分析

（一）数据来源

研究中出口钢材总量（Q）及出口总额（G）数据来源于海关统计资讯网（http：//www. china - customsstat. com/），吨钢综合能耗（SEC）数据来源于《中国钢铁工业统计月报》，各品种钢材出口退税率数据来源于国家税务总局网站（http：//www. chinatax. gov. cn），由于钢材品种众多，且各品种出口退税率差异较大，因此，研究以各期板、线、棒、线、型各类钢材出口量为权重，计算加权平均出口退税率，作为实际的出口退税率（γ）。所有数据均为月度数据，时间跨度为 2006 年 1 月至 2011 年 5 月。

（二）中国钢铁行业出口能源强度的演进

对于"两高一资"的钢铁行业而言，"出口拉动"是不可持续的，不仅把"资源消耗和污染留在国内"，而且在钢铁大量出口的同时也间接地带走了大量能源（谭忠富等，2008），因此，必须建立相应的能源强度指标以反映高耗能产品出口所导致的能源间接出口的效率。

产值能耗是一个经济指标，被定义为单位产值所消耗的能源量，又称为经济能源强度，是国际通行的反映能源消耗效率的指标（孙，1998）。本书借鉴产值能耗的定义，计算出口额能耗，代表出口能源强度，其表达式为：

$$EI = \frac{E}{G} = \frac{Q \times SEC}{G} \tag{1.11}$$

式中，E 为出口钢材能源消耗量（吨标准煤），Q 为出口钢材总量（吨），SEC 为吨钢综合能耗（千克标准煤/吨），G 为出口额（千美元）。

图 1-2 将钢铁行业出口能源强度的演进与出口退税率的调整阶段对应起来。从总体上看，钢铁行业出口额能耗呈下降趋势，2008 年年底已下降到最低点，但是，在第三阶段有较大幅度的上扬，这主要是由于国际金融危机中，出口钢材均价下降，出口额也随之下降，由此导致出口额能耗上升，第四阶段又逐渐恢复了下降的趋势。

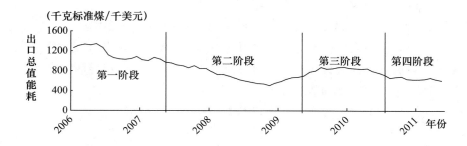

图 1-2 钢铁行业出口额能耗

（三）出口退税率与出口能源强度的协整分析

1. 协整检验

首先采用 X—12 季节调整方法对出口额能耗（EI）和出口退税率（γ）序列进行季节调整，去掉季节因素。同时，为了消除异方差，对两序列取对数，lnEI 和 lnγ 表示出口额能耗的增长率和出口退税增长率。通过 lnγ 和 lnEI 序列进行 ADF 单位根检验，验证出两序列均为单整 I（10）序列，这样，我们就不能用回归方程来描述它们之间的线性关系，而要进行协整检验来考察序列间的长期均衡关系。

式（1.12）给出了 lnEI 和 lnγ 的回归式：

$$\ln EI_t = 6.109 + 0.374 \ln \gamma_t \qquad R^2 = 0.565$$
$$\quad (89.635) \quad (9.055) \qquad \qquad D.W = 0.164 \qquad (1.12)$$

式（1.12）的残差项有较强的一阶自相关性。考虑加入适当的滞后项，得 lnEI 和 lnγ 的分布滞后模型：

$$\ln EI_t = 0.552 + 0.906 \ln EI_{t-1} + 0.044 \ln \gamma_t \qquad R^2 = 0.968$$
$$\quad (2.785) \quad (28.21) \quad (2.726) \qquad D.W = 1.385 \qquad (1.13)$$

自相关消除后，可以初步认为 lnEI 和 lnγ 存在长期稳定关系。残差序列稳定性检验结果如表 1 - 39 所示。

表 1 - 39　　　　　　　　　残差序列稳定性检验结果

ADF 统计值	统计量	1% 显著性	5% 显著性	10% 显著性	拟合优度	统计量
	- 10.404	- 2.604	- 1.946	- 1.613	0.513	1.996

表 1 - 39 中的 T 检验值小于 1% 的显著性水平下的 ADF 临界值 - 2.604，说明 lnEI 和 lnγ 是（1，1）阶协整的，式（1.13）即为它们长期稳定的均衡关系。

2. 格兰杰因果检验

格兰杰因果检验揭示变量之间相互的因果关系，如果变量之间是协整的，那么至少在一个方向上存在格兰杰原因（Granger，1988）。检验结果见表 1 - 40。

表 1 - 40　　　　　lnEI 和 lnγ 序列格兰杰因果关系检验结果

原假设	滞后长度	F 统计量	概率	结论
lnγ 不是 lnEI 的格兰杰原因	1	4.05869	0.0484	拒绝
lnEI 不是 lnγ 的格兰杰原因		0.05805	0.8104	接受

由表 1–40 可知，对 lnEI 和 lnγ 两个变量的格兰杰因果检验表明，出口退税率是出口额能耗的格兰杰原因，而出口额能耗不是出口退税率的格兰杰原因。也就是说，出口退税与出口额能耗之间只存在单向的因果关系。

3. 误差修正模型（ECM 模型）

对于具有协整关系的 lnEI 和 lnγ 变量，可以建立包括误差修正项在内的误差修正模型，以此来分析 lnγ 关于 lnEI 的长期和短期弹性。其模型的估计式为：

$$\Delta \ln EI_t = 0.489 - 0.083 \ln EI_{t-1} + 0.071 \Delta \ln \gamma_t + 0.039 \ln \gamma_{t-1} \quad R^2 = 0.144$$
$$(2.305)(-2.426) \quad (1.963) \quad (2.291) \quad D.W = 1.443$$
$$(1.14)$$

误差修正模型标准形式为：

$$\Delta \ln EI_t = 0.071 \Delta \ln \gamma_t - 0.083(\ln EI_{t-1} - 5.892 - 0.47 \ln \gamma_{t-1}) \quad (1.15)$$

由式（1.15）可知，lnγ 关于 lnEI 的短期弹性为 0.071，长期弹性为 0.47。也就是说，从长期来看，出口退税将在较大程度上影响出口额能耗，而在短期内的影响却是很小的。

4. 出口退税率与出口能源强度的变结构协整分析

前文所述，自 2004 年以来，我国出口退税率的调整经历了四个阶段。因此，样本数据结构可能存在突变，建立如下变结构协整模型：

$$\ln EI_t = 6.435 + 0.12(\ln \gamma_t - 2.074) \times D_{2t} - 0.179(\ln \gamma_t - 1.081) \times D_{3t} +$$
$$(86.444) \quad (2.712) \quad (-2.466)$$
$$0.414(\ln \gamma_t - 1.935) \times D_{4t} + 0.237 \ln \gamma_t + 1.179 MA(1) + 0.522 MA(2)$$
$$(4.744) \quad (5.562) \quad (9.708) \quad (4.443)$$
$$\overline{R}^2 = 0.919 \quad D.W = 1.428 \quad (1.16)$$

式中，$D_{2t} = \begin{cases} 0 & t = \begin{cases} 2006-01\text{—}2007-04 \\ 2009-05\text{—}2011-05 \end{cases} \\ 1 & t = 2007-05\text{—}2009-04 \end{cases}$

$D_{3t} = \begin{cases} 0 & t = \begin{cases} 2006-01\text{—}2009-04 \\ 2010-08\text{—}2011-05 \end{cases} \\ 1 & t = 2009-05\text{—}2010-07 \end{cases}$

$D_{4t} = \begin{cases} 0 & t = 2006-01\text{—}2010-07 \\ 1 & t = 2010-08\text{—}2011-05 \end{cases}$

对其残差序列进行稳定性检验，检验结果见表 1-41。

表 1-41　　　　　　　残差序列稳定性检验

ADF 统计值	统计量	1% 临界值	5% 临界值	10% 临界值	拟合优度	统计量
	-8.646	-2.603	-1.946	-1.613	0.738	2.038

表 1-41 中的 T 检验值小于 1% 的显著性水平下的 ADF 临界值 -2.603，说明 lnEI 和 lnγ 之间存在协整关系，式（1.6）即为它们长期稳定的均衡关系。从模型形式看，出口额能耗 lnEI 与出口退税率 lnγ 的变结构协整关系在 2006 年 1 月至 2011 年 5 月的表现形式为分段型协整关系。各阶段的模型如下：

第一阶段：$lnEI_t = 6.435 + 0.236 ln\gamma_t$　　　　　　　　　　(1.17)

第二阶段：$lnEI_t = 6.186 + 0.356 ln\gamma_t$　　　　　　　　　　(1.18)

第三阶段：$lnEI_t = 6.633 + 0.057 ln\gamma_t$　　　　　　　　　　(1.19)

第四阶段：$lnEI_t = 5.636 + 0.65 ln\gamma_t$　　　　　　　　　　(1.20)

这表明四个阶段出口能源强度的回归方程在统计意义上确实是不相同的。相比较起来，第四阶段的斜率最大，出口退税率每下降 1%，出口额能耗就下降 0.65%，即与以往三个阶段相比，第四阶段中出口退税率对出口额能耗的影响最大。由图 1-1 可知，从第二阶段即 2007 年 4 月起，按照国家产业政策和外贸商品结构调整的要求，开始有差别、有层次地对不同能耗水平产品设计不同的退税率，以体现出口退税的节能减排导向，第二阶段代表品种的退税率差为 5%；第三阶段退税率上升到 9%，退税率差为 4%；第四阶段退税率差进一步扩大为 13%。结合各阶段回归方程的统计意义可以发现，在退税率下调时，实施较大差别税率政策，对出口额能耗的下降有较大的作用；在退税率上升时，采用差别税率，其影响效果并不明显。

四　结论

出口退税的频繁调整，一直受到各界广泛关注。出口退税的政策目标也由单纯的刺激出口转变为控制贸易平衡，优化出口产业结构，遏制高能耗，高排放产品出口，提高出口收益，因此，深入研究政策目标多样化后的出口退税政策效应，特别是节能减排效应，具有十分重要的理论和现实意义。

　　本书着眼于一个最基本的问题，即出口退税率的频繁调整，是否能有效地促进节能减排。并以钢铁行业为例，提出了以出口额能耗来计量的出口能源强度指标，对 2004 年以后的退税政策及其实施效果进行了分析和评估。研究结果表明，出口额能耗与出口退税率间存在长期协整关系，且出口退税率是出口额能耗变化的格兰杰原因；出口退税率的变化对出口额能耗的影响在短期内不明显，但具有长期深远的影响；变结构协整分析还表明，差别退税政策下，当退税率下调时，出口退税率变化对出口额能耗的影响更大。研究结果意味着现阶段的出口退税政策，至少对于钢铁行业节能减排目标而言是成功的，当然，在调整的时机、调整的层次及调整的品种等具体问题上业界仍需进一步探讨。

第二章　落后产能的界定

本章首先从分析现有落后产能界定标准的科学性和合理性出发，其次依据工信部公布的落后产能淘汰名单及未完成淘汰工作名单，整理了近年来钢铁行业落后产能淘汰的情况；最后采用 DEA 方法评价了在落后产能淘汰政策下 1999—2013 年中国钢铁行业技术效率的变化。

第一节　落后产能的界定

目前，无论是学术界还是业界都主要从技术、能耗环境和规模三个方面来界定落后产能。为此，本书从中国钢铁行业主要生产设备情况（主要以炼铁高炉和炼钢电炉为例）及产能状况、主要技术经济指标、能耗排放以及经济性三个方面论证分析现有落后产能界定标准的科学性和合理性。

一　中国钢铁行业主要生产设备及产能

表 2-1 整理了我国钢铁工业重点大中型企业各个等级高炉的数量、产能、全国粗钢产量以及新增的高炉数量。

依据表 2-1，将各类型高炉在各个年份的占有比重、产能比重绘制成图 2-1 和图 2-2。

由表 2-1、图 2-1 和图 2-2 可以看出，主要的高炉类型是 101—299 立方米、300—999 立方米、1000—1999 立方米、2000—2999 立方米和 3000—3999 立方米五类。从数量和产能的比重程度看，300—999 立方米类型的高炉的比重都最高，数量比重均在 50% 以上，特别是 2006—2010 年高炉数量比重达到了 60% 以上，表明在钢铁行业周期的上升期设备的主要投资都集中在该类型高炉上，2011 年后数量比重略有下降，但也接近 60%；从产能比重来看，该类型高炉的产能比重在 30% 以上，

表 2 - 1　　2000—2013 年中国钢铁行业重点大中型企业各等级高炉数量及产能

年份	类别	重点大中型企业高炉		高炉产能		粗钢产量（万吨）	高炉数量变化（座）
		数量（座）	比重（%）	产能（万吨）	比重（%）		
2013（648）	5000 立方米及以上	3	0.46	1348	2.20	77904	0
	4000—4999 立方米	11	1.70	3770	6.15		-1
	3000—3999 立方米	19	2.93	5109	8.34		0
	2000—2999 立方米	59	9.10	11320	18.48		-10
	1000—1999 立方米	161	24.85	17807	29.06		-34
	300—999 立方米	383	59.10	21603	35.26		27
	小于等于 299 立方米	12	1.85	313	0.51		2
	合计	648		61270		78.65 *	-16
2012（664）	5000 立方米及以上	3	0.45	1348	1.99	73104	0
	4000—4999 立方米	12	1.81	4143	6.12		1
	3000—3999 立方米	19	2.86	5109	7.55		0
	2000—2999 立方米	69	10.39	13712	20.27		10
	1000—1999 立方米	195	29.37	22150	32.75		46
	300—999 立方米	356	53.61	20896	30.89		12
	小于等于 299 立方米	10	1.51	283	0.42		2
	合计	664		67641		92.53 *	71
2011（593）	5000 立方米及以上	3	0.51	1348	2.31	70196.84	0
	4000—4999 立方米	11	1.85	3770	6.45		0
	3000—3999 立方米	19	3.20	5109	8.74		2
	2000—2999 立方米	59	9.95	11243	19.23		1
	1000—1999 立方米	149	25.13	16712	28.58		23
	300—999 立方米	344	58.01	20112	34.39		-20
	小于等于 299 立方米	8	1.35	184	0.31		1
	合计	593		58478		83.31	7

续表

年份	类别	重点大中型企业高炉		高炉产能		粗钢产量（万吨）	高炉数量变化（座）
		数量（座）	比重（%）	产能（万吨）	比重（%）		
2010（586）	5000 立方米及以上	3	0.51	1348	2.45	63874.28	1
	4000—4999 立方米	11	1.88	3770	6.85		0
	3000—3999 立方米	17	2.90	4603	8.36		2
	2000—2999 立方米	58	9.90	11099	20.16		7
	1000—1999 立方米	126	21.50	13896	25.24		14
	300—999 立方米	364	62.12	20112	36.53		9
	小于等于 299 立方米	7	1.19	229	0.42		−8
	合计	586		55057		86.20	25
2009（561）	5000 立方米及以上	2	0.36	909	1.80	57707.01	9
	4000—4999 立方米	11	1.96	3770	7.45		
	3000—3999 立方米	15	2.67	4031	7.97		
	2000—2999 立方米	51	9.09	9774	19.32		5
	1000—1999 立方米	112	19.96	12298	24.31		23
	300—999 立方米	355	63.28	19382	38.31		23
	小于等于 299 立方米	15	2.67	422	0.83		−12
	合计	561		50586		87.66	48
2008（513）	3000 立方米及以上	19	3.70	5630	13.30	51233.86	3
	2000—2999 立方米	46	8.97	8589	20.30		6
	1000—1999 立方米	89	17.35	9870	23.32		25
	300—999 立方米	332	64.72	17552	41.47		23
	101—299 立方米	27	5.26	679	1.60		−14
	小于等于 100 立方米	0	0.00	0	0.00		−13
	合计	513		42320		82.60	30
2007（483）	3000 立方米及以上	16	3.31	4715	12.87	48971.23	4
	2000—2999 立方米	40	8.28	7432	20.29		2
	1000—1999 立方米	64	13.25	6971	19.03		12
	300—999 立方米	309	63.98	15982	43.63		−13
	101—299 立方米	41	8.49	926	2.53		−16
	小于等于 100 立方米	13	2.69	603	1.65		4
	合计	483		36629		74.80	−7

续表

年份	类别	重点大中型企业高炉		高炉产能		粗钢产量（万吨）	高炉数量变化（座）
		数量（座）	比重（%）	产能（万吨）	比重（%）		
2006（490）	3000 立方米及以上	12	2.45	3551	10.81	42102.36	3
	2000—2999 立方米	38	7.76	7009	21.33		5
	1000—1999 立方米	52	10.61	5032	15.31		4
	300—999 立方米	322	65.71	15972	48.61		62
	101—299 立方米	57	11.63	1215	3.70		−18
	小于等于 100 立方米	9	1.84	81	0.25		−3
	合计	490		32860		78.05	53
2005（437）	3000 立方米及以上	9	2.06	2563	9.01	35578.97	3
	2000—2999 立方米	33	7.55	6001	21.09		5
	1000—1999 立方米	48	10.98	5168	18.16		9
	300—999 立方米	260	59.50	12952	45.51		29
	101—299 立方米	75	17.16	1670	5.87		−7
	小于等于 100 立方米	12	2.75	103	0.36		3
	合计	437		28457		79.98	42
2004（395）	3000 立方米及以上	6	1.52	1663	7.20	27279.79	1
	2000—2999 立方米	28	7.09	5088.74	22.04		9
	1000—1999 立方米	39	9.87	3829.43	16.58		8
	300—999 立方米	231	58.48	10776.14	46.66		47
	101—299 立方米	82	20.76	1647.3	7.13		12
	小于等于 100 立方米	9	2.28	89	0.39		−3
	合计	395		23093.61		84.65	74
2003（321）	3000 立方米及以上	5	1.56	1423	8.60	22233.6	1
	2000—2999 立方米	19	5.92	3252.75	19.66		2
	1000—1999 立方米	31	9.66	2787.8	16.85		2
	300—999 立方米	184	57.32	7978.93	48.22		31
	101—299 立方米	70	21.81	1005.94	6.08		−2
	小于等于 100 立方米	12	3.74	98.1	0.59		−3
	合计	321		16546.52		74.42	31

续表

年份	类别	重点大中型企业高炉		高炉产能		粗钢产量 (万吨)	高炉数量变化 (座)
		数量 (座)	比重 (%)	产能 (万吨)	比重 (%)		
2002 (290)	3000 立方米及以上	4	1.38	1199	8.64	18224.89	0
	2000—2999 立方米	17	5.86	2906	20.94		0
	1000—1999 立方米	29	10.00	2575.1	18.56		0
	300—999 立方米	153	52.76	6084.73	43.84		19
	101—299 立方米	72	24.83	992.94	7.15		18
	小于等于 100 立方米	15	5.17	120.1	0.87		0
	合计	290		13877.87		76.15	37
2001 (253)	3000 立方米及以上	4	1.58	—	—	15163.44	0
	2000—2999 立方米	17	6.72	—	—		2
	1000—1999 立方米	29	11.46	—	—		1
	300—999 立方米	134	52.96	—	—		8
	101—299 立方米	54	21.34	—	—		−1
	小于等于 100 立方米	15	5.93	—	—		
	合计	253		—	—		10
2000 (243)	3000 立方米及以上	4	1.65	—	—	12850	—
	2000—2999 立方米	15	6.17	—	—		—
	1000—1999 立方米	28	11.52	—	—		—
	300—999 立方米	126	51.85	—	—		—
	101—299 立方米	70	28.81	—	—		—
	小于等于 100 立方米			—	—		
	合计	243		—	—		—

资料来源：2001—2014 年《中国钢铁工业年鉴》和中国资讯行高校财经数据库，http://www.bjinfobank.com/DataList.do。

而 2006—2010 年的产能比重呈下降趋势，主要是由于在 2009 年以后新增了多台 4000 立方米以上的大型高炉，其产能稀释该类型高炉的产能比重；1000—1999 立方米的高炉在数量和产能上的上升都是最突出的，2006 年以前，该类型高炉的数量占 10% 左右，产能占 15%—18%；2006 年以后，无论是数量还是产能都有了较大幅度的增加，2012 年数量达到了峰

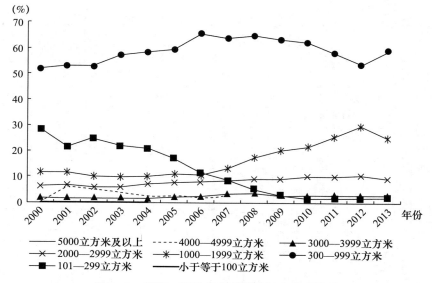

图 2 - 1　2000—2013 年各类型高炉占有率比重

资料来源：2001—2014 年《中国钢铁工业年鉴》和中国资讯行高校财经数据库，http：//
www. bjinfobank. com/DataList. do。

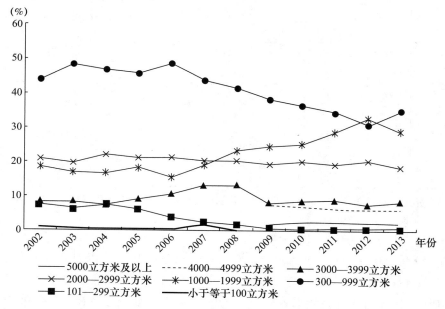

图 2 - 2　2002—2013 年各类型高炉产能占有率比重

资料来源：2001—2014 年《中国钢铁工业年鉴》和中国资讯行高校财经数据库，http：//
www. bjinfobank. com/DataList. do。

值 29.37%，产能为 32.75%，成为占有率第二的高炉类型。此外，101—299 立方米高炉的比重很明显在 2002 年以后呈下降趋势，到 2009 年基本上从市场上消失；2000—2999 立方米和 3000—3999 立方米高炉数量比重和产能比重均没有太大的变化，数量比重分别在 9% 和 3% 左右，产能比重分别 20% 和 10% 左右。由上述高炉的数量比重和产能比重分析可知，近年来，中国钢铁行业的高炉呈现了大型化的趋势，101—299 立方米高炉基本淘汰，300—999 立方米的高炉比重不断下降，1000—1999 立方米的高炉比重上升趋势非常明显，其产能已与 300—999 立方米高炉持平，2012 年甚至超过了其产能。

将表 2-1 内各年度高炉总数、粗钢产量、大中型企业高炉产能比重折算成增长率，并与 GDP 增长率相比较，绘制成图 2-3。

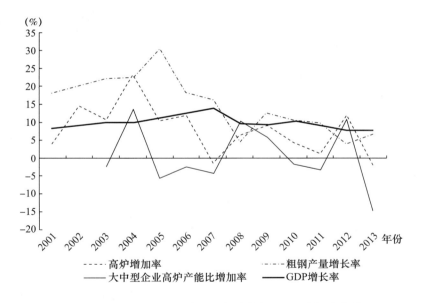

图 2-3　2001—2013 年高炉增加率等与 GDP 增长率趋势

资料来源：2001—2014 年《中国钢铁工业年鉴》和中国资讯行高校财经数据库，http://www.bjinfobank.com/DataList.do。

由图 2-3 可知，各年度高炉增长率、粗钢产量增长率和大中型企业高炉产能比增加率的图形波动变化较为一致，都形成了 2—3 个峰形，而 GDP 增长率的变化虽也有波动但相对较为平缓。尽管如此，由于钢铁行业与宏观经济的影响密切，因此，先从宏观经济的波动来分析，从 2003 年开始 GDP 的增长率达到 10% 以上，2007 年达到最高值 14.16%，2008 年下降了 4.5 个百分点，2010 年经济有所回暖，增长率又恢复到 10.45%，之后又下降到 7% 左右，也就是说，从 2000—2013 年宏观经济大致经历了两个周期，2007 年和 2010 年是这两个周期的峰值年份。再来看钢铁行业的情况，第一，粗钢产量的增长率大约经历了两个周期。在 2005 年达到 30.42% 后有较大幅度的下降，2008 年基本达到了谷底，仅为 4.6% 后，2009 年开始恢复，达到 12%，成为下一个周期的峰值，2010 年略有下降，为 10.68%，但此后，增长率一直下降。第二，高炉增加率大约经历了三个波动周期。2004 年增加率由之前的 10% 左右猛增为 23.05%，达到峰值，之后下降，2007 年甚为负增长，2009 年再次达到 9.36% 的高增长，2011 年到达谷底，仅为 1.2%，2012 年再次达到 12% 的增长率，之后又迅速下降。第三，大中型企业高炉产能比增加率大约也经历了三个波动周期，2004 年由之前的负增长，转为迅速增长到 13.75%，到 2007 年连续三年负增长后，2008 年到达第二个峰值 10.43%，下降到 2011 年的 -3.35% 后，2012 年增长为 11.06%，2013 年又呈大幅度下降。现在将上述周期变化汇总于表 2-2。

表 2-2　　2001—2013 年高炉增加率等与 GDP 增长率的变化周期

项目	峰值	谷底	峰值	谷底	峰值	谷底
GDP 增长率	2007	2008	2010	2013		
粗钢产量增长率	2005	2008	2009	2013		
高炉增长率	2004	2007	2009	2011	2012	2013
大中型企业高炉产能比增加率	2004	2007	2008	2011	2012	2013

由表 2-2 可知，钢铁行业的相关数据均先行且较 GDP 增长率更敏感。而钢铁行业的数据中，粗钢产量增长率的变化是滞后的，其次是高炉增长率；大中型企业高炉产能比增加率的变化在最前面，也就是当企业预测到景气即将到来时，首先将通过提高产能利用率，增加产出，其次是投资设备，增加高炉数量，随后钢产量整体得到增加。将表 2-2 与图 2-4 结合起来看，结果也是一致的。从上述周期的变化中，我们也可

以看到，2010 年以后，经济增长呈现缓慢上升的态势，与之相关的是钢
铁需求不足，2013 年产能利用率仅为 72%，再加之国际钢铁行业设备大
型化的趋势，因此，从规模上淘汰掉一批技术上已经过时的产能，缩减
现有规模是必要的。

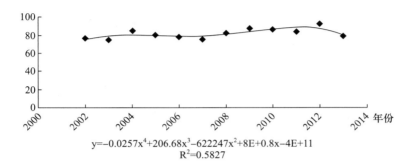

$$y=-0.0257x^4+206.68x^3-622247x^2+8E+0.8x-4E+11$$
$$R^2=0.5827$$

图 2 - 4　2001—2013 年大中型企业高炉产量比

大中型企业代表了中国钢铁行业的主流发展方向。十多年来，大中
型企业高炉产能占粗钢总产量的比重（见图 2 - 4）也随着经济周期的变
化，呈现一定的变动趋势，但总体上都在 74% 以上，如果加上电炉钢
10% 左右的比重，还有接近 10% 中小企业的高炉产能未纳入计算中，按
照现有的落后产能淘汰政策中对落后产能标准的规定（国发〔2009〕38
号《国务院批转发展改革委等部门关于抑制部分行业产能过剩和重复建
设引导产业健康发展若干意见的通知》），目前可以淘汰的产能至少占总
产能的 10% 左右（具体包括：2013 年在大中型企业中高炉容积在 300 立
方米以下的，为 12 座，产能为 313 万吨，占大中型企业总产能的
0.51%；300—400 立方米的高炉数量因为缺乏相应的统计数据，无法具
体统计计算，但依据"我的钢铁"网站：2014 年全国钢厂高炉产能调查
分析报告中的数据统计，2013 年 500 立方米以下高炉的数量有 280 座，
占国内高炉总产能的 21% 左右，依次估算 400 立方米的产能在 10% 左
右），若能完成这部分产能的淘汰工作，将能有效地提升钢铁行业规模经
济性。此外，总体来看，在大中型企业中，按照现有标准的落后产能比
重较低，大部分落后产能存在于中小型的钢铁企业中，因此，淘汰落后
产能所针对的目标企业基本上都是中小型钢铁企业，而小容积高炉是否

是落后产能、现有的标准是否合理，是目前在落后产能淘汰工作中备受争议的问题。

二 中国钢铁行业主要设备技术经济指标、能耗及排放

高炉的技术水平是一个系统的、综合性的评价体系。王维兴（2005）指出，高效、低耗、长寿、操作技术便利应该是高炉技术水平的判断标准，同时认为，需要综合考虑利用系数、工序能耗、入炉矿品位、喷煤比、风温、生铁中硅比重、炉顶压、煤气利用率、渣铁比等关键技术指标。项钟庸等（2011，2013）指出，高炉的评价要转变思想，从以增加产出为中心的思路转变到以降低燃料比为中心的思路上来，并提出评价高炉的三个新指标，包括炉腹煤气量指数、炉缸面积利用系数和炉腹煤气效率等。下面就依据上述指标对中国钢铁行业高炉的技术水平进行评判。

表 2-3 为 2001—2013 年中国钢铁行业高炉设备主要技术经济指标，包括入炉焦比、燃料比和利用系数、风温等重要指标。

表 2-3　　　2001—2013 年中国钢铁行业主要设备技术经济指标

年份	一级品率（%）	入炉焦比（千克/吨）	综合焦比（千克/吨）	喷煤比（千克/吨）	燃料比（千克/吨）	利用系数（吨/立方米·日）	休风率（%）	熟料率（%）	入炉矿品位（%）	风温（℃）
2001	—	422	523	122	—	2.34	—	—	—	1032
2002	—	416.96	517.43	125.75	—	2.46	—	—	—	1024.76
2003	—	430.07	523.87	117.71	—	2.48	—	—	—	1057.18
2004	—	427	526	116	—	2.516	1.85	—	58.21	1091.29
2005	—	412	522	124	556.36	2.624	1.846	—	58.03	1072.14
2006	69.32	395.81	516.3	135.05	542.39	2.675	1.661	92.21	57.78	1110
2007	67.77	392.51	517.58	137.09	545.39	2.678	1.521	92.5	57.71	1125
2008	—	396	523	135	531	2.607	2.106	92.68	57.32	1133
2009	—	374	507.31	145	519	2.615	1.661	91.38	57.62	1158
2010	—	369	503.53	149	518	2.589	1.635	91.69	57.41	1160
2011	—	374	507.84	148	522	2.53	1.458	92.21	56.98	1179
2012	—	362.79	509.22	149.41	547.79	2.50	1.57	93.81	56.84	1194.39
2013	—	362.63	—	149.09	547.36	2.46	1.82	92.01	56.35	1169.9

资料来源：2000—2014 年《中国钢铁工业年鉴》全国高炉主要技术经济指标数据。

由表2－3可知，利用系数是评价高炉效率的最常用指标，从总体利用系数来看，2007年的利用系数最高，为2.678，2005—2009年都在2.6以上；能耗水平下降，入炉焦比和综合焦比都呈现明显的下降趋势；精料水平下降，入炉矿品位下降到了近两个百分点；高炉喷煤比上升，能有效地降低煤粉工序能耗；风温上升，自2006年以后就超过了1100℃，能有效降低高炉焦比。综上所述，各项指标的变化都表明，2001—2013年我国高炉的技术水平得到了较大的提升。

表2－4中的数据为2013年前三季度代表性高炉的主要技术经济指标，炉容分布从450立方米的小型高炉到5500立方米的特大型高炉。具体分析指标如下：

表2－4　　　　　　　　　2013年前三季部分较好高炉指标

企业	炉容（立方米）	燃料比（千克/吨）	入炉焦比（千克/吨）	焦丁比（千克/吨）	煤比（千克/吨）	风温（℃）	铁品位（%）	利用系数(吨/立方米·日)	富氧（%）	生铁硅（%）	煤气（%）CO₂	煤气利用率（%）	焦炭（M40）	焦炭（M10）
兴澄2号	450	545	352	44	149	1182	55.48	3.80	3.04	0.42	23.09	49.83	79.22	6.13
中天4号	550	524	330	33	160	1182	55.87	3.93	3.80	0.37	19.52	44.24	—	5.82
青岛3号	500	514	306	35	173	1089	53.85	3.33	2.30	0.57	—	43.96	—	7.00
泰山1号	1080	512	336	23	152	1215	57.47	2.32	2.04	0.41	21.43	48.77	—	—
迁安2号	2650	517	326	36	154	1231	57.95	2.272	2.01	0.42	23.55	48.75	88.50	5.97
宁波1号	2500	512	309	31	172	1162	58.58	2.385	2.74	0.36	20.21	50.15	89.63	5.92
宣钢2号	2500	517	383	42	92	1148	57.05	2.306	2.01	0.32	19.28	—	87.11	6.05
邯宝2号	3200	501	326	49	125	1208	57.95	2.424	3.60	0.36	22.41	50.33	89.50	5.80
梅山4号	3200	497	311	47	138	1222	58.94	2.43	2.42	0.37	21.76	50.74	88.5	6.10
马钢A号	4000	503	315	38	150	1237	58.11	2.30	2,94	0.41	22.1	50.98	89.61	5.60
京唐1号	5500	511	324	33	152	1222	59.22	2.30	5.76	0.24	23.22	48.63	90.95	5.63

资料来源：王维兴：《2013年上半年重点钢铁企业能源利用状况评述》，《第九届中国钢铁年会论文集》，2014年。

（1）利用系数。小型高炉的利用系数较中大型高炉的要高，1000立方米以下的3座高炉利用系数都在3吨/立方米·日以上，但是，该指标不能对不同容积高炉的操作效率进行充分比较（Kurunov，2014），仅可作为参考。作为大型高炉生产顺行问题的评价，大型高炉，特别是 3000 立方米以上高炉，利用系数都在 2.3 吨/立方米·日以上，表明生产顺行问题基本解决，利用率较高。

（2）入炉焦比和燃料比。此两项指标反映了高炉的能耗情况，从入炉焦比情况看，除宣钢 2 号之外，其他大型高炉入炉焦比多数较小型高炉低，小型高炉中青岛 3 号表现突出；燃料比中，大型高炉的平均燃料比也低于小型高炉，表明大型高炉总的能耗水平低于小型高炉。

（3）入炉矿品位。小型高炉对品位要求低，大型高炉品位要求高，我国铁矿石需求大却存在储量有限、品位低等问题，需要大量进口，成为影响国际安全的重要因素，品位要求低是小型高炉的优势，因此，王维兴（2013）建议大型企业保留一座小高炉，充分节约成本，降低能耗。

（4）喷煤比。适度的喷煤比是目前钢铁企业追求的目标，小型高炉的喷煤比都比较高，大中型高炉的喷煤比除了宣钢 2 号，其他基本都在 130—150 千克/吨，是较为适宜的、经济的比重。

（5）风温。大型高炉的风温较小型高炉要明显高，青岛 3 号没有超过 1100℃，大型高炉很多都超出了 1200℃，高风温对降低燃料比有重要的作用，能有效节约能源。

（6）生铁中硅比重。大型高炉生铁中总体硅的比重略低，生铁中硅的比重每降低 0.1% 可降低焦比 4—5 千克/吨（王维兴，2005），也是反映生铁质量的重要指标。

（7）煤气利用率。大型高炉的煤气利用率普遍较小型高炉高，提高煤气利用率实现低燃料比。

综上所述，从能耗水平、质量水平上看，大型高炉的优势明显，小型高炉对矿石品位要求略低。

表 2-5 中数据来源于项钟庸等（2013），高炉容积都在 1000 立方米以上的大中型高炉，包括 4 座 4000 立方米以上的特大型高炉，运行的年份都在 2009 年，对各类型高炉的技术经济指标分析如下：

（1）炉缸面积利用系数。中型高炉的炉缸面积利用系数并不比大型高炉高，B 组大型高炉的炉缸面积利用系数均达到了 $66t \cdot m^{-2} \cdot d^{-1}$ 以上，该指标较利用系数指标更具有可比较性。

（2）炉腹煤气量指数和燃料比、入炉焦比，炉腹煤气量指数是反映燃料比的指标，较大型高炉燃料比、焦比和炉腹煤气量指数都较低，特别是 B 组高炉，焦比最低降到 281kg·t^{-1}，表明能耗水平较低。

表 2-5　　　　　　1000 立方米以上不同容积高炉技术经济指标

数据组代号或厂名	三钢	太钢	邯郸	沙钢宏发	A 组		B 组		
炉号	5	4	6	3	M	N	宝钢 3#	宝钢 1#	首钢 1#
内容积 V/（立方米）	1050.00	1650	2000	2500	3200	4100	4350	4966	5576
炉缸直径/（立方米）	7.80	9.1	10.5	10.9	12.2	13.6	14	14.5	15.5
炉缸面积 A/（立方米）	47.78	65.04	86.59	93.31	116.9	145.3	153.9	165.1	188.7
V/A	21.97	25.37	23.1	26.79	27.37	28.22	28.26	30.07	29.15
容积利用系数/（t·m^{-3}·d^{-1}）	2.979	2.296	2.485	2.56	2.627	2.377	2.432	2.424	2.266
炉缸面积利用系数/（t·m^{-2}·d^{-1}）	64.10	58.66	57.4	68.59	71.91	67.1	68.74	72.9	66.06
炉腹煤气效率（%）	0.903	0.859	1.052	1.026	0.913	0.891	1.082	1.172	1.072
冶炼强度/（t·m^{-3}·d^{-1}）	1.548	1.181	1.311	1.354	1.4	1.289	1.192	1.182	1.09
面积燃烧强度/（t·m^{-2}·d^{-1}）	34.02	29.96	30.29	36.27	38.34	36.37	33.7	35.55	31.88
燃料比/（kg·t^{-1}）	530.80	516	527.7	528.8	533.1	542.1	490.3	487.6	482.6
入炉焦比/（kg·t^{-1}）	395.50	348	392.2	368.8	356.2	364.7	283.8	281	304.4
小块焦/（kg.t^{-1}）	—	—	—	—	—	—	19.4	26.9	35.7
煤比/（kg·t^{-1}）	135.30	168	135.5	160	176.9	177.4	187	179.7	142.5
顶压/kPa	178.00	179	173	201	223	226	235	263.5	260
风量/（m^3·min^{-1}）	2472	3245	3479	4220	6452	7325	6885	6909	8472
风温/℃	1163	1184	1153	1180	1149	1177	1241	1240	1269
湿度/（g·m^{-3}）	15	19.65	12	15	15	15	13	12.33	—
富氧率/（%）	2.72	1.31	2.2	5.6	3.98	6.18	3.58	5.61	2.75
吨铁耗氧量/（m^3·t^{-1}）	41.44	20.87	28.88	72.44	58.65	91.79	44.4	52.59	35.36
煤气利用率/（%）	48	49.97	48.73	46	43.2	44.2	51.66	51.21	51.7

续表

数据组代号或厂名	三钢	太钢	邯郸	沙钢宏发	A 组		B 组		
炉腹煤气量/ （$m^3 \cdot min^{-1}$）	3392	4395	4725	6238	9208	10941	9783	10274	11627
吨铁炉腹煤气量/ （$m^3 \cdot t^{-1}$）	1595	1676	1369	1404	1577	1616	1331	1229	1343
炉腹煤气量指数/ （$m \cdot min^{-1}$）	70.98	67.57	54.57	66.85	78.77	75.32	63.57	62.22	61.62
操作年份	2009	2009	2009	2009	2009	2009	2010	2010	2009 年 9 月至 2010 年 4 月

资料来源：项钟庸、王筱留、银汉：《再论高炉生产效率的评价方法》，《钢铁》2013 年第 3 期。

（3）炉腹煤气效率。代表高炉生产率和强化程度，该指标越大越好，B 组大型高炉的炉腹煤气效率较高，但 A 组有待于改进。另外，两个 2000 立方米的高炉在该指标上也表现较好。

（4）煤比。各类型高炉的喷煤比基本上都在较为经济的范围内。

（5）风温。B 组大型高炉的风温均超过了 1200℃，其他高炉的风温也能达到 1100℃，能有效降低燃料比。

（6）煤气利用率。B 组大型高炉的煤气利用率显著高于其他各类型高炉。

综上所述，B 组特大型高炉的能耗水平较低，能源利用率高，A 组高炉虽然是大型高炉，但除在炉腹煤气量指数上表现尚可之外，其他各项指标与中型高炉相比，优势不突出，需要调整和改进。因此，高炉的技术表现在一定程度上还有赖于优化操作（项钟庸，2013）。但总的来说，大型高炉在节能减排上的优势明显。

由表 2-4 和表 2-5 的分析结果，从不同的指标分析中均可以看到，大型高炉在技术性和质量方面都优于中小型高炉。

表 2-6 为 2001—2012 年我国电炉的主要技术经济指标，包括利用系数、废钢消耗、劳动生产率等重要指标。

表 2 - 6   2001—2012 年电炉技术经济指标

年份	利用系数(t/MAV·d)	金属料消耗(千克/吨)	生铁消耗(千克/吨)	废钢消耗(千克/吨)	合金料消耗(千克/吨)	冶炼电耗(千瓦时/吨)	电极消耗(千克/吨)	电炉炼钢出钢至出钢时间(小时/炉)	电炉日历作业率(%)	电炉连铸比(%)	锭坯合格率(%)	劳动生产率(t/人·年)
2001	17.70	1112.00	250.00	803.00	31.00	449.00	3.45	2.30	69.86	83.59	99.00	596.00
2002	23.16	1109.4	303.03	760.15	31.56	422.69	3.08	1.98	69.13	83.09	99.46	820.04
2003	26.19	1120.55	300.3	784.09	31.37	403.29	2.85	1.79	74.65	85.23	99.58	913.1
2004	26.91	1128.61	362.07	728.62	32.84	422.00	3.01	1.62	79.69	84.4	99.57	469.12
2005	26.68	1127.08	428.56	650.37	32.06	385.23	2.81	1.46	70.93	87.51	99.69	982.81
2006	24.17	1127.16	503.31	570.56	50.91	352.51	2.60	1.72	63.03	88.65	99.65	1192.13
2007	23.93	1133.48	444.79	602.37	49.65	354.46	2.69	1.77	70.31	89.16	99.68	536.16
2008	23.69	1132.82	454.75	629.15	51.2	361.98	2.41	1.21	60.62	91.05	99.71	1396.21
2009	21.07	1121.52	542.25	524.25	68.56	342.16	2.22	1.16	51.48	94.44	99.72	1295.21
2010	24.38	1142.97	512.21	524.42	75.93	338.84	3.43	1.15	58.53	94.96	99.59	1491.55
2011	24.13	1127.78	526.49	520.94	85.06	333.67	2.16	1.17	67.73	93.72	99.73	1365.05
2012	20.66	1125.84	620.06	402.81	101.89	305.96	2.19	1.11	66.54	94.43	99.7	1325.57

资料来源：中国资讯行高校财经数据库，http://www.bjinfobank.com/DataList.do。

由表 2 - 6 可知，2001—2012 年电炉技术经济指标都有所改善，其中利用效率稳中略有下降；废钢消耗下降明显，合金料消耗上升较快；冶炼能耗有了较大幅度的下降，出钢时间也减少了一半以上，劳动生产率提高了将近两倍。可见，电炉的技术水平得到了较大的提升。但是，由于我国废钢资源有限，且未形成回收、再加工产业链，再加上电力短缺等原因，我国钢铁生产高炉比重日益提高，电炉钢日渐萎缩，2013 年电炉钢比重仅为 10% 左右，不足 1 亿吨。从炉容来看，2012 年年底，全国近 360 座电炉，其中，40 吨以下的电炉比重约占 6%，淘汰的任务量不大，淘汰后削减的产能比重也不大，没有成为争议的焦点。

三　中国钢铁行业主要设备的经济性

由于缺乏近年来高炉单位产出成本统计数据，本书只能选取较早年份，以及代表企业的代表高炉数据来分析钢铁行业主要设备的经济性。

表 2 - 7 为不同级别高炉生铁单位费用计算，主要成本包括经营成本

（原料、燃料、动力、工资及福利、制造费、管理费）和投资成本（折旧费、利息）。

表 2 - 7   不同级别高炉生铁单位费用计算   单位：元/吨

项目		2500 立方米	1200 立方米	350 立方米
1. 经营成本				
	原料	617.90	617.90	617.90
	燃料	255.75	261.20	274.26
	动力	26.24	38.86	51.55
	工资及福利	1.33	2.26	7.73
	制造费	63.33	58.84	40.01
	管理费	45.00	50.00	55.00
经营费用合计		1009.55	1029.06	1059.78
2. 投资成本				
	折旧费	42.22	39.23	26.67
	利息	56.97	52.92	35.98
投资费用合计		99.19	92.15	62.65
总费用		1108.74	1121.21	1122.43

资料来源：吴启常、王泰昌、冯又东：《我国不同级别高炉的基建投资和生铁成本比较》，《中国冶金》1998 年第 4 期。

由表 2 - 7 可知，3 个级别炉容的高炉吨铁成本相差无几，虽然 2500 立方米成本略低，但优势并不明显。从分项成本来看，大高炉经营成本稍低，投资成本略高；经营成本中主要是燃动力成本低，也就是在节能环保上有一定优势，但整体经济优势不明显，甚至近年来小高炉通过不断调整、改进，利用其品位要求低的特点，在经济性上有较大突破。

表 2 - 8 为 2013 年 1—5 月宝钢集团韶钢公司高炉产出累计成本的比较数据，主要成本包括铁成本、主原料、水渣、其他回收、燃料、能源介质、高炉煤气回收和 TRT 发电。

由表 2 - 8 可知，在宝钢集团韶钢公司，小高炉的经济性优势十分明显，高炉容积越大，吨钢产出的成本相对越高。从细分成本来看，铁成本、主原料和能源介质是小高炉最具有优势的分项，吨钢成本分别最大节约了 130 元、170 元和 113 元；但在高炉煤气回收和燃料方面，大高炉则具有较大优势，分别节约 54 元和 39 元。

表 2-8　2013 年 1—5 月宝钢集团韶钢公司高炉产出累计成本比较

单位：元/吨

项目	小高炉	6 号高炉	7 号高炉	8 号高炉	全厂
炉型	450 立方米	750 立方米	2200 立方米	3200 立方米	
铁成本	2259.42	2309.24	2325.98	2389.61	2348.05
主原料	1385.12	1458.34	1501.15	1555.82	1511.14
水渣	-22.78	-20.71	-16.51	-15.88	-17.27
其他回收	-2.64	-2.12	-2.88	-2.61	-2.63
燃料	762.52	763.64	740.16	723.30	737.94
能源介质	109.04	136.36	182.92	212.22	184.45
高炉煤气回收	-90.70	-96.97	-139.02	-144.48	-132.19
TRT 发电	0.00	-12.49	-15.02	-9.95	-10.99
费用合计	118.86	83.20	75.18	71.19	77.59

资料来源：陈俊华：《浅谈提高韶钢小高炉成本竞争力的途径》，《南方金属》2014 年第 4 期。

表 2-7 和表 2-8 结果综合显示，通常情况下，大高炉具有节能环保特征，燃料和动力消耗小，能节约部分成本，但对矿石品位要求高且初始投资成本高，在经济上并不比小高炉具有优势。

依据上面对中国钢铁主要设备的产能（规模特征）、技术经济指标（技术及能耗环保特征）以及经济性（经济特征）三个方面的分析，大型高炉在能耗环保和质量上都具有较为明显的优势，同时考虑到钢铁行业目前的高炉产能分布结构中，2013 年以后已经以 1000 立方米以上的中大型高炉为主体；且产能利用率偏低，2013 年不足 75%的现状，虽然在实际工作中可能存在针对小企业"规模"论等诟病和许多实际的淘汰难度，研究仍认为，目前依据两个方面要求（朱宏任，2010），即环保、节能、安全和质量等方面的行业标准或强制性要求，以及行业特征和可操作性要求来界定的落后产能标准在原则上是科学和合理的，当然，在具体的操作层面上，还应有一定的改进。

第二节 落后产能淘汰情况

将工信部 2010—2013 年公示的《全国淘汰落后产能企业名单》和《全国淘汰落后产能目标任务完成情况》汇总整理如表 2−9 所示。

表 2−9　　　　　　　2010—2013 年落后产能淘汰汇总　　　　　单位：万吨

地区	2010 年炼铁			2010 年炼钢			2011 年炼铁			2011 年炼钢		
	完成率（%）	完成	计划	完成率（%）	完成	计划	完成率（%）	完成	计划	完成率（%）	完成	计划
天　津	100.00	140	140	—	0	0	—	0	0	100.00	40	40
河　北	100.00	11810	11810	155.86	346	222	100.00	936	936	100.00	1608	1608
山　西	157.54	10390	659	100.00	20	20	117.37	473	403	117.18	341	291
内蒙古	100.00	104	104	—	0	0	100.00	188.5	188.5	100.00	15	15
辽　宁	146.08	175.3	120	—	0	0	100.00	6	6	—	0	0
吉　林	—	0	0	—	0	0		0	0	—	0	0
黑龙江	100.00	43	43	100.00	46	46	100.00	1.2	1.2	100.00	60.4	60.4
江　苏	100.00	80	80	183.33	110	60	—	0	0	250.00	5	2
浙　江	—	0	0	109.71	30.5	27.8	—	0	0	—	0	0
山　东	137.50	330	240	—	76.3	0	100.00	755	755	100.00	80	80
河　南	100.44	45.2	45	100.00	30.4	30.4	100.00	30	30	100.00	227.1	227.1
安　徽	100.00	60	60	—	0	0	100.00	10	10	100.00	2	2
江　西	—	0	0	100.00	100	100	100.00	108	108	100.00	87.8	87.8
湖　北	100.00	8	8	100.00	50	50	100.00	124	124	—	0	0
湖　南	100.00	52	52	100.00	50	50	149.7	149.7	149.7	100.00	44.2	44.2
广　东	142.00	71	50	135.20	169	125	—	0	0	100.00	75	75
福　建	100.00	26	26	—	0	0	100.00	40	40	100.00	3.5	3.5
海　南	100.00	10	10	100.00	30	30	—	0	0		8	0
四　川	104.00	26	25	202.50	24.3	12	100.00	15	15	86.88	100	115.1
重　庆	138.89	100	72	100.00	80	80	—	0	0	—	6	0
广　西	100.00	200	200	—	0	0	100.00	1	1	100.00	62	62

续表

地区	2010年炼铁			2010年炼钢			2011年炼铁			2011年炼钢		
	完成率(%)	完成	计划	完成率(%)	完成	计划	完成率(%)	完成	计划	完成率(%)	完成	计划
贵州	100.00	56.8	56.8	—	0	0	100.00	18	18	100.00	30	30
云南	100.00	200.3	200.3	100.00	15	15	100.00	168	168	100.00	35	35
陕西	100.00	69	69	—	0	0	—	0	0	—	0	0
甘肃	—	0	0	—	0	0	100.00	34	34	100.00	1	1
青海	100.00	20	20	—	0	0	—	0	0	—	0	0
宁夏	100.00	11	11	—	0	0	100.00	90	90	—	0	0
新疆	100.00	52	52	100.00	8.2	8.2	100.00	45	45	100.00	15	15
合计	116.31	4099.6	3519.6	135.29	1185.7	876.4	102.24	3192	2958.4	101.86	2846	2463.1

地区	2012年炼铁			2012年炼钢			2013年炼铁			2013年炼钢		
	完成率(%)	完成	计划	完成率(%)	完成	计划	完成率(%)	完成	计划	完成率(%)	完成	计划
天津	—	0	0	—	0	0	—	0	0	—	0	0
河北	100.00	115	115	—	0	0	162.50	130	80	467.53	108	23.1
山西	100.00	55	55	—	0	0	100.00	104	104	100.00	100	100
内蒙古	100.00	72	72	100.00	80	80	—	0	0	—	0	0
辽宁	100.00	186	186	—	0	0	—	0	0	—	0	0
吉林	—	0	0	100.93	30.28	30	—	0	0	—	0	0
黑龙江	—	0	0	—	0	0	—	0	0	—	0	0
江苏	—	0	0	—	0	0		210		—	0	0
浙江	—	0	0	121.11	4.36	3.6	—	0	0	108.10	11.35	10.5
山东	100.00	150	150	145.00	58	40	100.00	28	28	100.00	200	200
河南	100.00	160	160	100.00	190	190	—	0	0	100.00	55	55
安徽	100.00	25	25	—	0	0	—	0	0	100.00	120	120
江西	100.00	154	154	100.00	50	50	100.00	30	30	100.00	15	15
湖北	100.00	68.6	68.6	111.64	287.8	257.8	—	0	0	100.00	75	75
湖南	—	0	0	100.00	45	45	—	0	0	100.00	55	55
广东	—	0	0	102.00	45.9	45	—	0	0	110.00	8.8	8
福建	—	1.2	0	100.00	18	18	—	0	0	—	0	0
海南	—	0	0	—	0	0	—	0	0	—	0	0

地区	2012 年炼铁			2012 年炼钢			2013 年炼铁			2013 年炼钢		
	完成率（%）	完成	计划	完成率（%）	完成	计划	完成率（%）	完成	计划	完成率（%）	完成	计划
四 川	100.00	15	15	100.00	15	15	—	0	0	100.00	32	32
重 庆	—	1.2	0	—	1	0	—	0	0	100.00	2.3	2.3
广 西	—	0	0	—	0	0	—	0	0	—	0	0
贵 州	—	0	0	—	0	0	100.00	20	20	—	0	0
云 南	100.00	20	20	218.33	65.5	30	—	51				
陕 西	—	0	0	—	0	0	—	0	0	—	0	0
甘 肃	100.00	30	30	—	0	0	—	0	0	—	0	0
青 海	—	0	0	100.00	45	45	—	0	0	100.00	2	2
宁 夏	—	0	0	—	0	0	—	0	0	—	0	0
新 疆	100.00	25	25	—	0.8	0	300.00	45	15	—	100	0
合 计	100.00	1078	1075.6	110.27	937	869.4	223.10	618	277	154.12	884	699.1

资料来源：根据工信部 2010—2013 年公示的《全国淘汰落后产能企业名单》和《全国淘汰落后产能目标任务完成情况》，笔者整理完成。

由表 2－9 可知，2010—2013 年工信部公示的落后产能完成情况都非常好，炼铁行业和炼钢行业除少数省份没有完成淘汰计划之外，大部分都完成或超额完成了淘汰计划，炼铁炼钢行业在四年内共计淘汰了 14840.79 万吨的钢铁产能。淘汰工作取得了较大的进展。表 2－10、图 2－5 至图 2－7 从分省份分行业淘汰量占总产能的比重情况对淘汰的进展做了进一步分析。

表 2－10　　　　　　　　　2010—2013 年落后产能淘汰汇总

地区	占总炼铁淘汰量比重（%）	炼铁淘汰量（万吨）	占总炼钢淘汰量比重（%）	炼钢淘汰量（万吨）	淘汰的总量（万吨）	各省总产量（万吨）	淘汰量占总产量比重（%）
天 津	1.56	140	0.68	40	180	8871.5	2.03
河 北	26.28	2362	35.23	2062	4424	67807.5	6.52
山 西	18.59	1671	7.88	461	2132	15008.4	14.21
内蒙古	4.06	364.5	1.62	95	459.5	6615.2	6.95

续表

	占总炼铁淘汰量比重（%）	炼铁淘汰量（万吨）	占总炼钢淘汰量比重（%）	炼钢淘汰量（万吨）	淘汰的总量（万吨）	各省总产量（万吨）	淘汰量占总产量比重（%）
辽 宁	4.09	367.3	0.00	0	367.3	21965.04	1.67
吉 林	0.00	0	0.52	30.28	30.28	4316.74	0.70
黑龙江	0.49	44.2	1.82	106.4	150.6	2758.04	5.46
江 苏	3.23	290	1.96	115	405	28971.01	1.40
浙 江	0.00	0	0.79	46.21	46.21	5250.63	0.88
山 东	14.05	1263	7.08	414.3	1677.3	23637.45	7.10
河 南	2.62	235.2	8.59	502.5	737.7	9650.06	7.64
安 徽	1.06	95	2.08	122	217	8322	2.61
江 西	3.25	292	4.32	252.8	544.8	8315.32	6.55
湖 北	2.24	200.6	7.05	412.8	613.4	11456.24	5.35
湖 南	2.24	201.7	3.32	194.2	395.9	7013.78	5.64
广 东	0.79	71	5.10	298.7	369.7	5235.32	7.06
福 建	0.75	67.2	0.37	21.5	88.7	5455.17	1.63
海 南	0.11	10	0.65	38	48	—	—
四 川	0.62	56	2.93	171.3	227.3	6696.75	3.39
重 庆	1.13	101.2	1.53	89.3	190.5	2241.89	8.50
广 西	2.24	201	1.06	62	263	5424.94	4.85
贵 州	1.05	94.8	0.51	30	124.8	1810.98	6.89
云 南	4.89	439.3	1.97	115.5	554.8	6027.57	9.20
陕 西	0.77	69	0.00	0	69	3116.42	2.21
甘 肃	0.71	64	0.02	1	65	3246.15	2.00
青 海	0.22	20	0.80	47	67	565.63	11.85
宁 夏	1.12	101	0.00	0	101	—	—
新 疆	1.86	167	2.12	124	291	4033.63	7.21
总 和	—	8988	—	5852.79	—	—	—

资料来源：根据工信部 2010—2013 年公示的《全国淘汰落后产能企业名单》和《全国淘汰落后产能目标任务完成情况》，笔者整理完成。

由表 2-10 和图 2-5 2010—2013 年各省份淘汰炼铁量占总炼铁淘汰量比重情况来看，位列前三的是河北、山西、山东三省份，特别是河北省，比重高达 26.28%。表 2 - 10 和图 2 - 6 2010—2013 年各省份淘汰炼钢量占总炼钢淘汰量比重情况来看，位列前三的是河北、河南、山西三省份，河北省也远远超出了其他省份，比重高达 35.23%。但是，从表 2 - 10 和图 2 - 7 中 2010—2013 年各省份淘汰钢铁产能总量占总产量比重情况来看，山西的淘汰量占总产量的 14.21%。总量控制工作完成较好，而钢铁大省河北省所淘汰的产能仅占总产量的 6.52%，可见，淘汰工作的任务仍然非常艰巨。

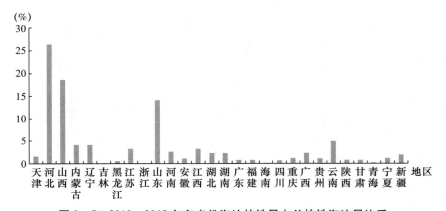

图 2 - 5　2010—2013 年各省份淘汰炼铁量占总炼铁淘汰量比重

资料来源：笔者根据工信部 2010—2013 年公示的《全国淘汰落后产能企业名单》和《全国淘汰落后产能目标任务完成情况》整理。

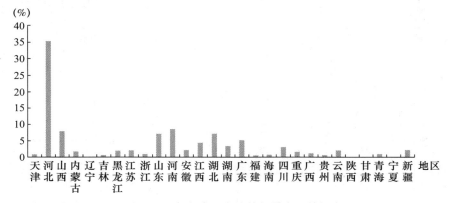

图 2 - 6　2010—2013 年各省份淘汰炼钢量占总炼钢淘汰量比重

资料来源：笔者根据工信部 2010—2013 年公示的《全国淘汰落后产能企业名单》和《全国淘汰落后产能目标任务完成情况》整理。

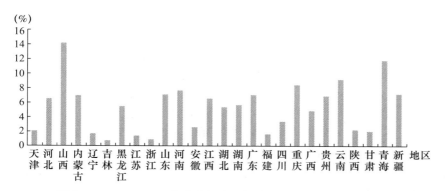

图 2 - 7 2010—2013 年各省份淘汰钢铁产能总量占总产量比重

资料来源：笔者根据工信部 2010—2013 年公示的《全国淘汰落后产能企业名单》和《全国淘汰落后产能目标任务完成情况》整理。

此外，表 2 - 10 中的落后产能是依据工信部所公布的名单而来，按照现有政策的规定（包括国发〔2010〕7 号、工产业〔2010〕第 111 号、工产业〔2011〕第 161 号等），这些名单都是地方工业部门在限期内上报给工信部的，俗称"黑名单"，即在 2011 年年底前淘汰 400 立方米以下高炉、30 吨转炉和电炉，这个"黑名单"是一定会被淘汰的，从表 2 - 10 中任务完成情况也可以看到，"黑名单"上的落后产能已经基本上都被淘汰了，有部分已淘汰因各种原因未拆除的产能也会公示出来，但未在此名单之列的，是否还存在落后产能，这份"黑名单"是否"注水"，是否存在地方保护主义，仍存在较大的争议。不过，在这份"黑名单"发布之后的 2012 年，依据工信部 2012 年第 35 号文《钢铁行业规范条件(2012 年修订)》，工信部发布了符合该规范条件的"白名单"企业，未入该名单的企业将面临关停的可能，这种方式在一定程度上堵住了虚报、瞒报的口。

在 2012 年以后，对落后产能的淘汰问题，没有再重新设定容积或吨位的标准，国发〔2013〕41 号文中，只提出了在 2015 年年底前，炼铁再需要淘汰 1500 万吨，炼钢再需要淘汰 1500 万吨产能的阶段目标。经过多年的结构调整和总量控制，现有的落后产能淘汰标准是否有效，中国钢铁行业是否能走出困境，由大变强，下面通过分析在 2010—2013 年的调整期内钢铁行业技术效率的变化，来进一步实证落后产能标准的有效性。

第三节　落后产能淘汰对中国钢铁行业技术效率的影响

随着 2000 年以后宏观经济景气周期的到来，中国钢铁行业也进入了一个快速增长和扩张的新阶段，不仅在规模上有了长足进步，而且在生产率上也得到了显著的改善。但是，2008 年美国的次贷危机导致钢铁行业产能过剩严重，行业经济效益急剧下滑，2006 年以后，特别是 2010 年国发〔2010〕7 号文《关于进一步加强淘汰落后产能工作的通知》下达后，淘汰落后产能，控制钢铁产能总量，优化钢铁行业结构就成为钢铁行业的首要工作。

本书试图通过对中国钢铁行业各省份自 2010—2013 年以来的技术效率的分析，来探讨淘汰落后产能的政策实施对钢铁行业整体技术效率的影响。通常从产业和政策制定者的角度认为技术效率的增长主要来源于私有化、规模经济性和设备的更新三个方面（Kima et al.，2006）。落后产能淘汰将带来钢铁行业设备和产能的优化调整，该政策将给钢铁行业整体技术效率带来怎样的影响？

一　文献综述

对钢铁行业技术效率的研究已经有较为丰富的文献。较早时期，雷和金（Ray and Kim，1995）计算了美国钢铁行业的技术效率，研究的时间段是 1958—1986 年，采用非参数随机前沿方法（数据包络法），输出变量综合产出值（依据 80 个不同钢铁产品价值的权重计算），输入变量为劳动力、资本和物质。实证结果表明，美国钢铁行业通过去除技术和配置上的无效率，甚至在没有引入新技术的情况下，也能够降低成本。利伯马纳和约翰森（Liebermana and Johnson，1999）比较了 1958—1993 年日本和美国钢铁行业的生产效率，采用多因素生产率评价方法，选用的评价指标包括劳动生产率（吨耗时、每小时工作的增值）、人均投资额及资金效率等，该比较研究的结果认为，日本钢铁行业生产率的提高源于大量的投资。基玛等（Kima et al.，2006）的研究比较了国际钢铁行业1978—1997 年 52 家钢铁企业的技术效率，采用时间变化的随机前沿面模型（SFA），产出变量为粗钢产量，投入变量为劳动力、设备生产能力、其他物质投入，企业成立时间和企业规模以及哑变量（是否国有），该研究结论表明私有化将提高效率，规模经济性在钢铁行业是存在的，且设备更新越快技术效率水平越高。

近年来，对中国钢铁行业技术效率的研究文献也逐渐丰富起来。包括杰弗森（Jefferson，1990）、吴（1996）和马（2002）以及孙海刚（2009）、王震勤（2013）等的文献。特别地，He 等（2013）采用面板 DEA 方法评价了中国钢铁行业 50 家大中型钢铁企业 2001—2008 年能源效率和技术效率的变化，投入变量为净固定资产投资、劳动力和能耗，产出变量为产值增加值，不需要的产出变量为废气、废水、固体废弃物。研究表明，中国钢铁行业，平均能源效率仅为 61.1%，能耗水平较高，技术效率的年增长率在 7.96%，而技术效率的提升主要是由于技术进步所带来的。该研究将能源效率与技术效率结合起来，研究表明，设备改进、技术进步将有利于钢铁行业技术效率的提高及节能减排。莫夫舒克（Movshuk，2004）研究评价了中国钢铁行业的重组、兼并政策对技术效率的影响，研究采用面板数据随机前沿面生产效率法（SFA），计算了 1988—2000 年中国钢铁行业的技术效率，并通过分析最大的四家企业数据来反映兼并政策的效应，虽然研究结果认为重组、兼并政策并没有改善钢铁企业的效率，但在众多有关技术效率的研究中，将政策分析与技术效率相结合还较为少见，非常值得借鉴。

综上所述，现有文献从研究方法来看，面板数据的数据包络法（DEA）和随机前沿面法（SFA）都是技术效率评价的主流方法，前者是非参数生产前沿分析方法的代表，后者是参数生产前沿分析的代表；从变量的选取来看，投入变量一般为劳动力、资金和设备投资三个方面的指标，产出变量一般为产值、产量以及排放量等指标；研究基本证明，技术进步和设备更新是带来技术效率提升的主要路径。但是，将现有政策，特别是具体的产业调整政策与技术效率结合起来，通过技术效率的变化来评价政策实施效果的研究还较为少见，值得深入探讨。为此，本书首先采用面板 DEA 方法和 SFA 方法分别评价各个省份在工信部落后产能淘汰公示期间的钢铁行业技术效率，并比较分析两个技术效率之间的差异；然后再将产能淘汰率、新增产能比重等反映落后产能淘汰情况的指标与两种方法计算出来的技术效率进行回归分析，以解析落后产能淘汰政策与技术效率之间的关联。

二 变量选取与模型设定

（一）变量选取

研究选择的输入变量为钢铁行业从业人员人数、固定资产投资和能源消费量。基本上能反映钢铁行业在人力、财力、物力上的投入情况。输出变量为粗钢产量。具体输入输出指标见表 2 – 11。

表 2 – 11 　　　　　　　　　　输入和输出指标

类型	变量	单位	时间（t）	地区（i）	可控制或非控制
输入	从业人员人数（L）	万人	2010—2013 年	全国 26 个省份（剔除掉了没有落后产能的北京、上海以及数据不全的海南、宁夏）	可控制
	固定资产投资（K）	万元			可控制
	能源消费量（E）	万吨标准煤			可控制
输出	粗钢产量（P）	万吨			可控制

注：固定资产投资 2010—2013 年的数据均按照当年该地区的固定资产价格指数平减为 2010 年的值。

在得到地区钢铁行业技术效率之后，需要分析落后产能的淘汰政策对技术效率的影响，即建立技术无效率模型，模型中因变量为技术无效率项，自变量分别为落后产能淘汰率，即地区落后产能淘汰的总量占总产能的比重；产能增长率为当年较上年新增产能的百分比，这两个比重反映了在落后产能淘汰的政策影响下地区钢铁行业产能结构的变化；地区炼铁和炼钢行业合并企业数，企业数是反映行业集中度的指标之一，在黑色延压加工工业中，有 4 个子行业，本书统计的落后产能主要来自炼铁和炼钢行业，因此，在统计企业数时，只合并了这两个行业的企业数；地区 GDP 指数反映了当年地区经济的增长和发展的速度。

上述数据均来源于中国知网和中国经济与发展数据库。

（二）模型设定

面板 DEA 方法采用 BCC 模型（Banker et al. , 1984），模型应用十分普遍，在此不再赘述。

基于贝泰斯和科利（Battese and Coelli，1995）模型，研究中的随机前沿面模型（SFA）设定为：

$$\ln y_{it} = \beta_0 + \beta_1 \ln L_{it} + \beta_2 \ln K_{it} + \beta_3 \ln E_{it} + 1/2\beta_4 (\ln L_{it})^2 + 1/2\beta_5 (\ln K_{it})^2 +$$
$$1/2\beta_6 (\ln E_{it})^2 + \beta_7 \ln L_{it} \ln K_{it} + \beta_8 \ln E_{it} \ln K_{it} + \beta_9 \ln L_{it} \ln E_{it} + v_{it} - u_{it} \qquad (2.1)$$

模型（2.1）中变量的解释见表2-11。

技术无效率模型设定为：

$$u_{it} = \delta_0 + \delta_1 O_{it} + \delta_2 G_{it} + \delta_3 N_{it} + \delta_3 GDP_{it} + w_{it} \qquad (2.2)$$

模型（2.2）中的变量分别为落后产能淘汰比重、产能增长率、企业总数、GDP增长率。上述变量的描述性统计分析结果如表2-12所示。

表2-12　　　　　　　　　变量的描述性统计

变量	2010年		2011年		2012年		2013年	
	均值	标准差	均值	标准差	均值	标准差	均值	标准差
从业人员人数（L）	72006.27	55364.15	80417.31	61656.91	89003.15	71349.94	100549.6	86083.93
固定资产投资（K）	966939.2	1121783	1457714	1064884	1776842	1337439	1764608	1561925
能源消费量（E）	2379.407	1964.56	2583.593	2189.084	3181.545	3346.556	3241.288	3464.877
粗钢产量（P）	2355.095	2944.141	2613.075	3334.333	2707.41	3594.038	2925.731	3784.209
落后产能淘汰比重（O）（%）	9.850	9.799	6.629	6.241	4.324	6.939	1.966	2.648
产能增长率（G）（%）	14.766	11.351	9.649	11.032	6.293	12.302	8.870	8.434
企业总数（N）	139.538	126.644	135.154	112.361	139.962	112.382	142.192	113.408
GDP增长率（GDP）（%）	13.717	1.597	12.895	1.749	11.358	1.574	10.036	1.380

资料来源：2001—2014年《中国钢铁工业年鉴》、中国资讯行高校财经数据库（http://www. bjinfobank. com/DataList. do）、中国知网中国经济与社会发展统计数据库（http://tongji. cnki. net/kns55/index. aspx）。

由表2-12可知，尽管钢铁行业整体景气状况不佳，落后产能淘汰的工作也在落实中，但钢铁行业的相关数据包括从业人员人数、能源消费量、粗钢产量和企业总数均有小幅上升，仅固定资产投资在2013年略有下降。落后产能淘汰比重逐年下降，与现实情况相符。依据国发〔2010〕7号文，本应在2011年年底前全部淘汰完毕的400立方米以下高炉和30吨以下电炉及转炉，在2012年和2013年淘汰名单上还存在，当然，数量会较前两年有大幅下降。产能增长率波动较大，2010年增长率超过10%，之后都在10%以内，尽管增长率在下降，但是并没有实现缩减产能的目标。

表2-13　面板DEA方法和SFA方法钢铁行业技术效率

省份	DEA方法							SFA方法						
	2010年	2011年	2012年	2013年	均值	标准差	排序	2010年	2011年	2012年	2013年	均值	标准差	排序
天津	1	1	0.991	0.988	0.995	0.006	1	0.866	0.931	0.747	0.809	0.838	0.079	5
河北	0.948	1	1	1	0.987	0.026	3	0.933	0.999	0.931	0.868	0.933	0.053	1
山西	0.772	0.822	0.91	0.944	0.862	0.079	18	0.661	0.892	0.892	0.876	0.830	0.113	8
内蒙古	0.6	0.681	0.684	0.664	0.657	0.039	25	0.294	0.417	0.436	0.515	0.416	0.092	23
辽宁	0.664	0.642	0.672	0.691	0.667	0.020	24	0.452	0.477	0.384	0.601	0.478	0.091	22
吉林	0.958	0.955	1	1	0.978	0.025	5	0.597	0.833	0.987	0.906	0.831	0.168	7
黑龙江	1	1	0.98	0.951	0.983	0.023	4	0.882	0.949	0.750	0.755	0.834	0.098	6
江苏	0.95	1	1	1	0.988	0.025	2	0.949	0.842	0.920	0.804	0.879	0.067	3
浙江	1	0.988	0.909	0.934	0.958	0.043	8	0.864	0.858	0.563	0.743	0.757	0.141	9
安徽	0.856	0.856	0.817	0.872	0.850	0.023	19	0.676	0.889	0.614	0.757	0.734	0.118	11
福建	1	1	0.904	0.877	0.945	0.064	10	1.000	0.844	0.526	0.648	0.755	0.209	10
江西	0.952	0.934	0.991	0.972	0.962	0.025	7	0.792	0.903	1.000	0.854	0.887	0.088	2
山东	1	0.961	0.943	0.864	0.942	0.057	11	0.933	0.966	0.755	0.710	0.841	0.127	4
河南	0.673	0.663	0.627	0.75	0.678	0.052	23	0.480	0.526	0.380	0.647	0.508	0.111	20
湖北	0.903	0.88	0.883	0.936	0.901	0.026	16	0.550	0.654	0.622	0.677	0.626	0.055	15

续表

省份	DEA方法							SFA方法						
	2010年	2011年	2012年	2013年	均值	标准差	排序	2010年	2011年	2012年	2013年	均值	标准差	排序
湖南	0.697	0.72	0.766	0.775	0.740	0.037	22	0.467	0.573	0.535	0.687	0.565	0.092	18
广东	0.959	0.882	0.859	0.926	0.907	0.045	14	0.873	0.690	0.589	0.738	0.723	0.118	12
广西	0.83	0.81	0.812	0.819	0.818	0.009	20	0.574	0.656	0.520	0.685	0.609	0.076	16
重庆	0.997	0.935	0.892	0.915	0.935	0.045	12	0.396	0.412	0.452	0.654	0.479	0.119	21
四川	0.555	0.484	0.721	0.527	0.572	0.104	26	0.246	0.245	0.295	0.284	0.268	0.026	26
贵州	0.813	0.763	0.807	0.84	0.806	0.032	21	0.289	0.280	0.287	0.502	0.339	0.108	24
云南	0.883	0.816	1	0.907	0.902	0.076	15	0.684	0.615	0.733	0.799	0.707	0.078	13
陕西	0.963	0.873	0.981	0.966	0.946	0.049	9	0.459	0.337	0.679	0.723	0.549	0.183	19
甘肃	0.867	0.811	0.882	0.92	0.870	0.045	17	0.487	0.491	0.544	0.774	0.574	0.136	17
青海	0.98	1	1	0.92	0.975	0.038	6	0.276	0.313	0.267	0.348	0.301	0.037	25
新疆	1	0.988	0.839	0.862	0.922	0.084	13	0.811	0.670	0.525	0.688	0.673	0.117	14
均值	0.878	0.864	0.880	0.878	—	—	—	0.634	0.664	0.613	0.694	—	—	—
标准差	0.137	0.138	0.114	0.116	—	—	—	0.238	0.238	0.216	0.150	—	—	—

三 钢铁行业技术效率

依据 DEA 方法中的 BCC 模型以及模型（2.1），计算各省钢铁行业技术效率如表 2 - 13 所示，表中还展示了在两种技术效率评价方法下，各省钢铁行业在落后产能公示期间的 2010—2013 年技术效率均值、标准差以及均值的排序。

由表 2 - 13 可知，用 DEA 方法和 SFA 方法两种方法计算得到的钢铁行业技术效率值和排序的差异比较大。将 DEA 方法和 SFA 方法技术效率结果进行配对 T 检验，得到表 2 - 14。

表 2 - 14　钢铁行业技术效率的 DEA 方法与 SFA 方法评价结果配对 T 检验

		均值	标准差	T 统计量	显著性	相关性	显著性
第 1 对	DEA2010—SFA2010	0.24342	0.18352	6.763	0.000	0.640	0.000
第 2 对	DEA2011—SFA2011	0.20008	0.18662	5.467	0.000	0.623	0.001
第 3 对	DEA2012—SFA2012	0.26681	0.16195	8.401	0.000	0.680	0.000
第 4 对	DEA2013—SFA2013	0.18338	0.10298	9.081	0.000	0.728	0.000
第 5 对	DEA 均值—SFA 均值	0.22354	0.14357	7.939	0.000	0.665	0.000

由表 2 - 14 可知，DEA 方法和 SFA 方法结果相比，通过 DEA 方法计算的技术效率值均值要比 SFA 技术效率值高 0.223，相关性结果表明两种技术效率的分析结果均值的相关性为 0.665，相关程度中等。两种方法评价结果差异较大的主要原因是评价方法上存在差异，DEA 方法是非参方法，且不考虑随机因素对技术效率的影响，SFA 方法是参数分析方法，设定中考虑了随机效应。再将两种方法技术效率的排序做斯皮尔曼相关性检验，相关性为 0.70，较为一致。

如果依据《中国人类发展报告（2013）》中对人类发展指数的划分，表 3 - 13 中 26 个省份可以划分为两类：一类是高人类发展指数省份，包括天津市、江苏省、浙江省、辽宁省、广东省、内蒙古自治区、山东省、吉林省、福建省和黑龙江省；另一类是中人类发展指数省份，包括湖北省、陕西省、山西省、河北省、重庆市、湖南省、河南省、新疆维吾尔自治区、四川省、江西省、安徽省、广西壮族自治区、青海省、甘肃省、云南省、贵州省。在高人类发展指数省份中，如果按照 DEA 技术效率的排名，在 10 个省份中有 5 个省份的排序在前 10 位；按照 SFA 技术效率的排名，有 7 个省份排序在前 10 位，在一定程度上表明经济发达地区的钢铁行业经济效率也相对较高。将全国与高人类发展指数省份与中人类发展指数省份各个年份在技术效率上的表现比较见表 2 – 15。

表 2 – 15　　　　　　不同人类发展指数省份 DEA 方法和
SFA 方法钢铁行业技术效率均值

均值	DEA 方法				SFA 方法			
	2010 年	2011 年	2012 年	2013 年	2010 年	2011 年	2012 年	2013 年
高人类发展指数省份	0.913	0.911	0.894	0.890	0.771	0.781	0.666	0.723
中人类发展指数省份	0.856	0.835	0.871	0.870	0.549	0.591	0.580	0.676
全国	0.878	0.864	0.880	0.878	0.634	0.664	0.613	0.694

从自 2010 年以来技术效率的逐年变化情况来看，高人类发展指数省份的 DEA 技术效率要高于中人类发展指数省份，表明经济发达地区的钢铁行业技术效率仍然比其他地区要高。不过，从 2010 年开始，高人类发展指数省份的钢铁行业技术效率逐年下降，中人类发展指数省份 2011 年下降较大，2012 年和 2013 年上升，两个年度效率水平基本持平。从 SFA 技术效率来看，高人类发展指数省份的平均水平也要高于中人类发展指数省份，在变化情况上，2011 年较 2010 年略有上升，2012 年下降幅度较大，2013 年又有所回升，中人类发展指数省份 2012 年也略有下降，但下降幅度不大，2013 年有较大提升。

四　落后产能淘汰对技术效率的影响

钢铁行业在 2010—2013 年技术效率的变化缘何而起，下面通过建立面板回归方程，分析落后产能的淘汰政策是否带来了钢铁行业技术效率的改进。研究中因变量分别为 DEA 模型计算的技术效率和 SFA 技术效率，自变量为落后产能淘汰率、各省 GDP 增长率、钢铁产能增长率以及各省钢铁企业数量。其中对落后产能淘汰率以及各省钢铁企业数量取对数，避免异方差。依据豪斯曼检验结果选取随机效应模型。模型计算结果见表 2 – 16 和表 2 – 17。

由表 2 – 16 和表 2 – 17 可知，反映落后产能淘汰状况的落后产能淘汰率和产能增长率均与两个效率无显著相关，而真正影响 DEA 技术效率的是企业规模数，即行业集中度能在一定程度上改善了技术效率。

表 2-16　　　　DEA 技术效率与落后产能淘汰率回归分析结果

变量	回归系数	标准差	t 统计量	概率
截距	0.403405	0.181989	2.216642	0.0289
落后产能淘汰率	0.000235	0.001024	0.229423	0.8190
GDP 增长率	−0.092412	0.047964	−1.926692	0.0569
产能增长率	0.000961	0.000604	1.589662	0.1151
钢铁企业数	−0.072326	0.026641	−2.714808	0.0078

表 2-17　　　　SFA 技术效率与落后产能淘汰率回归分析结果

变量	回归系数	标准差	t 统计量	概率
截距	−0.106786	0.498339	−0.214283	0.8308
落后产能淘汰率	−0.002321	0.003096	−0.749586	0.4553
GDP 增长率	−0.255872	0.144512	−1.770590	0.0797
产能增长率	0.000744	0.001836	0.405059	0.6863
钢铁企业数	0.055022	0.065863	0.835403	0.4055

五　结论

　　研究采用 DEA 和 SFA 两种度量行业技术效率的方法测度了 2010—2013 年落后产能相关政策实施期间各省份钢铁行业的技术效率。结果表明，在这四年期间，DEA 技术效率并没有提升，反而下降，其主要表现是：高人类发展指数省份的效率下降了；SFA 技术效率在 2013 年有了较大的提升，其他年份的变化不大。从反映落后产能淘汰相关指标的落后产能淘汰率、产能增长率等与两类技术效率的回归结果分析来看，两个指标均不显著，也就是说，现有的落后产能淘汰政策并没有给钢铁行业的技术效率提升带来显著影响，而真正影响 DEA 技术效率的是企业规模数。该研究结果意味着目前的产业结构调整还并没有到从量变到质变的阶段，落后产能淘汰政策对钢铁行业整体技术效率的提升作用不明显，真正能带来技术效率较大改进的是行业的集中度。因此，抓紧时机兼并重组是钢铁行业优化产业结构的重要举措。

第三章 承诺机制

事前承诺是控制事后机会主义的方法，如果承诺要取得预期效果，它必须是可信的，闭锁、授权、重复和声誉都是提高可信度的重要途径（迪克西特，2004）。政治承诺也是如此。因此，本章先从政府如何建立要用"铁的手腕"这种强势方式来淘汰落后产能的声誉及其作用机制的研究入手，通过博弈模型的建立，阐释了在有限期及更长期的博弈时期内，在声誉机制的影响下，中央政府如何让地方政府相信其淘汰落后产能的决心以保障地方政府对落后产能的淘汰。然后采用实证研究的方法，以目前落后产能的淘汰企业和地区为样本，探讨承诺对落后产能淘汰中政策执行人的约束作用，即提高承诺的可信度能有效地控制地方政府事后机会主义行为，促进落后产能的淘汰。

第一节 落后产能淘汰中"铁的手腕"
——声誉作用机制研究

淘汰落后产能是产业结构调整的重大战略，然而，多年来，"上有政策、下有对策"，部分地方政府为了短期、局部利益或采取公然对抗或虚假瞒报、"注水"等方式逃避淘汰落后产能。本章通过建立一个动态不对称信息下声誉博弈模型，分析中央政府应如何通过建立"铁的手腕"式政府类似的声誉，创造一个促进落后产能的淘汰和产业结构优化的政策环境。

落后产能淘汰对于产业结构调整具有重大的意义，特别对于钢铁行业的意义更为重大。自2010年以来，该行业已进入了发展停滞、战略急需转型的时期，国家有关总量控制及落后产能淘汰政策从1999年就已经发布过；2006年之后，落后产能淘汰政策更为密集。从2010年开始，工信部每年都公布落后产能淘汰名单和淘汰完成情况，但是，由于落后产能淘汰工作牵涉到地方政府利益及地区经济发展和稳定，在政策执行中，仍然有部分地方政府不淘汰、不执行，政策执行难度大，面对"上有政策、下有对策"的痼疾，建立中央政府"铁的手腕"这样的声誉是否能让政策有效地推行下去，有限期和无限期声誉机制是怎样作用于地方政府的决策的？

博弈论中关于声誉理论的研究始于克雷普斯和威尔逊（Kreps and Wilson，1982）以及克雷普斯和威尔逊在塞尔顿（Selten，1978）连锁店博弈基础上进行的"双边让步博弈"。他们认为：能够阻止进入的"斗争"的先验概率的大小随着博弈期数的增加而减少，在长期博弈中，即使很少的不完全信息都会起到很大的作用。而且无论在位者的承诺是"斗争"还是"妥协"，均衡的渐进性质完全决定于决策收益，因此，只要不是在第一次就选择"妥协"，在长期博弈中，声誉效应允许在位者在两个承诺中可信地做出他更偏好的那个承诺。富登伯格和克雷普斯（Fudenberg and Kreps，1987）将该研究扩展到一个特殊的情形，即单一"大"参与人对许多长期对手，大参与人将同每一个小参与人分别进行"双边让步博弈"，这时声誉效应起作用的方式取决于博弈结构的情况。

克雷普斯等以"双边让步博弈"为基础的系列声誉模型被称为标准声誉模型，该标准声誉模型得到了"声誉能改善承诺可信度"的结论，沿着这一结论，通过声誉还可以判断参与者的特征，在麦拉斯和萨缪尔森（Mailath and Samuelson，2001）的研究中，将声誉解释为，"顾客对于企业是有能力企业的事先预期"，事先预期能有效地节省交易成本，声誉也有价值。近年来，声誉理论在各个方面的拓展，包括声誉交易理论（Hakenes and Peitz，2006）、信息理论、激励理论等都是在此基础上的发展。

同时，学者对标准声誉模型进行了广泛的应用研究，例如威格尔特和卡默勒（Weigelt and Camerer，1988）关于公司设立中的声誉分析；罗戈夫（Rogoff，1989）则将其运用于分析货币政策的声誉；维格勒斯（Veugelers，1993）研究了在引进外商投资过程中声誉是怎样发挥效应阻止东道国政府撕毁合约、侵占投资者利益等机会主义行为的。大量的有关政府行为的声誉模型应用分析都集中在金融、定价等方面，较为近期的文献也是如此，例如，马西斯等（Mathis et al.，2009）、法伯（Far-

ber，2014）等的研究。而将中央政府的声誉与其他规制政策的实施结合
起来的分析，还较为少见。符加林和王炳志（2006）在土地监控政策的
分析上做了尝试，还值得进一步探讨。基于此，本节拟研究"中央政府
的声誉"这样一个机制，在克雷普斯等标准声誉模型基础上分析中央政
府和多个地方政府在落后产能淘汰中的博弈过程，探究在怎样的条件下
声誉是一个足够有力的工具能促使地方政府淘汰落后产能。

一　中央政府的动机

可以以一个完美信息下的序贯形式代表中央政府和地方政府之间的
战略互动。图 3-1 为它的扩展式阶段博弈。

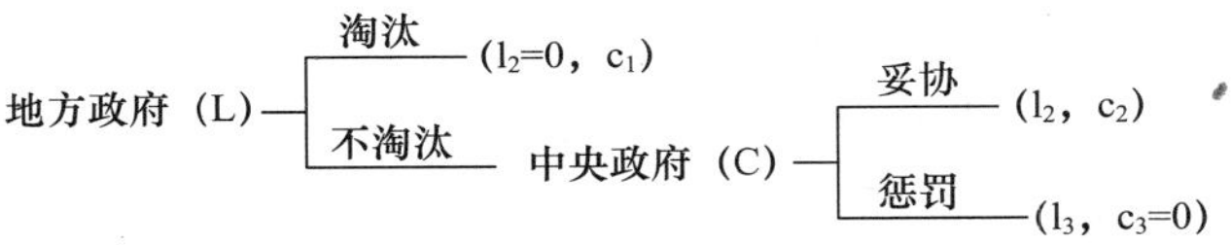

图 3-1　中央政府和地方政府的扩展式阶段博弈及其收益

注：l 和 c 表示地方政府和中央政府的收益，下标 1 代表每个参与人的最高收益，下标 2 为
中等收益，下标 3 代表最低收益。

落后产能被淘汰的收益为 l_2 和 c_1，地方政府的收益降到 0，这应该是
地方政府不愿意淘汰落后产能的原因。

中央政府的目的是可以从惩罚策略中获得更长期的利益，促进地方
政府淘汰落后产能。中央政府和地方政府之间的关系具有动态性特征，
而在淘汰落后产能问题上，动态性特征可能是导致落后产能淘汰问题无
效的原因，在给定一个完美和完全信息下，基于理论推导，若地方政府
能够正确地预测中央政府惩罚行为的动机，就会选择淘汰落后产能，使
自己的利益受到影响。

二　在落后产能淘汰中声誉机制的作用

（一）模型框架

考虑中央政府面对许多地方政府，这些地方政府是否能执行落后产
能的政策未知。由于落后产能的标准会随着技术、环保要求等的发展而
变化，因此，在每一期中，有许多地方政府有可能在上期淘汰了的，或
在上期并不存在落后产能的，这期又重新加入博弈中来。中央政府需要

最大化其长期收益（事实上，采取惩罚策略虽然短期利益没有采取妥协策略高，但是，可以获得更长期的收益），而这依赖于地方政府对中央政府是否一定要采用"强硬"的方式淘汰落后产能的"认知"。如果中央政府在某一个时期选择惩罚或者妥协策略，所有的地方政府都会看到。

假定每一个地方政府都是短期参与者，必须一次性决定是否淘汰落后产能。如果淘汰，其收益为 $l_2 = 0$；不淘汰，当每期中央政府选择惩罚时，收益是 $l_3 < 0$，在这里假定 $|l_3| < l_1$。如果地方政府有足够高的概率相信中央政府在近期不会选择惩罚策略，那么，地方政府就会从不淘汰中获得较高的期望收益。

假设中央政府有两种类型：鹰型（强硬）和鸽型（软弱）。鸽型的中央政府对于每个地方政府而言，如果选择妥协策略的话，可以得到居中的单次博弈收益，就像图 3 - 1 博弈中一样。鹰型中央政府在与地方政府的单次博弈中，选择惩罚比选择妥协所获得的短期收益要小些，但从长期看，可以防止地方政府选择不淘汰策略，从而获得更大的利益。

中央政府知道自己的类型，而地方政府不知道其类型，这个不确定性部分来源于地方政府对中央政府过去的许多行为的不确定。

在这个博弈中，序贯均衡是博弈双方的战略：（1）在事件发生的整个时间段，每个地方政府的行动都是它是否信任中央政府的最好反映；（2）在事件发生的整个时间段，如果地方政府采取行动的话，中央政府的行动是体现其类型的最好反映；（3）地方政府的信任是具有一致性的。

因此，在任何情况下，鹰型中央政府都会选择惩罚，本书研究的目的主要是研究鸽型中央政府的策略。若是单次博弈，这类型的政府会选择妥协。然而，在动态的环境下，依赖于时间选择和地方政府对其信任的结构，也有可能会选择惩罚。当然，如果中央政府真的希望获得长期的利益以及获得地方政府对它的信任，从而能够遵守政策淘汰落后产能的话，鸽型中央政府需要真正强硬起来。

地方政府关于中央政府是鹰型先验概率为 B_1，而 $B_n(H_n)$ 则代表的是第 n 个地方政府在经历了 H_n 次博弈后，相信中央政府是鹰型概率。H_n 代表博弈双方的行动序列 $[(a_{l,1}, a_{c,1}); \cdots; (a_{l,n-1}, a_{c,n-1})]$，式中，$a_{c,i}$ 代表中央政府在时间 i 所采取的行动，行动集为 {惩罚，妥协}。同样，$a_{l,i}$ 代表地方政府在时间 i 的决策，$a_{l,i} \in$ {淘汰，不淘汰}。下面就是地方

政府相信中央政府是鹰型的设想:

$$B_n(H_n) = Prob\{鹰型|H_n\} \begin{cases} =0 & 如果\ a_{c,t}=妥协 \quad 对\ t<n \\ \geq B_{n-1} & 其他情况 \end{cases}$$

$$(3.1)$$

如果中央政府采取妥协策略,所有后面的地方政府都将推断出中央政府应该是鸽型的,随后将调整其信任。如果中央政府采取惩罚策略,信任既可能保持不变也可能被调整。如果落后产能被淘汰了,就没有新的信息可获得,因此,贝叶斯更新就不会发生了(在鸽型政府实施一个纯粹的策略的情况下,$B_n = B_{n-1}$)。本书中其他符号意义及定义如下:

y_n 表示鸽型中央政府在时间 n 采取惩罚策略的可能性;

δ 表示鸽型中央政府的折现因子;

δ_L 表示地方政府的折现因子;

x_n 表示第 n 个地方政府淘汰落后产能的概率;

EP_n 表示第 n 个地方政府不淘汰落后产能的期望收益;

B_n 表示中央政府被第 n 个地方政府感知到是鹰型政府的概率;

p_n 表示在时间 n 妥协的感知概率。

$(D_1)\ R_n = 1 + \delta_L p_{n+1} + \delta_L^2 p_{n+1}p_{n+2} + \cdots + \delta_L^{T-n}p_{n+1} + \cdots + p_T$

$(D_2)\ L_n = l_1 / \{[l_1 - (1-\delta_L)l_3]R_n - l_3 \cdot \delta_L^{T-n+1} \cdot p_{n+i} + \cdots + p_T\}$

$(D_3)\ k(B_1)$ 是式 $\prod_{i=0}^{T-k} L_{k+i} < B_1 \leq \prod_{i=0}^{T-(k+1)} L_{k+i+1}$ 唯一的解

并设定:$(A_1)(T-1)(c_2-c_3)/Tc_2 < \delta < (c_2-c_3)/c_2$,声誉在博弈中发挥作用。

(A_2)(i)在博弈开始前所有的地方政府都是相同的;

(ii)$B_1 < L_T[\ = l_1/(l_1-l_3)]$,$B_1 > \prod_{i=0}^{T-1} L_{1+i}$

(A_3)地方政府的行动的时间线与中央政府的重合

$(N_1)\ y_n = 1$,当 $nc_2 > nc_3 + \delta c_2[nx_{n+1} + (n+1)(1-x_{n+1})]$ 时

$(N_2)\ p_n = B_n \cdot 1 + (1-B_n) \cdot (1-y_n)$

(N_3)贝叶斯规则意味着 $B_n = \dfrac{B_{n-1}}{B_{n-1} + (1-B_{n-1}) \cdot (1-y_{n-1})} = \dfrac{B_{n-1}}{p_{n-1}}$

给定(A_3),有:

$EP_n = p_n l_1 + \delta_L p_n p_{n+1} l_1 + \delta_L^2 p_n p_{n+1} p_{n+2} l_1 + \cdots + \delta_L^{T-n} p_n + \cdots + p_T l_1 +$

$(1-p_n)l_3 + \delta_L p_n(1-p_{n+1})l_3 + \delta_L^2 p_n p_{n+1}(1-p_{n+2})l_3 + \cdots + \delta_L^{T-n}$

$$p_n + \cdots + (1 - p_T)l_3$$

或者给定（D_1）：

$$EP_n = p_n \{ [l_1 - (1 - \delta_L)l_3] R_n - l_3 \cdot \delta_L^{T-n+1} \cdot p_{n+i}, \cdots, p_T \} + l_3$$

这样从（D_2）得到：

（D_4）$p_n > L_n$ 意味着 $EP_n > 0$。

（二）有限期的博弈

如果地方政府不淘汰落后产能，只能获得一个有限的潜在获益，那么在博弈中，中央政府妥协的次数是有限的（$T > 2$），因为中央政府除了要关注任期内的总收益，还必须确认妥协的行为不会影响其未来的权威。假定中央政府折现因子以 $\delta [= 1/(1 + r)]$ 表示，该值的大小既反映了博弈双方耐心的程度（张维迎，2004），也决定了有限次重复博弈均衡的状态。

情形 1：当 $\delta > \dfrac{(c_2 - c_3)}{c_2}$ 时，中央政府将实施惩罚的策略。

如果地方政府的信任结构为式（3.1），且当第 n 个地方政府不淘汰落后产能，鸽型中央政府在时间 n 从妥协中获得收益是 nc_2。推迟妥协，例如在 n 期末才暴露中央政府妥协的策略，产生收益为：$nc_3 + \delta c_2 [nx_{n+1} + (n+1)(1 - x_{n+1})]$，式中，$x_{n+1}$ 表示地方政府第 $n+1$ 次淘汰落后产能的概率。当中央政府收益现值 $\delta > \dfrac{(c_2 - c_3)}{c_2}$ 时，中央政府一直愿意拖延妥协策略一个时期，即使下一个地方政府淘汰了落后产能（$x_{n+1} = 1$），这是由于 $nc_2 < (nc_3 + n\delta c_2)$。在最后一轮中，由于 $c_2 > c_3$，中央政府一定会选择妥协，而同时，地方政府可能会选择淘汰落后产能，但是，只是在他认为中央政府是一个鹰型政府的概率 $B_T > l_1/(l_1 - l_3)$ 的时候。但是，在假定约束 δ 下，即使在最后一轮所有地方政府都选择淘汰落后产能，中央政府仍然会选择在倒数第二轮对所有的其他地方政府实施惩罚策略。如果两种类型的中央政府都选择惩罚的话，地方政府将会淘汰落后产能，只要一次惩罚行动被观察到了，在没有新的信息获取的情况下，地方政府就会对中央政府的类型有持续的信任：$B_1 = B_2 = \cdots = B_T$，注意：B_i 可以是任何比 1 小的值，包括 0。

从妥协中获得的收益 c_2 越大，或者中央政府从惩罚中获得的收益 c_3 越小，鸽型中央政府在采取惩罚策略前就更谨慎更有耐心。同样，在随后的博弈中会有一个短暂的间歇，这会导致 δ 更大，结果将会更多地增加惩罚策略。

情形 2：当 $(T-1)(c_2-c_3)/Tc_2 < \delta < (c_2-c_3)/c_2$ 时，声誉将改变博弈双方行为。

在中央政府折现因子的中介作用下，仅针对最开始就选择不淘汰策略的地方政府，中央政府才会采取惩罚的策略。在这种情形下，克制住实施妥协策略的动机，不仅是由于从惩罚策略中可以获得更长期的收益，就像情形 1 中所描述的那样，而且更重要的是，可以减少未来地方政府选择不淘汰策略的可能性。与情形 1 不同的是，在现有情形下，没有足够大的折现因子，因此，只有在未来地方政府选择不淘汰的情况下，中央政府才会选择惩罚的策略。

一致性信任的结构和地方政府以及中央政府的行动，都循着中央政府在最初实施惩罚策略、在有限期展开下面的序贯均衡：

（1）地方政府的信任：

如果 $a_{c,t}$ = 惩罚，对于任何 $t < n$，

在 $n \leqslant k(B_1)$ 时，$B_n = B_1$；

在 $n > k(B_1)$ 时，$B_n = \prod_{i=0}^{T-n} L_{n+i}$。

如果 $a_{c,t}$ = 妥协，对于一些 $t < n$，$B_n = 0$。

（2）地方政府的行动：

如果 $a_{c,t}$ = 惩罚，对于任何 $t < n$，

在 $n \leqslant k(B_1)$ 时，$x_n = 1$；

在 $n \in [k+1, T]$ 时，$x_n = [\delta n c_2 - (c_2-c_3)(n-1)]/\delta c_2$。

如果 $a_{c,t}$ = 妥协，对于一些 $t < n$，$x_n = 0$。

（3）鸽型政府的行动：

如果 $a_{c,t}$ = 惩罚，对于任何 $t < n$，

在 $n < k(B_1)$ 时，$y_n = 1$；

在 $n = k$ 时，$y_n = (1-B_1)^{-1} \cdot [1 - B_1/B_{k+1}]$；

在 $n \in [k+1, T-1]$ 时，$y_n = (1-B_n)^{-1} \cdot [1 - B_n/B_{n+1}]$；

在 $n = T$ 时，$y_n = 0$。

如果 $a_{c,t}$ = 妥协，对于一些 $t < n$，$y_n = 0$。

可将上述均衡用图 3-2 来表示。

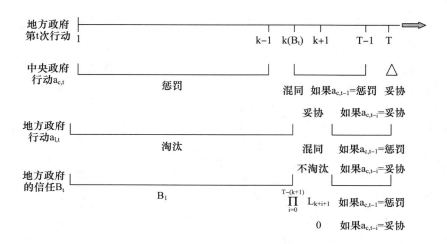

图 3 - 2   中央政府、地方政府博弈时间线

即使 B_1 非常小[B_1 发生较 $l_1 / (l_1 - l_3)$ 小,但较 $(L_1 \cdot L_2 \cdots L_T)$ 大],最开始的 k 个地方政府也会选择淘汰,因为他们正确地预见了即使是鸽型中央政府,也不会选择妥协策略。地方政府的淘汰策略与中央政府的惩罚策略相匹配直到第 k - 1 个地方政府。在第 k 个到第 k - 1 个地方政府之间,中央政府在惩罚和妥协的策略上变得中立了,开始混同这两种策略。如果混同的结果是妥协,不确定性就会被揭开,没有地方政府要淘汰落后产能,博弈结束。

如果混同的结果是惩罚,博弈继续。在重要的关键点 k 之后,在地方政府的信任结构一定的情况下,中央政府采取混同策略的概率会增加。在这样的信任结构下,地方政府从第 k + 1 期直到最后一期,对于淘汰和不淘汰也会保持中立,进而采取混同的策略,但是,如果后面的地方政府有更多有利条件去更新对中央政府类型的判断,地方政府不淘汰的概率就会增加。当博弈趋向结束时,中央政府在惩罚和妥协的策略上中立是地方政府保持高不淘汰率的必要条件。当然,在最后一轮中,中央政府无疑会选择妥协。地方政府不淘汰的可能性必须足够大才会促使中央政府在最后一轮中改变妥协策略。当 $1 - x_T = (T - 1)[(1 - \delta)c_2 - c_3] / \delta c_2$ 时,中央政府的耐心越小(δ 越小),在实现均衡前,地方政府不淘汰的可能性就越大。

在上述声誉的机制下,对一个中等程度耐心的鸽型政府而言,选择惩罚策略是明智的，当然，它还会面对 k 个地方政府的抵触，而 k 为整数，其值由式 $\prod_{i=0}^{T-k} L_{k+i} < B_1 \leq \prod_{i=0}^{T-(k+1)} L_{k+i+1}$ 所决定。

如果最开始地方政府认为中央政府是鹰型政府 B_1 的概率越低，随后越快改变这个看法，后续的地方政府被受到惩罚的数量也会越少；如果地方政府在先前越悲观，B_1 越大，就越少被妥协所激励，因为有限软弱的中央政府越有可能限制妥协的次数。

综上所述，一方面，声誉机制促使鸽型中央政府在某种程度上会模仿鹰型政府的行为，以混淆地方政府的视听，让他们不能确定自己的类型，从而避免地方政府选择不淘汰的策略。在 k 期后的 T－k 阶段，当信任产生后，地方政府还会不断地提高他们面对的是鹰型中央政府这一信任的概率，这样博弈才能继续下去。另一方面，声誉不仅在当期，对未来也会有影响。鸽型政府可以通过惩罚策略的实施构建良好行为的记录，地方政府只要看到了中央政府之前的这个记录就会选择淘汰落后产能，这种情况不仅在情形 2 而且在情形 1 也都可能存在。

中央政府在短期收益（从妥协中获得）和长期租金（与鹰型政府声誉相联系）之间取舍的关键依赖于地方政府形成和更新对中央政府类型判断的结果。如果一旦中央政府妥协，地方政府就绝无淘汰落后产能的可能性，且沟通是无成本的，信息传递的发生是瞬时的，地方政府也不会忘记中央政府过去的策略，那么，中央政府可能只会得到最低的妥协后收益。但是，这种损失不可能发生在无限长的时间里，只要认知并且记住中央政府妥协策略变化趋势的地方政府数量不是足够多，声誉所带来的未来收益损失可能也不会太大。

情形 3：当 $\delta < (c_2 - c_3)/2c_2$ 时，中央政府将采取妥协的行为。

当 $\delta < (c_2 - c_3)/2c_2$ 时，中央政府缺乏耐心，对任何地方政府的不淘汰行为都将采取妥协策略，即对未来长期的收益不感兴趣，也就不情愿牺牲短期从妥协中所获得的激励，而长期收益是和地方政府未来淘汰落后产能相联系的。此时，$c_2 > c_3 + 2\delta c_2$，妥协的短期收益远大于惩罚，在中央政府的妥协策略下，地方政府都会选择不淘汰，除非第一个地方政府充分地相信中央政府是鹰型的。

注意：在这样的 δ 下，信息不对称可能导致效率损失；在随后的自然持续的博弈中可能仅有一次一个地方政府会选择淘汰落后产能。如果

B_1 很低，在没有不确定性的情况下，帕累托更优的 l_1 和 c_2 能够达到，没有地方政府会淘汰落后产能。只有当 $B_1 > l_1F/(l_1F - l_3)$ 时，地方政府淘汰的意愿依赖于中央政府行动策略所带来的收益，此时，$F(\delta_L, T) = [1 - \delta_L^T/(1 - \delta_L)]$，$\delta_L(<1)$ 是地方政府的折现因子，由于第一个地方政府从不淘汰中获得的期望收益是负数：$(1 - B_1)l_1F(\delta_L, T) + B_1l_3 < 0$，因此，第一个地方政府会选择淘汰，后面的地方政府则依据中央政府的行动来决定淘汰的意愿，如中央政府缺乏耐心，选择妥协战略，那恐怕只有一次也是唯一的一个地方政府会淘汰落后产能，后续的地方政府全部会选择不淘汰。

情形4：当 $(c_2 - c_3)/2c_2 < \delta < (T - 1)(c_2 - c_3)/Tc_2$ 时，中央政府将更有耐心地采取妥协策略。

最后，在情形 2 和情形 3 之间的情况，即当 δ 在 $(c_2 - c_3)/2c_2$ 和 $(T - 1)(c_2 - c_3)/Tc_2$ 之间时，鸽型中央政府较情形 3 有更多的耐心，因此，不会立刻选择妥协策略，但是，可能没有足够的耐心持续博弈直到时间线的末端，就像在情形 2 中一样。在这个范围内的 δ，妥协将在最后的 T 时期绝对发生。如果 n^* 是第一个 n 对于 $\delta < n(c_2 - c_3)/(n + 1)c_2$，这里 $n \in [2, T - 1]$，妥协绝对发生的时候是 n^*，因为妥协在 n^* 发生比惩罚产生了更高的收益 $n^*c_2 > n^*c_3 + \delta(n^* + 1)c_2$，即使下一个地方政府选择不淘汰。也就是说，在当前的 δ 下 $[\delta > (n - 1)(c_2 - c_3)/nc_2]$，中央政府将不会在 n^* 前的任何情况下妥协，地方政府在下一个时期完全可以选择不淘汰策略。

从 n^* 之后，任何地方政府都会遇到中央政府的妥协。第 $n^* - 1$ 个地方政府，如果能够正确地预见鸽型中央政府行为，就能够在他选择是否淘汰落后产能之前，有充分大的可能性判断中央政府是鹰型概率。如同情形 2，此时的关键点是 n^*，混同的结果直到 $n^* - 1$，此后妥协的结果就确定了。δ 越小，在 n^* 之前，被实施惩罚策略的地方政府的数量也就越少（情形 3 可以被看作当 $n^* = 1$ 时的特殊案例）。当 δ 很小时，如果希望惩罚的结果仍然占优，就要求地方政府对中央政府是鹰型先验概率要更高些。例如，当 $(c_2 - c_3)/2c_2 < \delta < 2(c_2 - c_3)/3c_2$ 时，妥协在第二个时期确定会发生。只有当 $B_1 = B_2 > l_1/(l_1 - l_3)$ 时，惩罚策略才会在第一个时期占优，这意味着两个地方政府都确定会淘汰落后产能；当 $B_2 = l_1/(l_1 - l_3)$ 且 $[l_1/(l_1 - l_3)]^2 < B_1 < l_1/(l_1 - l_3)$ 时，中央政府若在第一时期选择

惩罚的策略，其概率 $y_1 = (B_2 - B_1)/B_2(1 - B_1)$，非零且为正数。这样第一个地方政府若确定淘汰落后产能，第二个地方政府选择淘汰的概率 $x_2 = (2\delta - 1)/\delta$ 是正的，但小于 1；如果 B_1 比 $[l_1/(l_1 - l_3)]^2$ 低，地方政府都会选择不淘汰落后产能。

（三）一个无限期博弈

如果持续到博弈有限期结束，一个新的地方政府要面对的仍然是 $B_T > 0$ 的中央政府（当然，中央政府有换届的可能性，但是，这个并不影响其 B_n 值），此时，$T \to \infty$，折现因子 δ 处于不同的区间，中央及地方政府博弈的选择也将重新解释。

当 $\delta > (c_2 - c_3)/c_2$ 时，惩罚的结果在整个过程中都占优，即使是鸽型中央政府也有足够的耐心并且有足够大的概率去延续博弈。由于两种类型的中央政府都会选择惩罚，对地方政府而言，最优的策略是淘汰，无论他们之前是怎样的混同均衡。

在 δ 较小的情况下，中央政府下次实施惩罚策略的概率也会较小。例如，当 $\delta < (c_2 - c_3)/2c_2$ 时，参数 δ 比 $1 - \sqrt{(c_3/c_2)}$ 低，如果立刻妥协会有 c_2 的收益，如果占主导地位的策略总是惩罚，会产生 $c_3/(1 - \delta)^2$ 的收益，显然 c_2 远大于 $c_3/(1 - \delta)^2$，因此，中央政府有更大的可能性去实施立刻妥协的策略。又如在 $\delta < n^*(c_2 - c_3)/(n^* + 1)c_2$ 时，n^* 是一个 n 对于 $[(n^* + 1) - n^*\delta]\delta/(1 - \delta)^2 < n^*(c_2 - c_3)/c_2$，妥协战略也在很多时期占优且是鸽型政府最优的选择。

上述分析表明，当中央政府的政策保持相对稳定、社会经济相对繁荣时，δ 越大，采取妥协策略的可能性就越低，惩罚策略可能性越高，同时落后产能的淘汰也就越有保障。

三　结论

研究从有限期和无限期两个不同的博弈时期分析了中央政府和地方政府的动态博弈及决策，在有限期博弈中，依据中央政府的折现因子大小，分为四种情形，在每种情形下，地方政府将依据之前中央政府的行为来判断中央政府是"鸽"还是"鹰"的概率，当鹰的概率高的时候，地方政府倾向于淘汰落后产能；研究充分表明，在有限期决策中，只要中央政府建立起"鹰"政府的声誉，地方政府就会淘汰落后产能；反之，则没有地方政府会淘汰落后产能。在无限期博弈中，地方政府有更长的时期，更多地参考依据来判断中央政府是"鸽"还是"鹰"的概率，依据中央政府的折现因子大小，分为两种情形，当折现因子较大时，中央政府将会继续采取惩罚措施，基于长期的威慑，地方政府将会淘汰落后产能；当折现因子较小时，由于中央政府的长期妥协，地方政府会选择不淘汰策略，因此，在无限期博弈中，中央政府应不要只顾眼前利益，而要保持政策相对稳定性，尽量降低妥协的占优，才能促进落后产能的淘汰。

第二节　承诺可信、代理人机会主义与落后产能淘汰

可信的承诺能够对政策执行者（代理人）形成制度约束，以化解政治交易中的不确定性，保证政策的顺利实施。研究选取了 2010—2013 年落后产能淘汰的 598 家企业，通过分析企业所在的县、市、省有关落后产能淘汰的政策、法规、政府工作报告、公开新闻、内部文件等文本数据，研究承诺的可信度，对代理人事后机会主义行为的防范以及对落后产能淘汰的影响。

代理人的事后机会主义是政策难以有效执行的主要障碍，事前承诺能约束、控制代理人的事后机会主义（迪克西特，2004），但承诺是可信的吗？在国家层面，针对落后产能的淘汰问题，不仅出台了大量的相关法规和政策（见本书第一章），而且从 2010 年开始，工信部每年都会公布落后产能淘汰名单和淘汰完成情况，但是，中国钢铁行业除了宝钢、鞍钢和武钢三大钢铁企业属于中央直属企业，其他都归属地方管理，而且落后产能主要集中在中小企业，绝大部分都归属市、地区（县）等基层地方政府来管理，随着代理人的链条拉长，即使中央政府的承诺可信，基层地方政府因为不需要面对中央政府的考核，政策执行中的不确定性也增加了，那么在这个加长的代理结构中，地方各级政府在提高承诺可信度上都做了哪些工作，是否有效地提高了承诺的可信度，控制了代理人的事后机会主义行为，淘汰了落后产能？

本节拟研究承诺机制对落后产能淘汰的影响，通过实证研究，讨论地方各级政府采用了哪些有力的措施，形成促使落后产能淘汰的制度

环境。

一　相关文献及理论分析

承诺是博弈论研究领域一个重要的概念。谢林（Schelling）1960 年就在其对博弈论影响巨大《冲突的策略》一书中提到承诺必须要可信的观点，并认为，承诺是许诺、威胁、讨价还价和谈判、合约关系等的核心影响因素（谢林，2009）。近年来，承诺还被广泛运用于解释网络购物（王玮和陈蕊，2013）、组织承诺（徐细雄和淦未宇，2011；凌玲和卿涛，2013）、企业股改对价（桂荷发等，2011）、美联储利率政策（潘敏和严春晓，2012）、财政货币政策（Persson et al.，1990；Lohmann，1992）、对独裁者的权力约束（Boix and Svolik，2013）等社会、经济领域中各类问题。但是，其中理论模型或探讨居多，实证研究较少，而且较多集中在金融、财政等研究领域，落后产能淘汰政策属于产业政策类的短期强制性规制，对在此类规制契约中承诺价值的研究还尚未发现，本书拟作初步尝试。

承诺关系到契约双方，对做出承诺的一方而言，桂荷发等（2011）认为，是一种或有负债。例如，上级政府通过制定政策承诺在下级政府淘汰落后产能后给予一定的经济补偿或奖励，否则将予以处罚。无论是奖励还是处罚都涉及经济利益，是上级政府所必须付出或承担的，也就是下级政府将会从上级政府的承诺中获得收益或损失，因为政策具有强制性，并非出自自愿，因此，理性的下级政府应该满足上级政府的要求，依据相关政策实施对落后产能淘汰的工作，但是，现实状况并非如此，承诺的可信度是影响下级政府决策的主要原因。因此，官员的政治承诺是否可信，与地区经济繁荣和政治民主息息相关（杨君和王珺，2014），而影响上级政府承诺可信度的因素可能包括：第一，政策本身对地区经济的影响。地方政府执行该承诺所带来的损失远大于收益，而政策对其个人的影响不足。第二，上级政府长期的承诺声誉对承诺可信度的影响。是否在以往的政策执行中，上级对下级的行为不究不查，任其自然，如果上级政府建立了如此的声誉，其承诺可信度将大打折扣。第三，制度环境对承诺可信度的影响。诺思（North，1990）认为，合理的制度设计是可信承诺的前提。阿塞莫格鲁（Acemoglu，2003，2006）的研究结果验证了制度环境将通过对承诺可信产生影响进而引起非效率问题。

对于接受承诺的一方而言，也就是承诺中政策的执行者，委托—代理关系中的代理人，是否可能发生事后机会主义行为，直接关系到最终的绩效，即落后产能淘汰任务的完成情况。当下级政府认为承诺是可信的，在采取行动之前，通常会对上级政府的承诺有所回应，回应的典型方式就是立"军令状"，例如，河北省政府与 11 市长签下环保军令状（刘立云，2006），各地的控霾"军令状"（周歌，2014），可以认为，这也是一种承诺，是自下而上的承诺，而这种承诺无论是出于自愿还是被迫，都是下级政府对自身事后机会主义行为的约束，是"破釜沉舟"式的行动，他通过事先公开采取行动来限制自己未来的行动自由，这样，他所要执行的选择就是最优的，甚至是唯一的（迪克西特，2004），当然，这种承诺也存在可信度问题，如果军令状中全是"口号"和"官话"，毫无实质性的内容，包括具体在什么时间内需要淘汰多少产能，责任人是谁，没有淘汰如何追究责任等，那么这些"军令状"就是没有任何可信度的承诺，事后机会主义行为极有可能发生。

因此，提高承诺的可信度是政策执行的关键，迪克西特（2004）列举了在宏观经济政策中几种可能增强承诺可信度的手段，闭锁行动、授权、重复或信誉。迪克西特和纳勒布夫（Dixit and Nalebuff，1991）在其著作《策略思维》中提出了更为详尽的提高承诺可信度的八种策略，分别是：建立和利用一种信誉、写下合同、切断沟通、破釜沉舟、让后果超出你的控制、小步前进、团队合作、雇佣谈判代理人。当然，这八种策略并不是专门运用于宏观经济政策的，但仍具有较高的借鉴价值。

二 研究设计

（一）样本、变量、数据来源

本书研究选择的样本企业为工信部于 2010—2013 年公示的落后产能淘汰企业名单，含炼铁、炼钢和铁合金三个行业，包括全国 27 个省份的 598 家企业。

对企业是否淘汰了落后产能的判定，依据国发〔2009〕38 号和国发〔2010〕7 号的规定，在 2011 年年底以前坚决淘汰 400 立方米以下炼铁高炉和 30 吨以下的炼钢电炉和转炉，但在 2012 年和 2013 年的公示名单中，仍有上述规格的设备，表明这些设备在 2011 年前并未被淘汰，不论其在 2012 年之后是否淘汰，研究中都设为未淘汰；在 2010 年和 2011 年名单中的设备，只要在后面两年淘汰名单中没有再次出现，且未出现在当年及后续年份的《关停但未彻底拆除落后设备的企业名单》中，都认定为淘汰。

所在县（市）GDP 数据来源于企业所处地区的淘汰年度统计年鉴，并依据当地 GDP 增长率平减至 2010 年；企业经营环境指数来自王小鲁、余静文、樊纲（2013）编制的《中国分省企业经营环境指数 2013 年报告》，该指数包含政府行政管理、企业经营法制环境、金融服务、人力资源供应、基础设施条件、中介组织和技术服务以及企业经营社会环境七个方面的指数，综合反映了落后产能企业所属省份的企业经营环境。

契约环境指数来自世界银行的调查数据（2006）。桂荷发等（2011）关于股改承诺的研究也采用了该指数，但是，由于该指数的发布时间是 2006 年，距离本书研究的时间较远，因此，在本章中仅供参考。

基础资料主要来源于落后产能企业所在的县级以上（含县级）至省份的各类有关淘汰落后产能的政策、文件、政府工作报告、新闻报道以及内部会议资料等，资料的主要来源是各地政府门户网站，部分"军令状"的数据来源于"中国知网"报刊数据库，共获取了 1878 条相关的政策和"军令状"数据。

是否成立淘汰小组、是否有军令状等变量数据也是依据这些政策和文件来判断的。

此外，研究还选取了一些关于落后产能企业特征的控制变量，包括在落后产能淘汰名单中的上榜次数，该数据来源于 2010—2013 年工信部落后产能公示名单；企业性质、规模、产品品种、成立时间、所属省份等，这些变量均来源于企业官网。

研究中的自变量和因变量定义如表 3－1 所示。

表 3－1　　　　　　　　　　　　变量定义

变量类型	变量名称	变量符号	变量描述
因变量	淘汰落后产能	OBSOLETE	按落后产能淘汰的年度将企业分类，2010—2013 年淘汰的企业分别取"1、2、3、4"
解释变量	所在县（市）GDP	lnLGDP	企业所在县（市）的 GDP 自然对数
	企业淘汰的产能	lnPRO	企业淘汰产能的自然对数
	企业经营环境指数	BOEI	2010 年度企业经营环境指数
	契约环境指数	CCI	世界银行地区契约环境指数

变量类型	变量名称	变量符号	变量描述
解释 变量	政策可信度	POLICY	见表 4-2
	是否成立淘汰小组	GROUP	成立了落后产能淘汰小组取"1",否则取"0"
	是否有"军令状"	COMMIT	政府对淘汰落后产能立下"军令状"取"1", 否则取"0"
	"军令状"可信度	COTYPE	见表 4-3
控制 变量	上榜次数	FREQUENCE	企业出现在工业行业淘汰落后产能企业名单上 的次数
	企业性质	Type	国有企业取"1",否则取"0"
	企业规模	SCALE	大中小微企业分别记为"1、2、3、4"
	产品品种	PRODUCT	企业产品品种总数
	成立时间	YEAR	企业成立的时间

政策承诺主要是指上级对下级下发的关于落后产能淘汰的政策、文件,首先找出制定政策的级别、主题、类型和时间等分类项下的具体特征;接下来按照重要性进行排序,并从 10 分开始递减赋值;再将一个政策在各个分类项下的得分加总平均。为了简便起见,各分类项设为等权重,见表 3-2。

表 3-2　　　　　　　政策承诺的分类特征和赋值

政策承诺			
制定政策的级别	主题	类型	时间
省(10)	淘汰落后产能(10)	条例(10)	公示当年(10)
市(9)	节能(9)	决定(9)	公示前的其他年份(9)
县(8)	大气污染(8)	通知(8)	
		指导意见(7)	
		管理办法(6)	
		实施方案(5)	

"军令状"指下级政府对上级就落后产能淘汰问题的表态,其赋值方式类似于政策承诺,不再赘述。但是,由于是否定量的分类项是二值变量,

对其赋值方式有所不同,"是"赋值为10,"否"则赋值为0,见表3-3。

表3-3   **"军令状"式承诺的分类特征和赋值**

"军令状"式承诺		
立"军令状"的级别	类型	是否定量
省（10）	承诺书（10）	是（10）
市（9）	政府工作报告（9）	否（0）
县（8）	公开报道（8）	
	内部会议文件（7）	

在计算政策式承诺和"军令状"式承诺可信度得分中,最关键的是对类型的排序,例如,对"军令状"式承诺中的承诺书、政府工作报告、公开报道和内部会议文件进行排序,为了保证排序的科学性和合理性,研究进行了小规模的排序调查,调查的对象是长期从事政策研究的高校教师10人,政府工作人员10人,企业行政人员10人,从现有政策和"军令状"的各个类型文件中随机抽取5份,即政策30份,"军令状"20份,通过邮件发送给被调查者,请他们在对政策文件的阅读的基础上,给类型的重要性排序,再将被调查者邮件回复的结果归总,按照结构熵权法（程启月,2010）进行计算,得出各个类型的权重,该权重即为排序,具体结果见表3-2和表3-3。

（二）模型

为了研究政策承诺可信度对落后产能淘汰的影响,建立模型（3.2）,其中,OBSOLETE 为因变量,表明落后产能是否淘汰:

$$Logistic\left(\frac{OBSOLETE}{1-OBSOLETE}\right) = \alpha_0 + \alpha_1 \ln LGDP + \alpha_2 \ln PRO + \alpha_3 BPEL + \alpha_4 CCI +$$
$$\alpha_5 POLICY + \alpha_6 GROUP + \alpha_7 FREQUENCE + \alpha_8 SCALE + \alpha_9 PRODUCT + \alpha_{10} YEAR + \varepsilon$$

$$(3.2)$$

如果该地区基层地方政府为淘汰落后产能立下"军令状",对落后产能的淘汰工作带来怎样的影响。为此,设立模型（3.3）:

$$Logistic\left(\frac{OBSOLETE}{1-OBSOLETE}\right) = \alpha_0 + \alpha_1 \ln LGDP + \alpha_2 \ln PRO + \alpha_3 BOEI + \alpha_4 CCI +$$
$$\alpha_5 POLICY + \alpha_6 GROUP + \alpha_7 COMMIT + \alpha_8 COTYPE + \alpha_9 FREQUENCE + \alpha_{10}$$

$$SCALE + \alpha_{11}PRODUCT + \alpha_{12}YEAR + \varepsilon \qquad (3.3)$$

由于政策承诺与"军令状"式承诺具有相互呼应的特征，该特征是否对落后产能的淘汰带来影响，研究通过建立政策承诺变量与"军令状"式承诺的交互项来分析该影响是否显著，由此，设立模型（3.4）：

$$Logistic\left(\frac{OBSOLETE}{1-OBSOLETE}\right) = \alpha_0 + \alpha_1 lnLGDP + \alpha_2 lnPRO + \alpha_3 BOEI +$$

$$\alpha_4 CCI + \alpha_5 POLICY + \alpha_6 GROUP + \alpha_7 COMMIT + \alpha_8 COTYPE + \alpha_9 POLICY +$$

$$\alpha_{10}FREQUENCE + \alpha_{11}SCALE + \alpha_{12}PRODUCT + + \alpha_{13}YEAR + \varepsilon \qquad (3.4)$$

（三）描述性统计

主要变量的特征见表3-4。政策承诺可信度的得分最大值为465，最小值18.5，标准差80.667，表明各地对落后产能淘汰政策的发布在数量和分类特征上差异很大；"军令状"式承诺的可信度最大值为133.66，最小值0，标准差29.923，表明各地基层政府对落后产能淘汰的决心的差异也很大；61%的地方政府都建立了落后产能淘汰小组；70.1%的地方政府都承诺了要淘汰落后产能；其余变量的描述性统计结果详见表3-4。

表3-4 变量的描述性统计

变量	样本数	最小值	最大值	均值	标准差
OBSOLETE	598	0	1	0.647	0.478
lnGDP	598	11.19	22.23	14.101	1.224
lnPRO	598	-2.53	5.63	1.314	1.886
BOEI	598	2.9	3.28	3.066	0.098
CCI	598	27	98	57.431	16.305
POLICY	598	18.5	465	116.911	80.667
GROUP	598	0	1	0.610	0.488
COMMIT	598	0	1	0.701	0.458
COTYPE	598	0	133.66	30.281	29.923
FREQUENCE	598	1	2	1.069	0.253
TYPE	598	0	1	0.040	0.196
SCALE	598	1	4	2.515	0.818
PRODUCT	598	1	12	2.375	2.121
YEAR	598	3	124	16.104	12.785

三　实证分析结果

本章采用逻辑回归模型研究承诺可信度对落后产能的影响。同时，还专门截取民营企业数据对模型进行稳健性检验，检验对于民营企业而言，承诺的可信度对落后产能淘汰的影响是否和不分所有制的情况下是一致的。该检验具有十分重要的意义，落后产能大部分存在于民营中小钢铁企业中，很多企业还是当地的税收大户、支柱企业，在政企关系的处理上民营企业虽然不具备国有企业的先天优势，但是，具有产权结构清晰和市场竞争充分的双重优势（吴延兵，2012），落后产能淘汰是市场竞争和政府规制的结合，民营企业的选择是否和其他所有制企业选择相似，通过对回归结果的稳健性分析，避免了部分所有制因素带来的片面性，也更能充分说明淘汰工作的深入。

（一）政策重要性对落后产能淘汰的影响

政策承诺是自上而下的承诺方式，上级政府发布各类政策，要求下级政府据此实施。在上下级政府的长期博弈中，往往出现"上有政策、下有对策"的局面，政令发布了多条，却不见成效。也就是下级政府并不认为该政策承诺是可信的，在落后产能淘汰的问题上，政策承诺可信度会带来怎样的影响，实证分析结果见表3－5。

表3－5　　　　　　　政策承诺可信度对落后产能淘汰的影响

自变量	截距	lnGDP	lnPRO	BOEI	CCI	POLICY
模型1	−1.498 (0.907)	−0.166* (0.099)	0.374*** (0.119)	0.046 (0.100)	0.159 (0.114)	−0.096 (0.101)
模型2	−1.305 (0.925)	−0.150 (0.100)	0.383*** (0.122)	0.043 (0.102)	0.166 (0.117)	−0.115 (0.104)

自变量	GROUP	FREQUENCE	SCALE	PRODUCT	YEAR
模型1	−0.374* (0.229)	2.216*** (0.744)	0.152 (0.152)	−0.071 (0.049)	0.196* (0.119)
模型2	−0.397* (0.237)	2.034*** (0.746)	0.116 (0.158)	−0.082 (0.051)	0.237* (0.143)

注：＊和＊＊＊分别表示在10%和1%的显著性水平下显著。

表3－5中，模型2为稳健性检验模型，模型1和模型2在变量的显

著性上是一致的，即政策承诺可信度对落后产能淘汰的影响模型的结果是稳健的。从回归结果来看，地方 GDP 对落后产能淘汰有显著的负向影响，即地方 GDP 越大，落后产能越不可能淘汰；淘汰的总量与落后产能淘汰有显著的正向关系，即淘汰的总量越大，落后产能越可能淘汰；是否存在落后产能淘汰小组与落后产能淘汰有显著的负向关系，即存在淘汰小组，落后产能越不可能淘汰；企业上榜次数与落后产能淘汰呈显著的正向关系，即上榜次数越多，越可能淘汰；企业成立年限与落后产能淘汰呈显著的正向关系，成立年限越长，越可能淘汰。

上述回归分析的结果，有四个特点值得关注：第一，政策承诺与落后产能淘汰没有显著关系，即在地方落后产能的淘汰过剩中，自上而下的政策承诺，并不能起到推进落后产能淘汰的工作。第二，地方 GDP 与落后产能淘汰显著的负向关系，该结论表明，在落后产能淘汰的过剩中，仍然存在地方政府为了维护当地经济，不愿意淘汰落后产能的问题。第三，淘汰的总量与落后产能淘汰存在显著的正向关系，这个结论也是符合落后产能淘汰的规律的，由于国家规定在 2011 年年底完全淘汰规定标准的落后产能，因此，在这个期限前当然会有大部分的"可以淘汰的"落后产能被淘汰，后续的淘汰工作就是"难以淘汰"的那部分产能，是"攻坚战"，越来越艰巨。第四，落后产能淘汰小组并没有促进产能淘汰的工作，反而是负向显著相关，主要是由于淘汰小组的主要成员依然是来自地方环保、钢协、工业、土地等部门的工作人员，其主要职责是协调，依然代表着地方的利益，多次出现的"瞒报""漏报"现象也正是淘汰小组不力的表现。

（二）地方政府立下军令状后，两类承诺可信度对落后产能淘汰的影响

"军令状"式的承诺是自下而上的，即基层地方政府保证完成任务，但这种保证是否可信，又会对落后产能的淘汰产生怎样的影响，实证分析结果见表 3 - 6。

表 3 - 6　　　　　　　　承诺可信度对落后产能淘汰的影响

自变量	截距	lnGDP	lnPRO	BOEI	CCI	SCALE	COMMIT
模型 3	1. 456 (0. 260)	− 0. 168 * (0. 102)	0. 249 ** (0. 123)	0. 051 (0. 104)	0. 154 (0. 115)	0. 108 (0. 127)	− 0. 383 (0. 294)

续表

自变量	截距	lnGDP	lnPRO	BOEI	CCI	SCALE	COMMIT
模型 4	1.460	−0.154	0.261**	0.055	0.162	0.080	−0.340
	(0.267)	(0.103)	(0.126)	(0.107)	(0.118)	(0.133)	(0.302)

自变量	COTYPE	FREQUENCE	POLICY	GROUP	PRODUCT	YEAR	
模型 3	0.675***	0.554***	−0.277**	−0.750***	−0.120	0.224*	
	(0.162)	(0.189)	(0.114)	(0.262)	(0.106)	(0.119)	
模型 4	0.656***	0.517***	−0.290**	−0.774***	−0.145	0.256*	
	(0.164)	(0.190)	(0.117)	(0.270)	(0.109)	(0.142)	

注：模型中 *、** 和 *** 分别表示在 10%、5% 和 1% 的显著性水平下显著。

由表 3-6 可知，模型 4 为稳健性模型，与模型 3 的结果一致，表明模型结果稳健。在模型 3 和模型 4 中，最大的变化是加入了"军令状"式的承诺可信度变量之后，政策式承诺可信度对落后产能淘汰的影响变显著了，但是负向显著；"军令状"式的承诺可信度对落后产能淘汰的影响是正向显著，表明该类型承诺越可信，落后产能淘汰的可能性越大。对于政策式承诺与落后产能淘汰负相关性的结果，可能存在以下两个方面的原因，这两个方面的原因都与对政策式承诺可信度的评分有关，通常高得分来源于两个因素：一是单项政策的得分高；二是政策颁布得较多，多项政策合在一起就可以获得较高得分。基于这两个因素可能存在的两个方面的原因，一方面，在单项政策的评价中，无论是发文的层次还是类型的排序都是以重要性程度作为依据的，但是，有可能存在"县官不如现管"的现象，即省里下达的文件，虽然级别很高、很重要，但县里认为，与其没有什么关系，在基层政府的心目中有可能不如上一级政府下达的文件可信度高，予以忽视。另一方面，在多项政策的评价中，虽然多项政策合在一起的评分很高，但是，基层地方政府如果观察到上级政府下达了多项政策，仍无法解决这个问题，也没有对自己带来切实的影响，就会降低对政策可信度的认知，对政策的实施不作为。

（三）地方政府立下"军令状"后，两类承诺交互效应的影响

"军令状"是自下而上的承诺，是对政策承诺的一种回应，加入两类承诺的交互项，分析基层地方政府对上级政策出台后，如果有回应的承诺，是否会更加有利于推进落后产能的淘汰工作。由于没有"军令状"式

承诺的地区，其可信度得分为 0，交互项的得分也会是 0，为避免出现这类情况，将该类交互项值设为政策承诺可信度值。具体分析结果见表 3 - 7。

表 3 - 7　　　　加入交互项后，承诺可信度对落后产能淘汰的影响

自变量	截距	lnGDP	lnPRO	BOEI	CCI	SCALE	COMMIT
模型 5	1.462	-0.169*	0.249**	0.051	0.155	0.132	-0.390
	(0.297)	(0.104)	(0.123)	(0.105)	(0.117)	(0.156)	(0.333)
模型 6	1.508	-0.162	0.262**	0.051	0.169	0.083	-0.392
	(0.305)	(0.106)	(0.126)	(0.107)	(0.120)	(0.133)	(0.342)

自变量	POLICY* COTYPE	COTYPE	FREQUENCE	POLICY	GROUP	PRODUCT	YEAR
模型 5	0.233*	0.684**	0.554***	-0.273*	-0.752**	-0.120	0.224*
	(0.121)	(0.296)	(0.189)	(0.161)	(0.267)	(0.106)	(0.119)
模型 6	0.272*	0.739**	0.518***	-0.253	-0.792***	-0.144	0.256*
	(0.147)	(0.303)	(0.191)	(0.162)	(0.276)	(0.109)	(0.142)

注：模型中 *、** 和 *** 分别表示在 10%、5% 和 1% 的显著性水平下显著。

由表 3 - 7 可知，模型 6 为稳健性检验模型，与模型 5 大体一致，表明模型结果稳健。除在模型 1 - 4 中显著的变量之外，加入了两类承诺的交互项之后，政策式承诺仍呈负向显著；"军令状"式承诺与落后产能淘汰呈显著正向相关；两者的交互项与落后产能淘汰呈显著正向关系。上述结果表明，"军令状"越可信，"军令状"对政策式承诺可信度的影响越大；政策式承诺的可信度越低，则"军令状"对落后产能淘汰的影响也就越小。可见，两类承诺的交互对于落后产能的淘汰起到了重要的作用，而其发挥效果还需要改善政策式承诺的可信度。

四　结论及启示

研究通过选取 2010—2013 年工信部公示落后产能名单中的企业为样本，分别分析了政策式承诺的可信度，以及在加入了"军令状"式承诺及其交互项之后对落后产能淘汰的影响。研究结果表明：单独的政策式承诺的可信度对落后产能的淘汰工作没有显著影响，地方 GDP 对落后产能的淘汰的阻碍依然很大；但在加入了"军令状"式承诺之后，政策式承诺可信度对落后产能的淘汰呈负向影响。在加入了两类承诺的交互项

之后，即考虑了基层地方对上级政策的回应之后，研究结果发生了可喜的变化，虽然落后产能的淘汰工作仍受地方 GDP 增长的显著负向影响，但是，在提高政策式承诺可信度的情况下，"军令状"式承诺对落后产能的淘汰工作的影响会加大，两类承诺对落后产能淘汰起到正向的交互效应。

上述研究结果对于目前的落后产能淘汰工作有重大的意义，在工信部连续公示四年落后产能淘汰的情况下，名单上的落后产能基本上已经被淘汰完毕，但是，未进入"白名单"（符合企业规范要求）的企业仍面临淘汰的风险，淘汰工作进入异常艰难的阶段。地方政府作为政府规制的代理人，在多层代理的体系中，需要通过建立承诺的可信度来提升淘汰的效率，而承诺可信度的提升路径既包括自上而下政策式承诺，也包括自下而上的"军令状"式承诺，而且只有在基层政府真正下定决心，立下"军令状"式承诺，并与政策承诺相互呼应之后，落后产能的淘汰工作才能得到更有效的开展。

此外，研究还存在一定的不足，政治承诺的可信度评价由于涉及基层地方政府的心理因素，难以通过现有的调研方法获取数据，在综合各方因素考虑下，采用了现有的评价方式，后续的研究中将做进一步改进和尝试。

第四章　落后产能淘汰激励机制

　　本章研究中央政府如何通过激励合约的选择和职位的设计来激励约束地方政府实现淘汰落后产能的目标。地方政府既要追求任期内或短期的经济增长，又必须淘汰落后产能，因此，研究的第一部分在拉丰和马赫蒂摩（2002）"多任务激励模型"上构造关于任务冲突的多任务委托—代理模型，从理论上分析两种情形下的激励效应和中央政府的选择：一是不对称任务互替情景下，地方政府在短期同时承担两种相互冲突的任务，且任务具有互替性；二是不对称互补情景下，地方政府在长期同时承担两种相互冲突的任务，且任务具有互补性。第二部分采用实验研究的方法，分析在上述两种情景下两项任务分开度量或总度量，考虑职业晋升和物质奖励等具体的激励措施之后，地方政府对多任务的选择。

第一节　落后产能淘汰激励机制

——一个不对称多任务委托—代理模型

　　委托人要求代理人完成两项任务，在真实的契约环境下，不同维度上的任务往往是不对称的，比如代理人工作表现中的扰动，这些任务的期望收益或者代理人的工作表现对他努力的敏感程度等都是不同的（拉丰和马赫蒂摩，2002）。

　　在本章研究的情景中，地方政府必须在发展 GDP 和淘汰落后产能上都付出努力，这两项任务对地方政府而言，从短期来看，两项任务是互替的：对 GDP 的盲目崇拜促使地方政府在发展 GDP 上会花更多的时间和精力，这样就会缩短在淘汰落后产能上的时间和精力。当然，从长期来看，两项任务之间的关系具有互补性：可持续发展 GDP 需要有效地淘汰落后产能，提升产业的竞争力。

同时，不同任务的工作表现不能用同样的标准来评价。比如，对 GDP 发展的评价，标准非常明确、具体，是可以度量的；而对于落后产能淘汰工作的度量则较难评估。

为了将发展 GDP 和淘汰落后产能这两项任务在短期的互替关系情景下和长期的互补关系情景下，中央政府和地方政府的策略模型化，特建立如下假设：

（1）中央政府为风险中性的委托人。

（2）以 $i = \{1, 2\}$ 表示需完成的工作，$k = \{0, 1\}$ 分别表示低努力和高努力。代理人在任务 i 上实施努力为 e_k^i，在任务 i 上以 $\pi^i(e_k^i) = \pi_k^i$ 的概率得到收益 $\overline{S}^i$ 和以概率 $1 - \pi_k^i$ 得到收益 $\underline{S}^i$。努力 $e_k^i \in \{0, 1\}$，假设努力有相同的负效用，不过，不同任务之间的收益和概率分布是不同的。

（3）委托人在此种情景下基本有四种结果，分别是 $\overline{S}^1 + \overline{S}^2$、$\overline{S}^1 + \underline{S}^2$、$\overline{S}^2 + \underline{S}^1$ 和 $\underline{S}^1 + \underline{S}^2$，相应的一个契约是四个支付向量 $\{(\overline{t}, \hat{t}_1, \hat{t}_2, \underline{t})\}$，其中，当结果是 $(\overline{S}^1 + \underline{S}^2)$ 时，支付 $\hat{t}_1$；当结果是 $(\overline{S}^2 + \underline{S}^1)$ 时，支付 $\hat{t}_2$。同时允许 $\hat{t}_1$ 不等于 $\hat{t}_2$ 的可能性。

（4）用效用水平代替每种状态下的转移支付为：$\overline{\mu} = \mu(\overline{t})$，$\hat{\mu}_1 = \mu(\hat{t}_1)$，$\hat{\mu}_2 = \mu(\hat{t}_2)$，$\underline{\mu} = \mu(\underline{t})$。

（5）分别记代理人付出努力的负效用为 Ψ_2、Ψ_1，和 $\Psi_0 = 0$ 分别对应于他施加两种高努力水平，只有一种，或者是没有施加努力的时候，当然，$\Psi_2 > \Psi_1 > 0$。在短期，发展 GDP 与淘汰落后产能任务存在互替时，$\Psi_2 > 2\Psi_1$，即当发展 GDP 这一任务被执行时，难以执行淘汰落后产能的任务；在长期，$\Psi_2 < 2\Psi_1$，两任务是互补的，当淘汰落后产能的任务被执行的时候，也有利于发展 GDP。

一 中央政府与地方政府短期激励模型分析——不对称互替任务情景

由于地方政府（代理人）是风险规避的，中央政府（委托人）对地方政府（代理人）在两个任务上都激励正努力的可行激励契约必须满足两个局部激励约束：

$$\pi_1^1\pi_1^2\overline{\mu} + \pi_1^1(1-\pi_1^2)\hat{\mu}_1 + (1-\pi_1^1)\pi_1^2\hat{\mu}_2 + (1-\pi_1^1)(1-\pi_1^2)\underline{\mu} - \Psi_2 \geqslant$$

$$\pi_0^1\pi_1^2\overline{\mu} + \pi_0^1(1-\pi_1^2)\hat{\mu}_1 + (1-\pi_0^1)\pi_1^2\hat{\mu}_2 + (1-\pi_0^1)(1-\pi_1^2)\underline{\mu} - \Psi_1 \qquad (4.1)$$

$$\pi_1^1\pi_1^2\overline{\mu} + \pi_1^1(1-\pi_1^2)\hat{\mu}_1 + (1-\pi_1^1)\pi_1^2\hat{\mu}_2 + (1-\pi_1^1)(1-\pi_1^2)\underline{\mu} - \Psi_2 \geqslant$$

$$\pi_1^1\pi_0^2\overline{\mu} + \pi_1^1(1-\pi_0^2)\hat{\mu}_1 + (1-\pi_1^1)\pi_0^2\hat{\mu}_2 + (1-\pi_1^1)(1-\pi_0^2)\underline{\mu} - \Psi_1 \qquad (4.2)$$

上述两个局部激励约束，是考虑到地方政府分别在单个任务上逃避努力的可能性。如借口地方贫困、资源贫瘠，减少对发展地方经济的努力；或者认为淘汰落后产能会损害现实利益，转而追求近期收益。

$$\pi_1^1\pi_1^2\overline{\mu} + \pi_1^1(1-\pi_1^2)\hat{\mu}_1 + (1-\pi_1^1)\pi_1^2\hat{\mu}_2 + (1-\pi_1^1)(1-\pi_1^2)\underline{\mu} - \Psi_2 \geqslant$$

$$\pi_0^1\pi_0^2\overline{\mu} + \pi_0^1(1-\pi_0^2)\hat{\mu}_1 + (1-\pi_0^1)\pi_0^2\hat{\mu}_2 + (1-\pi_0^1)(1-\pi_0^2)\underline{\mu} \qquad (4.3)$$

这是一个全局激励约束，考虑到地方政府在两项任务上都有逃避任务的可能（地方政府不作为，坐等财政扶贫）。

当然，一个契约还必须满足通常的参与约束：

$$\pi_1^1\pi_1^2\overline{\mu} + \pi_1^1(1-\pi_1^2)\hat{\mu}_1 + (1-\pi_1^1)\pi_1^2\hat{\mu}_2 + (1-\pi_1^1)(1-\pi_1^2)\underline{\mu} - \Psi_2 \geqslant 0$$

$$(4.4)$$

现在，中央政府的问题可以写为：

$$(P): \max_{\{\overline{\mu},\hat{\mu}_1,\hat{\mu}_2,\underline{\mu}\}} \pi_2^1\pi_1^2[\overline{S}^1 + \overline{S}^2 - h(\overline{\mu})] + \pi_1^1(1-\pi_1^2)$$

$$[\overline{S}^1 + \underline{S}^2 - h(\hat{\mu}_1)] + (1-\pi_1^1)\pi_1^2[\underline{S}^1 + \overline{S}^2 - h(\hat{\mu}_2)] +$$

$$(1-\pi_1^1)(1-\pi_1^2)[\underline{S}^1 + \underline{S}^2 - h(\underline{\mu})]$$

s.t. 式（4.1）至式（4.3）问题（P）的拉格朗日函数如下：

$$L(\overline{\mu},\hat{\mu}_1,\hat{\mu}_2,\underline{\mu}) = \pi_1^1\pi_1^2[\overline{S}^1 + \overline{S}^2 - h(\overline{\mu})] + \pi_1^1(1-\pi_1^2)[\overline{S}^1 + \underline{S}^2 - h$$

$$(\hat{\mu}_1)] + (1-\pi_1^1)\pi_1^2[\underline{S}^1 + \overline{S}^2 - h(\hat{\mu}_2)] + (1-\pi_1^1)$$

$$(1-\pi_1^2)[\underline{S}^1 + \underline{S}^2 - h(\underline{\mu})] + \lambda^1(\pi_1^1\pi_1^2\overline{\mu} + \pi_1^1(1-\pi_1^2)$$

$$\hat{\mu}_1 + (1-\pi_1^1)\pi_1^2\hat{\mu}_2 + (1-\pi_1^1)(1-\pi_1^2)\underline{\mu} - \Psi_2 - \pi_0^1\pi_1^2$$

$$\overline{\mu} - \pi_0^1(1-\pi_1^2)\hat{\mu}_1 - (1-\pi_0^1)\pi_1^2\hat{\mu}_2 - [1-\pi_0^1(1-\pi_1^2)]$$

$$\underline{\mu} + \Psi_1] + \lambda^2(\pi_1^1\pi_1^2\overline{\mu} + \pi_1^1)(1-\pi_1^2)\hat{\mu}_2 + (1-\pi_1^1)$$

$$\pi_1^2\hat{\mu}_2 + (1-\pi_1^1)(1-\pi_1^2)\underline{\mu} - \Psi_2 - \pi_1^1\pi_0^2\overline{\mu} - \pi_1^1$$

$$(1-\pi_0^2)\hat{\mu}_1 - (1-\pi_1^1)\pi_0^2\hat{\mu}_2 - [1-\pi_1^1(1-\pi_0^2)]$$

$$\underline{\mu} + \Psi_1] + \mu [\pi_1^1 \pi_1^2 \overline{\mu} - \pi_1^1 (1 - \pi_1^2) \hat{\mu}_1 - (1 - \pi_1^1)$$
$$\pi_1^2 \hat{\mu}_2 - [1 - \pi_1^1 (1 - \pi_1^2) \underline{\mu} - \Psi_2]] \tag{4.5}$$

式中，λ^1、λ^2、λ^3、μ 分别为式（4.1）至式（4.4）各个条件的拉格朗日乘子。将拉格朗日函数对应于 $\overline{\mu}$、$\hat{\mu}_1$、$\hat{\mu}_2$、$\underline{\mu}$ 分别最优化，得到：

$$\pi_1^1 \pi_1^2 h'(\overline{\mu}) = \lambda^1 \Delta \pi^1 \pi_1^2 + \lambda^2 \Delta \pi^2 \pi_1^1 + \mu \pi_1^1 \pi_1^2 \tag{4.6}$$

$$\pi_1^1 (1 - \pi_1^2) h'(\hat{\mu}) = \lambda^1 \Delta \pi^1 (1 - \pi_1^2) - \lambda^2 \Delta \pi^2 \pi_1^1 + \mu \pi_1^1 (1 - \pi_1^2) \tag{4.7}$$

$$(1 - \pi_1^1) \pi_1^2 h'(\hat{\mu}_2) = -\lambda^1 \Delta \pi^1 \pi_1^2 + \lambda^2 \Delta \pi^2 (1 - \pi_1^1) + \mu (1 - \pi_1^1) \pi_1^2 \tag{4.8}$$

$$(1 - \pi_1^1)(1 - \pi_1^2) h'(\underline{\mu}) = -\lambda^1 \Delta \pi^1 (1 - \pi_1^2) - \lambda^2 \Delta \pi^2 (1 - \pi_1^1) +$$
$$\mu (1 - \pi_1^1)(1 - \pi_1^2) \tag{4.9}$$

在优化过程中，全局激励约束条件被忽略了，相当于引入了松弛条件 $\lambda^1 > 0$，$\lambda^2 > 0$，$\lambda^3 = 0$，$\mu > 0$。考虑 $h'(\mu) = 1 + ru$，将式（4.6）至式（4.9）相加，得到 $1 + r\Psi_2 = \mu$，由式（4.6）至式（4.9），我们可以将所有的效用水平表示为 λ^1 和 λ^2 的函数：

$$\overline{\mu} = \Psi_2 + \frac{\lambda^1 \Delta \pi^1}{r \pi_1^1} + \frac{\lambda^2 \Delta \pi^2}{r \pi_1^2} \tag{4.10}$$

$$\hat{\mu} = \Psi_2 + \frac{\lambda^1 \Delta \pi^1}{r \pi_1^1} - \frac{\lambda^2 \Delta \pi^2}{r(1 - \pi_1^1)} \tag{4.11}$$

$$\hat{\mu}_2 = \Psi_2 - \frac{\lambda^1 \Delta \pi^1}{r(1 - \pi_1^1)} + \frac{\lambda^2 \Delta \pi^2}{r \pi_1^2} \tag{4.12}$$

$$\underline{\mu} = \Psi_2 - \frac{\lambda^1 \Delta \pi^1}{r(1 - \pi_1^1)} - \frac{\lambda^2 \Delta \pi^2}{r(1 - \pi_1^1)} \tag{4.13}$$

式中，$\Delta \pi^1 = \pi_1^1 - \pi_0^1$ 和 $\Delta \pi^2 = \pi_1^2 - \pi_0^2$

将上述 $\overline{\mu}$、$\hat{\mu}_1$、$\hat{\mu}_2$、$\underline{\mu}$ 的值代入约束条件（4.11）和（4.12）联立求解得到：

$$\lambda^1 = \frac{r(\Psi_2 - \Psi_1) \pi_1^1 (1 - \pi_1^1)}{(\Delta \pi^1)^2} \tag{4.14}$$

$$\lambda^2 = \frac{r(\Psi_2 - \Psi_1) \pi_1^2 (1 - \pi_1^1)}{(\Delta \pi^2)^2} \tag{4.15}$$

将 λ^1 和 λ^2 的值代入（4.10）至式（4.13）中，得到：

$$\overline{\mu} = \Psi_2 + \Delta \Psi \left[\frac{1 - \pi_1^1}{\Delta \pi^1} + \frac{1 - \pi_1^2}{\Delta \pi^2} \right] \tag{4.16}$$

$$\hat{\mu}_1 = \Psi_2 + \Delta\Psi\left[\frac{1-\pi_1^1}{\Delta\pi^1} - \frac{\pi_1^2}{\Delta\pi^2}\right] \tag{4.17}$$

$$\hat{\mu}_2 = \Psi_2 + \Delta\Psi\left[-\frac{\pi_1^1}{\Delta\pi^1} + \frac{1-\pi_1^2}{\Delta\pi^2}\right] \tag{4.18}$$

$$\underline{\mu} = \Psi_2 + \Delta\Psi\left[-\frac{\pi_1^1}{\Delta\pi^1} - \frac{\pi_1^2}{\Delta\pi^2}\right] \tag{4.19}$$

式中，$\Delta\Psi = \Psi_2 - \Psi_1$。

全局激励约束式（4.3）严格满足，当且仅当：

$$\pi_0^1\pi_0^2\underline{\mu} + \pi_0^1(1-\pi_0^2)\hat{\mu}_1 + \pi_0^2(1-\pi_0^1)\hat{\mu}_2 + (1-\pi_0^1)(1-\pi_0^2)\underline{\mu} < 0 \tag{4.20}$$

将（4.16）至式（4.19）式代入（4.20）式，经过计算，得到条件为 $\Psi_2 > 2\Psi_1$。表明在多任务的激励问题（P）中，参与约束总是紧的，当 $\Psi_2 > 2\Psi_1$，即不对称激励且任务互替的情况下，局部激励约束是紧的，全局激励约束是松弛的。由此，将拉丰和马赫蒂摩（2002）的命题 5.5 拓展为结论 1：

结论 1：在不对称互替的多任务激励问题（P）中，在两项任务上都激励努力的最优契约使参与约束式（4.3）总是紧的，而且，紧的激励约束满足，当 $\Psi_2 > 2\Psi_1$ 时，局部激励约束式（4.1）和式（4.2）是紧的。

该结论的经济意义是：中央政府让地方政府承担发展 GDP 和淘汰落后产能这两项互替的任务，地方政府努力也是互替的，且任务是不对称的，中央政府会看到对两项任务同时都提供激励比只对一项任务提供激励要困难得多。如果地方政府已经在发展 GDP 这项任务上施加了一个高努力，则会减少在淘汰落后产能上的努力。为此，从理性角度来看，中央政府可以考虑在单任务上对地方政府提供激励。这也是很多研究，如王赛德、潘瑞娇（2010）等提出分权管理的依据所在，在拉丰和梅卢（Meleu，2001）的文献中也认为，考虑到普遍存在的高公共资金成本（由于低效的税收体系）、低廉的合谋成本（缺乏必要的审计和监督）及低效的技术水平等问题，分权对于发展中国家政府规制效率改进有更高的价值。

那么，具体来说，中央政府应该对发展 GDP 和淘汰落后产能这两项任务中的哪一项任务提供激励呢？

由上述结论可知，中央政府在最优时应分别激励努力（$e^1 = 1$，$e^2 =$

0）或（$e^1=0$，$e^2=1$）。同时，考虑到当任务互替时，在两项任务上实施一个高努力时存在某种规模非经济。即：

$$C_2^{SB} > C^{1SB} + C^{2SB} \tag{4.21}$$

依据式（4.16）至式（4.19），可以计算出委托人实施两种正努力的次优成本为：

$$C_2^{SB} = \Psi_2 + \frac{r\Psi_2^2}{2} + \frac{r(\Delta\Psi)^2}{2}\left(\frac{\pi_1^1(1-\pi_1^1)}{(\Delta\pi^1)^2} + \frac{\pi_1^2(1-\pi_1^2)}{(\Delta\pi^2)^2}\right) \tag{4.22}$$

委托人在任务1上实施正努力的次优成本为：

$$C^{1SB} = \Psi_1 + \frac{r\Psi_1^2}{2} + \frac{r\Psi_1^2\pi_1^1(1-\pi_1^1)}{2}\frac{}{(\Delta\pi^1)^2} \tag{4.23}$$

委托人在任务2上实施正努力的次优成本为：

$$C^{2SB} = \Psi_1 + \frac{r\Psi_1^2}{2} + \frac{r\Psi_1^2\pi_1^2(1-\pi_1^2)}{2}\frac{}{(\Delta\pi^2)^2} \tag{4.24}$$

当任务不对称时，假定任务2的表现较难以测度，也就是中央政府对于地方淘汰落后产能的表现相对于发展GDP更要难以测度，这样，落后产能淘汰工作的产出 $\tilde{q}^2$ 的方差，即 $\pi_1^2(1-\pi_1^2)(\overline{q}^2-\underline{q}^2)^2$ 将会加大到 $\pi_1^{2'}(1-\pi_1^{2'})(\overline{q}^2-\underline{q}^2)^2$，此时，$C_2^{SB}$ 和 C^{2SB}［式（4.22）与式（4.24）］均会增大，但是，C_2^{SB} 较 C^{2SB} 增长得更快，从而导致委托人偏好激励 $e^1=1$，$e^2=0$。

由此，得到结论2：

结论2：在不对称互替的情形下，如果任务1能明确地传递信息，而任务2是对应于努力水平噪声更大的一个信号时，委托人就会使代理人的努力集中在信息性更强的任务1上，代理人只能在这个噪声更小的任务上，得到更高的激励。

该结论的经济意义是：当淘汰落后产能工作表现成为对应于努力水平噪声更大的一个信号时，在这一维度上激励努力对中央政府来说更加困难。通过只奖励能很好地传递成果信息的任务1（发展GDP），中央政府减弱了地方政府将努力 e^2 替换成努力 e^1 的激励。这样，放松了在发展GDP上的激励约束，使在这项任务上激励努力变得更容易。这样，地方政府只能在这项噪声更小的任务上，即最能传达他努力信息的任务上，获得更高的激励。

综上所述，在中央政府与地方政府的短期激励问题中，由于发展

GDP 和淘汰落后产能之间的任务互替关系，中央政府会只对其中一项任务提供激励，又由于任务间的不对称性，淘汰落后产能的效果往往无法直接估算，这就促使地方政府往往会选择能更好地传递成果信息的工作，如发展 GDP，而不是淘汰落后产能这样无法度量、噪声大的工作。这也是多年来落后产能屡次淘汰不尽的主要原因。

二 中央政府与地方政府长期激励模型分析——不对称互补任务情景

在长期，发展 GDP 与淘汰落后产能任务存在互补关系时，$\Psi_2 < 2\Psi_1$。

现在假设 $\lambda^1 = \lambda^2 = 0$，$\lambda^3 > 0$，$\mu > 0$，则问题（P）的拉格朗日函数为：

$$L(\bar{u}, \hat{u}_1, \hat{u}_2, \underline{u}) = \pi_1^1 \pi_1^2 [\bar{S}^1 + \bar{S}^2 - h(\bar{u})] + \pi_1^1 (1 - \pi_1^2)[\bar{S}^1 + \bar{S}^2 - h(\hat{u}_1)] + (1 - \pi_1^1)\pi_1^2 [\bar{S}^1 + \bar{S}^2 - h(\hat{u}_2)] + (1 - \pi_1^1)(1 - \pi_1^2)[\bar{S}^1 + \bar{S}^2 - h(\underline{u})] +$$

$$\lambda^3 [\pi_1^1 \pi_1^2 \bar{u} + \pi_1^1 (1 - \pi_1^2)\hat{u}_1 + (1 - \pi_1^1)\pi_1^2 \hat{u}_2 + (1 - \pi_1^1)(1 - \pi_1^2)\underline{u} - \Psi_2 - \pi_0^1 \pi_0^2 \bar{u} - \pi_0^1 (1 - \pi_0^2)\hat{u}_1 - (1 - \pi_0^1)\pi_0^2 \hat{u}_2 - (1 - \pi_0^1)(1 - \pi_0^2)\underline{u}] + \mu [\pi_1^1 \pi_1^2 \bar{u} +$$

$$\pi_1^1 (1 - \pi_1^2)\hat{u}_1 + (1 - \pi_1^1)\pi_1^2 \hat{u}_2 + (1 - \pi_1^1)(1 - \pi_1^2)\underline{u} - \Psi_2] \qquad (4.25)$$

将拉格朗日函数对应于 $\bar{u}$、$\hat{u}_1$、$\hat{u}_2$、$\underline{u}$ 分别最优化，得到：

$$\pi_1^1 \pi_1^2 h'(\bar{u}) = \lambda^3 (\pi_1^1 \pi_1^2 - \pi_0^1 \pi_0^2) + \mu \pi_1^1 \pi_1^2 \qquad (4.26)$$

$$\pi_1^1 (1 - \pi_1^2) h'(\hat{u}_1) = \lambda^3 [\pi_1^1 (1 - \pi_1^2) - \pi_0^1 (1 - \pi_0^2)] + \mu \pi_1^1 (1 - \pi_1^2) \quad (4.27)$$

$$(1 - \pi_1^1)\pi_1^2 h'(\hat{u}_2) = \lambda^3 [\pi_1^2 (1 - \pi_1^1) - \pi_0^2 (1 - \pi_0^1)] + \mu(1 - \pi_1^1)\pi_1^2 \quad (4.28)$$

$$(1 - \pi_1^1)(1 - \pi_1^2) h'(\underline{u}) = \lambda^3 [(1 - \pi_1^1)(1 - \pi_1^2) - (1 - \pi_0^1)(1 - \pi_0^2)] +$$
$$\mu(1 - \pi_1^1)(1 - \pi_1^2) \qquad (4.29)$$

在优化过程中，局部激励约束条件被忽略了，考虑 $h'(u) = 1 + ru$，将式（4.26）至式（4.29）相加，得到 $1 + r\Psi_2 = \mu$，由式（4.26）至式（4.29），我们可以将所有的效用水平表示为 λ^3 的函数：

$$\bar{u} = \Psi_2 + \frac{\lambda^3}{r}\left(1 - \frac{\pi_0^1 \pi_0^2}{\pi_1^1 \pi_1^2}\right) \qquad (4.30)$$

$$\hat{u}_1 = \Psi_2 + \frac{\lambda^3}{r}\left[1 - \frac{\pi_0^1 (1 - \pi_0^2)}{\pi_1^1 (1 - \pi_1^2)}\right] \qquad (4.31)$$

$$\hat{u}_2 = \Psi_2 + \frac{\lambda^3}{r}\left[1 - \frac{\pi_0^2 (1 - \pi_0^1)}{\pi_1^2 (1 - \pi_1^1)}\right] \qquad (4.32)$$

$$\underline{u} = \Psi_2 + \frac{\lambda^3}{r}\left[1 - \frac{(1 - \pi_0^1)(1 - \pi_0^2)}{(1 - \pi_1^1)(1 - \pi_1^2)}\right] \qquad (4.33)$$

将上述 $\bar{u}$、$\hat{u}_1$、$\hat{u}_2$、$\underline{u}$ 的值代入全局约束条件式（4.3）中求解得到：

$$\lambda^3 = \frac{r\Psi_2\,\pi_1^1\,\pi_1^2(1-\pi_1^1)(1-\pi_1^2)}{(\Delta\pi)^2(1-\pi_1^1-\pi_1^2)+(\Delta\pi-\Delta\pi^1)^2\,\pi_1^2+(\Delta\pi-\Delta\pi^2)^2\,\pi_1^1+2\,\pi_1^1\,\pi_1^2\Delta\pi^1\Delta\pi^2},$$

式中，$\Delta\pi = \pi_1^1\,\pi_1^2 - \pi_0^1\,\pi_0^2$。

将 λ^3 代入式（4.30）至式（4.33）中，得到：

$$\bar{u} = \Psi_2 + \frac{\Psi_2\Delta\pi(1-\pi_1^1)(1-\pi_1^2)}{(\Delta\pi)^2(1-\pi_1^1-\pi_1^2)+(\Delta\pi-\Delta\pi^1)^2\,\pi_1^2+(\Delta\pi-\Delta\pi^2)^2\,\pi_1^1+2\,\pi_1^1\,\pi_1^2\Delta\pi^1\Delta\pi^2}$$

$$(4.34)$$

$$\hat{u}_1 = \Psi_2 + \frac{\Psi_2\,\pi_1^2(1-\pi_1^1)(\Delta\pi^1-\Delta\pi)}{(\Delta\pi)^2(1-\pi_1^1-\pi_1^2)+(\Delta\pi-\Delta\pi^1)^2\,\pi_1^2+(\Delta\pi-\Delta\pi^2)^2\,\pi_1^1+2\,\pi_1^1\,\pi_1^2\Delta\pi^1\Delta\pi^2}$$

$$(4.35)$$

$$\hat{u}_2 = \Psi_2 + \frac{\Psi_2\,\pi_1^1(1-\pi_1^2)(\Delta\pi^2-\Delta\pi)}{(\Delta\pi)^2(1-\pi_1^1-\pi_1^2)+(\Delta\pi-\Delta\pi^1)^2\,\pi_1^2+(\Delta\pi-\Delta\pi^2)^2\,\pi_1^1+2\,\pi_1^1\,\pi_1^2\Delta\pi^1\Delta\pi^2}$$

$$(4.36)$$

$$\underline{u} = \Psi_2 + \frac{\Psi_2\,\pi_1^1\,\pi_1^2(\Delta\pi-\Delta\pi^1-\Delta\pi^2)}{(\Delta\pi)^2(1-\pi_1^1-\pi_1^2)+(\Delta\pi-\Delta\pi^1)^2\,\pi_1^2+(\Delta\pi-\Delta\pi^2)^2\,\pi_1^1+2\,\pi_1^1\,\pi_1^2\Delta\pi^1\Delta\pi^2}$$

$$(4.37)$$

当两任务是强互补情形下，局部激励约束严格满足（松弛），当且仅当式（4.38）和式（4.39）成立

$$\pi_1^2\,\bar{u} + (1-\pi_1^2)\,\hat{u}_1 - \pi_1^2\,\hat{u}_2 - (1-\pi_1^2)\,\underline{u} > \frac{\Psi_2-\Psi_1}{\Delta\pi^1} \tag{4.38}$$

$$\pi_1^1\,\bar{u} - \pi_1^1\,\hat{u}_1 + (1-\pi_1^1)\,\hat{u}_2 - (1-\pi_1^1)\,\underline{u} > \frac{\Psi_2-\Psi_1}{\Delta\pi^2} \tag{4.39}$$

将式（4.34）至式（4.37）给出的值代入式（4.38）和式（4.39）中，得到条件：

$$\Psi_2\left[1-\frac{(\Delta\pi^1)^2\,\pi_1^2(1-\pi_1^2)}{(\Delta\pi)^2(1-\pi_1^1-\pi_1^2)+(\Delta\pi-\Delta\pi^1)^2\,\pi_1^2+(\Delta\pi-\Delta\pi^2)^2\,\pi_1^1+2\,\pi_1^1\,\pi_1^2\Delta\pi^1\Delta\pi^2}\right]<\Psi_1$$

$$\Psi_2\left[1-\frac{(\Delta\pi^2)^2\,\pi_1^1(1-\pi_1^1)}{(\Delta\pi)^2(1-\pi_1^1-\pi_1^2)+(\Delta\pi-\Delta\pi^1)^2\,\pi_1^2+(\Delta\pi-\Delta\pi^2)^2\,\pi_1^1+2\,\pi_1^1\,\pi_1^2\Delta\pi^1\Delta\pi^2}\right]<\Psi_1$$

注意到：

$$\frac{(\Delta\pi^1)^2\,\pi_1^2(1-\pi_1^2)}{(\Delta\pi)^2(1-\pi_1^1-\pi_1^2)+(\Delta\pi-\Delta\pi^1)^2\,\pi_1^2+(\Delta\pi-\Delta\pi^2)^2\,\pi_1^1+2\,\pi_1^1\,\pi_1^2\Delta\pi^1\Delta\pi^2}<\frac{1}{2}$$

且

$$\frac{(\Delta \pi^2)^2 \pi_1^1(1 - \pi_1^1)}{(\Delta \pi)^2(1 - \pi_1^1 - \pi_1^2) + (\Delta \pi - \Delta \pi^1)^2 \pi_1^2 + (\Delta \pi - \Delta \pi^2)^2 \pi_1^1 + 2\pi_1^1 \pi_1^2 \Delta \pi^1 \Delta \pi^2} < \frac{1}{2}$$

因此，当两项任务之间具有强互补性时，全局激励约束是唯一紧的一个。

结论 3：在不对称强互补的多任务激励问题（P）中，全局激励约束式（4.3）是唯一紧的一个。

该结论的经济意义是：如果从长远来看，发展 GDP 和淘汰落后产能是两个强互补的任务，中央政府让地方政府承担这两项任务，地方政府努力是互补的，中央政府会看到对两种任务同时都提供激励比只对一种任务提供激励的策略要优。地方政府在淘汰落后产能这一任务上施加一个高努力的同时也会推进 GDP 的增长。为此，从理性的角度来看，中央政府应在两个任务上都对地方政府提供激励。

在不对称弱互补情形下，即：

$$\left[1 - \frac{(\Delta \pi^1)^2 \pi_1^2(1 - \pi_1^2)}{(\Delta \pi)^2(1 - \pi_1^1 - \pi_1^2) + (\Delta \pi - \Delta \pi^1)^2 \pi_1^2 + (\Delta \pi - \Delta \pi^2)^2 \pi_1^1 + 2\pi_1^1 \pi_1^2 \Delta \pi^1 \Delta \pi^2} \right]$$

$\Psi_1 < \Psi_2 < 2\Psi_1$ 以及

$$\left[1 - \frac{(\Delta \pi^2)^2 \pi_1^1(1 - \pi_1^1)}{(\Delta \pi)^2(1 - \pi_1^1 - \pi_1^2) + (\Delta \pi - \Delta \pi^1)^2 \pi_1^2 + (\Delta \pi - \Delta \pi^2)^2 \pi_1^1 + 2\pi_1^1 \pi_1^2 \Delta \pi^1 \Delta \pi^2} \right]$$

$\Psi_1 < \Psi_2 < 2\Psi_1$ 时，局部和全局激励约束同时紧。

结论 4：在不对称弱互补的多任务激励问题（P）中，当

$$\left[1 - \frac{(\Delta \pi^1)^2 \pi_1^2(1 - \pi_1^2)}{(\Delta \pi)^2(1 - \pi_1^1 - \pi_1^2) + (\Delta \pi - \Delta \pi^1)^2 \pi_1^2 + (\Delta \pi - \Delta \pi^2)^2 \pi_1^1 + 2\pi_1^1 \pi_1^2 \Delta \pi^1 \Delta \pi^2} \right]$$

$\Psi_1 < \Psi_2 < 2\Psi_1$ 以及

$$\left[1 - \frac{(\Delta \pi^2)^2 \pi_1^1(1 - \pi_1^1)}{(\Delta \pi)^2(1 - \pi_1^1 - \pi_1^2) + (\Delta \pi - \Delta \pi^1)^2 \pi_1^2 + (\Delta \pi - \Delta \pi^2)^2 \pi_1^1 + 2\pi_1^1 \pi_1^2 \Delta \pi^1 \Delta \pi^2} \right]$$

$\Psi_1 < \Psi_2 < 2\Psi_1$ 时，局部式（4.1）、式（4.2）和全局激励约束式（4.3）同时是紧的。

该结论的经济意义是：如果从长远来看，发展 GDP 和淘汰落后产能是两个弱互补的任务，中央政府让地方政府承担这两项任务，地方政府努力也是弱互补的，地方政府有可能选择 $e^1 = 1$，$e^2 = 1$，即对发展 GDP 和淘汰落后产能这两个任务都施加高努力，也有可能选择 $e^1 = 1$，$e^2 = 0$，

即仅对发展 GDP 施加高努力、淘汰落后产能低努力，或者 $e^1 = 0$，$e^2 = 1$，即仅对淘汰落后产能施加高努力、发展 GDP 施加低努力。

可见，在强互补情形下，地方政府将会在两个任务上都施加高努力，而在弱互补情形下，则可能存在三个努力结果，因此，对弱互补情形不作下一步成本分析。

那么，从激励成本的角度来分析若在强互补情形下，中央政府应该对发展 GDP 和淘汰落后产能这两项任务如何提供激励呢？

由结论 3 可知，中央政府在最优时应分别激励努力（$e^1 = 1$，$e^2 = 1$），现在我们计算在强互补的情形下实施两种高水平的努力的次优成本 C_2^{SB}：

$$C_2^{SB} = \pi_1^1 \pi_1^2 h(\overline{u}^{SB}) + \pi_1^1(1 - \pi_1^2) h(\hat{u}_1^{SB}) + (1 - \pi_1^1) \pi_1^2 h(\hat{u}_2^{SB}) + (1 - \pi_1^1)(1 - \pi_1^2) h(\underline{u}^{SB}) \tag{4.40}$$

式中，$\overline{u}^{SB}$、$\hat{u}_1^{SB}$、$\hat{u}_2^{SB}$ 和 $\underline{u}^{SB}$ 由等式（4.34）至式（4.37）给出。用 $h(\cdot)$ 的二次函数的特殊形式，式（4.40）可以写为：

$$C_2^{SB} = E(u^{SB}) + \frac{r}{2}[E(u^{SB})]^2 + \frac{r}{2}\mathrm{var}(u^{SB}) \tag{4.41}$$

式中，$E(\cdot)$ 和 $\mathrm{var}(\cdot)$ 分别记为对应于产出（$\tilde{q}^1$，$\tilde{q}^2$）的联合分布的期望和方差算子。

$E(u^{SB}) = \Psi_2$，由式（4.34）至式（4.37）得到：

$$\mathrm{var}(\tilde{u}^{SB}) = \frac{\Psi_2^2 \pi_1^1 \pi_1^2 (1 - \pi_1^1)(1 - \pi_1^2)}{(\Delta\pi)^2(1 - \pi_1^1 - \pi_1^2) + (\Delta\pi - \Delta\pi^1)^2 \pi_1^2} + \frac{\Psi_2^2 \pi_1^1 \pi_1^2 (1 - \pi_1^1)(1 - \pi_1^2)}{(\Delta\pi - \Delta\pi^2)^2 \pi_1^1 + 2\pi_1^1 \pi_1^2 \Delta\pi^1 \Delta\pi^2}$$

这样，由式（4.41）得到：

$$C_2^{SB} = \Psi_2 + \frac{r\Psi_2^2}{2} + \frac{r\Psi_2^2 \pi_1^1 \pi_1^2 (1 - \pi_1^1)(1 - \pi_1^2)}{2[(\Delta\pi)^2(1 - \pi_1^1 - \pi_1^2) + (\Delta\pi - \Delta\pi^1)^2 \pi_1^2]} + \frac{r\Psi_2^2 \pi_1^1 \pi_1^2 (1 - \pi_1^1)(1 - \pi_1^2)}{[(\Delta\pi - \Delta\pi^2)^2 \pi_1^1 + 2\pi_1^1 \pi_1^2 \Delta\pi^1 \Delta\pi^2]} \tag{4.42}$$

若记 $B^1 = \Delta\pi^1 \Delta S^1$，$B^2 = \Delta\pi^2 \Delta S^2$ 表示当委托人激励一个高水平努力时，在每种行为上得到的收益，则：

当 $B^1 + B^2 \geq C_2^{SB}$ 时，中央政府偏好于激励两种努力而非两种都不努力。

当 $B^1 \geqslant C_2^{SB} - C^{2SB}$ 时，中央政府偏好于激励两种努力而非淘汰落后产能这一项工作。

当 $B^2 \geqslant C_2^{SB} - C^{1SB}$ 时，中央政府偏好于激励两种努力而非发展 GDP 这一项工作。

但同时我们也看到，由于任务不对称性，淘汰落后产能较发展 GDP 更难以度量，所以，$\pi_1^1 > \pi_1^2$，且 $\Delta \pi^1 > \Delta \pi^2$，即在淘汰落后产能工作上获得收益的可能性要小于发展 GDP 这项工作，且在工作表现上增加努力的影响也更小。

在对称互补的情况下，两种努力的次优成本为：

$$C_2^{SB} = \Psi_2 + \frac{r\Psi_2^2}{2} + \frac{r\Psi_2^2(\pi_1)^2(1-\pi_1)^2}{2[(\Delta \pi)^2(\Delta \pi)^2 + 2\pi_1(1-\pi_1)]} \qquad (4.43)$$

经计算可知，式（4.43）大于式（4.42），即在不对称强互补情形下，虽然激励两项任务是最优选择，但是，其次优成本仍然要高于对称情形下的次优成本，而高出的部分则为激励淘汰落后产能这项工作所增加的成本。

综上所述，得出如下结论：

结论5：在不对称强互补情况下，虽然激励两项任务是最优选择，但是，其次优成本仍然要高于对称情形下的次优成本，而高出的部分则为激励任务2所增加的成本。

该结论的经济意义是：如果从长远来看，发展 GDP 和淘汰落后产能是两项强互补任务，虽然中央政府最优选择是在两项任务上都对地方政府提供激励。但是，由于任务的不对称性，淘汰落后产能的任务不仅成果难以度量，而且获得收益的可能性也较发展 GDP 工作要少，特别是地方政府在该项工作上增加努力也难以显现，因此，中央政府应对淘汰落后产能工作加大激励成本。

由上述结论可知，对于中央政府而言，淘汰落后产能具有极其重要的现实意义。虽然分权是一种较好的管理方式，但是，在短期内，地方分权，设置独立的机构来分别实施发展 GDP 和淘汰落后产能两项工作的可行性不足，因此，要淘汰落后产能，还需要从两个方面入手：一是需要加大针对淘汰落后产能的激励力度，不能将两项任务的激励同等对待；二是需要明确淘汰落后产能的工作成果，并将其直接与官员的晋升和地方发展挂钩，减少其成果估算的误差，使其激励更有成效。

第二节　落后产能淘汰激励效应
——实验证据和启示

我国落后产能的淘汰工作已经进入了越来越艰难的阶段。多年来，虽然淘汰了部分产能，但是，钢铁行业的总产能体量依然非常大，产能过剩情况严重。在地方保护主义依然存在的情况下，发展 GDP 还是淘汰落后产能，是困扰地方政府的症结。同时，在中央政府和地方政府的多任务委托—代理关系中，如何有效地采用激励措施，推动地方政府淘汰落后产能，也是中央政府迫切需要解决的问题。但是，对于落后产能的淘汰工作应选择怎样的激励工具？会带来怎样的激励效应？还缺乏必要的研究，这也是本书希望探讨的问题。

代理理论关注风险中性的委托人在解决了道德风险的前提下对风险规避和努力逃避的代理人的最优激励合约设计。代理人对于努力逃避的反映在他和委托人的利益冲突上，特别是在代理人的多任务情况下，冲突更加复杂，激励更多地用于在对不同任务间分配的努力。对多任务的研究，从霍尔姆斯特罗姆和米尔格罗姆（Holmstrom and Milgrom，1991）开始，无论是在理论还是实践上都取得了较多的进展（例如，Holmstrom and Milgrom，1991；Feltham and Xie，1994；Hemmer，1996；Datar et al.，2001）、在理论上，拉丰和马赫蒂摩（Martimort，2002）将霍尔姆斯特罗姆和米尔格罗姆（1991）的连续模型拓展，建立了多任务代理离散模型。迪克西特在《经济政策制定》（2004）一书中，将霍尔姆斯特罗姆和米尔格罗姆（1991）的多任务委托—代理模型改进为多重委托人与多重任务代理模型，委托人不再只有一个，有多个委托人影响代理人行为，更符合现实情况，为政策制定中的激励机制设计提供了分析框架。基于上述经典理论模型，近年来出现了较多的实验研究文献来分析多任务代理中的激励行为，为本书研究提供了分析的思路和方法。对激励工具的选择及其效应的分析是实验研究的重点，费尔和施米特（Fehr and Schmidt，2004）选择计件合约和奖金这两种工具，分析它们对代理人多任务分配的激励效应，实验发现，高固定工资可以带来两项任务的高努力，而计件工资则令代理人仅在一项工作上实施努力。布鲁根和莫尔斯（Bruggen and Moers，2007）也在实验中检验了物质激励和社会激励对多任务情景下代理人任务选择的影响。研究发现，物质激励会提高代理人总体的努力水平，并且带来代理人在工作选择上的偏好，而社会激励能有效降低物质激励带来的工作选择偏好，特别是对于那些难以度量的工作，社会激励的作用更明显。布鲁根（2011）选取了能力、职业生涯考虑和物质激励三个激励工具，发现在缺乏职业生涯考虑的情况下，被试对工作的努力分配依赖于物质激励水平，而职业生涯考虑起作用的关键因素是个人对自身能力的判断，高能力者才会关注职业发展。汉南等（Hannan et al.，2013）分析了相对性能信息（RPI）指标对员工任务分配的影响。可见，现有研究中对激励工具的选择较为丰富多样，但是，鲜有文献将激励工具发挥效用的情景因素纳入分析中，这些情景因素可以包括多任务之间的关系以及对任务的考核是分开度量还是总度量等。

因此，本书研究采用实验研究的方法，选择职业生涯考虑和物质奖励作为激励工具，从绩效和工作表现的量度以及地方官员对其执行的任务的个人能力感知等方面分析提高地方官员淘汰落后产能的积极性的激励措施。同时，将激励工具置于任务分开度量和总度量等不同的情景中，分析不同情景下激励工具效应的变化。

一　理论模型及假设的提出

（一）基本概念的定义

1. 两项任务之间的关系

霍尔姆斯特罗姆和米尔格罗姆（1991）早就在其文献中就对多任务之间的关系予以了分析，认为两项工作的激励之间应该存在重要的互动效应，包括互替和互补。在互替关系中，如果不同的工作都以委托人的边际支付函数来完成，并且对于委托人而言，代理人在两项工作上都努力比集中做一项工作要重要得多，那么，委托人最优的选择是降低较为容易度量的那项工作的激励水平；在互补关系中，代理人则较为容易协调和兼顾两种工作。拉丰和马赫蒂摩（2002）在多任务激励模型中，也对两项任务之间的关系给予类似的解释。

2. 工作表现的量度

对于任务的完成情况，存在两种量度方式：一种是两个任务只有一个总的度量，在这种度量方式下，委托人只能观察到两项任务所获得的总收益，而无法分辨出其中一项任务的收益是多少，若以产出代表收益，

则有 $\overline{q}^1 + \underline{q}^2 = \underline{q}^1 + \overline{q}^2$（其中，上划线表示高努力，下划线表示低努力）；另一种方式是两项任务分别单独度量，在这种度量方式下，每项任务的收益都可以单独观测到，即 $\overline{q}^1 + \underline{q}^2 \neq \underline{q}^1 + \overline{q}^2$。

3. 职业生涯考虑及个人能力

职业生涯考虑主要关注于目前的努力能否在未来有所补偿。这是一种明确的激励（Gibbons and Murphy，1992；Andersson，2002；Holmstrom，1999；Prendergast，1999）。

尤其是对于政府机构而言，威尔逊（1989）总结了美国政府机构和私有企业的领导者在职业生涯考虑问题上三个方面的差异：首先，相比于私有企业来说，职业生涯考虑对政府官员而言有着更为特殊的重要性，物质激励的重要性程度还在其次。其次，目标的多重性、或然性和模糊性。当私有企业的经理集中精力于最大化企业收入时，政府官员则是追求多个目标，而且，他们所追求的一系列目标并不是完全反映委托人的意愿。最后，有限自治。政府官员较私有企业的决策者在管理决策上的自由度更少。这三个特点同样也能代表中国各地方政府对职业生涯考虑问题的看法。

但是，职业生涯考虑的因素往往会受到噪声的干扰，梅耶和维克斯（Meyer and Vickers，1997）发现，当噪声在绩效衡量中处于低水平的时候，职业生涯考虑的意愿是最强的，且劳动力市场也能够推断出代理人的能力。同样，普伦德加斯特（Prendergast，2002）也发现，职业生涯考虑随着在绩效衡量中噪声水平的增加或者在环境中不确定性因素的增加而减少，这导致职业生涯因素常常被忽略。因此，基于对职业生涯考虑的关注，代理人花费大量的努力在可度量的工作上，同时这些可度量的工作能够增强他们在劳动力市场上的声誉（Irlenbusch and Sliwka，2006；Koch et al.，2006），释放出高能力的信号，能力是劳动力市场上的一个基本标准，代理人也有兴趣在劳动力市场上展现其高能力，以获得更多的职业发展机会。

研究中对职业生涯考虑因素的基本假定以及在两项任务中的总效用设定如下：

依据奥特雷等（Autrey et al.，2010）的模型，在中央政府风险中性且地方官员在第一期是风险回避的情况下，由于地方官员的职业生涯比第一期要长，且地方官员在后一期也会通过完成第一期的任务而继续任职，但完成情况优异的可以在第二期获得升迁的机会。假设中央政府在第一个时期的收益由总产出 ω 来表示，用加法形式表示增长 GDP 和淘汰落后产能这两种类型任务的产出总和：

$$\omega = x + y \tag{4.44}$$

中央政府和整个社会可以看到，关于两项任务的产出分别是 x 和 y，但是，由于前述的任务之间具有互替性和互补性，实际上，两项任务产出分别是 q^1 和 q^2。其中，$x = q^1 \pm bq^2$，$y = q^2 \pm bq^1$；– 为互替情景，+ 为互补情景，$0 < b < 0.5$ 为两项任务之间互替或互补的程度，实际产出 q^1 和 q^2 和中央政府总产出 ω 的决定性因素如下：

地方官员提供两种类型的努力即 e^1 和 e^2，是在第一个时期对中央政府收益的贡献。实际产出 q^1 是一个关于 e^1 的加法线性函数，地方官员的能力 a，还有一个瞬态冲击 u：

$$q^1 = e^1 + a + u \tag{4.45}$$

在式（4.45）中，$u \sim N(0, \varphi_u)$，$a \sim N(0, \varphi_a)$，$q^1 \sim N(e^1, \varphi_{q^1})$，且 $\varphi_{q^1} = \varphi_a + \varphi_u$，最开始，各方包括地方官员都不知道自己的能力。

实际产出 q^2 是第二种努力 e^2 的函数，地方官员的能力 a，和瞬态冲击 v，且 $v \sim N(0, \varphi_v)$：

$$q^2 = e^2 + a + v \tag{4.46}$$

这样，实际产出 q^2 的分布服从 $q^2 \sim N(e^2, \varphi_{q^2})$，且 $\varphi_{q^2} = \varphi_a + \varphi_v$，假设 a、u 和 v 是独立分布的。依据达顿（Dutta, 2008），φ_a 具有不确定性，就像信息风险和外部的瞬态不确定性 φ_u 和 φ_v，作为外生风险的不确定性一样。

地方官员的努力成本 $c(e^1, e^2)$，以下面的函数形式表达：

$$c(e^1, e^2) = \frac{(e^1)^2}{2} + \frac{(e^2)^2}{2} \tag{4.47}$$

假定中央政府的收益在第二期（无论选择谁做地方官员）只由产出 z 构成，该产出由反映地方官员能力的参数所构成：

$$z = \gamma a \tag{4.48}$$

参数 γ 反映的是地方官员的能力对未来收益的边际贡献。当 $\gamma = 0$ 时，地方官员不考虑职业关注；当 γ 增加时，明确的职业激励也随之增加。产出 z 的分布服从 $z \sim N(0, \gamma^2 \varphi_a)$。

依据吉邦斯和墨菲（Gibbons and Murphy, 1992），假定在第一期和第二期都存在地方官员的晋升竞争。地方官员在两个时期的期望效用被设定为：

$$u = -E\{\exp[-r(w_1 - c + w_2)]\} \tag{4.49}$$

式中，$r > 0$ 是一个绝对风险规避的衡量，且 w_t 是代理人在 t 期的工资，$t = 1$、2。

（二）物质激励

在霍尔姆斯特罗姆和米尔格罗姆（1991）的模型中，代理人对努力的分配之所以能够变成一个问题，是由于在两项重要性程度相同的工作中，当一项可以度量而另一项却不能被度量时，提供计件工资式的物质激励，代理人就会改变他们的努力并用到可衡量的工作上，而这个努力的分配结果可能与委托人的意图不一致。因此，霍尔姆斯特罗姆和米尔格罗姆认为，固定工资合同在这样的多任务中可能是一个最优的设定，可以避免计件工资激励的期望扭曲。依据这个观点，得到如下两个推论：（1）在固定工资合同下，代理人希望提供根据公司的目标实施努力，而不是遵循随机的原则分配努力。（2）计件工资激励是唯一迫使代理人做最初努力选择的激励工具。

下面将依据该推论思想，提出固定工资及计件工资激励下代理人选择工作努力的假设。

1. 固定工资

在固定工资下，代理人由于接受固定工资，其努力的总效用 u_F 是恒定的，即 $u_F = \hat{u}_1 = \hat{u}_2$，式中，$\hat{u}_1$ 表示对任务 1 高努力、任务 2 低努力的效用，$\hat{u}_2$ 表示对任务 1 低努力、任务 2 高努力的效用。在此情景下，代理人对任务努力的选择是随机的或者按照委托人的意愿平均分配工作努力。由此提出如下假设：

假设 4 - 1：在固定工资情景下，无论代理人的个人能力如何，以及委托人如何度量工作表现，代理人将随机分配对两项任务的努力程度或按照委托人的意愿平均分配工作努力。

2. 计件工资

（1）在分开量度的契约中，如果委托人将两项任务分开度量，代理人的工资如下：

$$\begin{aligned} w_{P^\circ} &= a + \beta_{P^\circ}^1 x_{P^\circ} + \beta_{P^\circ}^2 y_{P^\circ} \\ &= a_{P^\circ} + \beta_{P^\circ}^{1'} q_{P^\circ}^1 + \beta_{P^\circ}^{2'} q_{P^\circ}^2 \end{aligned} \tag{4.50}$$

式中，$\beta_{P^\circ}^i$ 是各项任务的物质激励权重，下标 P 表示计件工资，下标 $\circ$

表示任务分开量度，令 $\beta_{P^\circ}^{1'} = (\beta_{P^\circ}^1 \pm b\beta_{P^\circ}^2)$，$\beta_{P^\circ}^{2'} = (\beta_{P^\circ}^2 \pm b\beta_{P^\circ}^1)$。

在这种设定下，各项任务的努力水平由不同的激励权重所驱动。但是，由于 $\varphi_v > \varphi_u$，在同样的物质激励下，地方官员对任务 1 和任务 2 的努力程度并不同等。

在此情景下，地方官员的效用如下：

$$u_{P^\circ} = E(w_{P^\circ}) - c_{P^\circ} - \frac{r}{2}\text{var}(w_{P^\circ}) \tag{4.51}$$

依据梅耶和维克斯（1997）最优激励模型，可将式（4.51）转变为式（4.52），式中，l_{P° 表示福利损失，即相对于代理人需选择最优的 $\beta_{P^\circ}^{1'}$ 和 $\beta_{P^\circ}^{2'}$，需最小化式（4.52）：

$$l_{P^\circ} = \frac{1}{2}\left[(1-\beta_{P^\circ}^{1'})^2 + (1-\beta_{P^\circ}^{2'})^2 + r\text{var}(\beta_{P^\circ}^{1'}q_{P^\circ}^1 + \beta_{P^\circ}^{2'}q_{P^\circ}^2)\right] \tag{4.52}$$

则有：

$$\frac{\partial l_{P^\circ}}{\partial \beta_{P^\circ}^{1'}} = 1 - \beta_{P^\circ}^{1'} - r\varphi_{q1}(\beta_{P^\circ}^{1'} + \beta_{P^\circ}^{2'}\varphi_a) = 0 \tag{4.53}$$

$$\frac{\partial l_{P^\circ}}{\partial \beta_{P^\circ}^{2'}} = 1 - \beta_{P^\circ}^{2'} - r\varphi_{q2}(\beta_{P^\circ}^{2'} + \beta_{P^\circ}^{1'}\varphi_a) = 0 \tag{4.54}$$

将式（4.53）和式（4.54）结合起来，可计算出：

$$\beta_{P^\circ}^{1'} = \frac{1 + r\varphi_v}{(1+r\varphi_{q2})(1+r\varphi_{q1}) - r^2\varphi_a^2} \tag{4.55}$$

$$\beta_{P^\circ}^{2'} = \frac{1 + r\varphi_u}{(1+r\varphi_{q2})(1+r\varphi_{q1}) - r^2\varphi_a^2} \tag{4.56}$$

若将式（4.55）减去式（4.56），且将 $\beta_{P^\circ}^{1'}$ 替换为 $\beta_{P^\circ}^1$，$\beta_{P^\circ}^{2'}$ 替换为 $\beta_{P^\circ}^2$，则有：

$$\beta_{P^\circ}^1 - \beta_{P^\circ}^2 = \frac{r(\varphi_v - \varphi_u)}{(1 \pm b)\left[(1+r\varphi_{q2})(1+r\varphi_{q1}) - r^2\varphi_a^2\right]}$$
$$= \frac{D}{1 \pm b} > 0 \tag{4.57}$$

其中，$D = \dfrac{r(\varphi_v - \varphi_u)}{(1+r\varphi_{q2})(1+r\varphi_{q1}) - r^2\varphi_a^2}$。

可见，由于 $\varphi_v > \varphi_u$，任务 2 较任务 1 不确定性更强，在同等的物质激励水平下，任务 1 的激励作用会大于任务 2，但是，如果加大任务 2 的激励权重，一旦增加的幅度大于 $\dfrac{D}{1 \pm b}$，则任务 2 将受到较任务 1 更大的激

励，从而会驱动地方官员对任务 2 实施更大的努力，式中，$\dfrac{D}{1+b}$ 为任务

互替关系下的激励，$\dfrac{D}{1-b}$ 为任务互补关系下的激励。

（2）在总度量的契约中，在有物质激励下，如果委托人将两项任务总的度量，代理人的工资如下：

$$
\begin{aligned}
w_{PA} &= \beta_{PA}\omega_{PA} \\
&= \beta_{PA}(x_{PA}+y_{PA}) \\
&= \beta_{PA}(1\pm b)(q_{PA}^1+q_{PA}^2) \\
&= \beta'_{PA}(q_{PA}^1+q_{PA}^2)
\end{aligned}
\tag{4.58}
$$

式中，β_{PA} 表示在计件工资下总度量契约中的物质激励权重，下标 A 表示任务是总度量的，由于任务的绩效总度量，因此，两项任务的权重是一样的。在这种设定下，代理人对任务努力的选择，主要依赖于 φ_u 和 φ_v 的大小，已知 $\varphi_v > \varphi_u$，代理人更愿意完成能体现信息的任务 1，因此，在任务 1 高努力，任务 2 低努力。

依据上述分析，提出如下假设：

假设 4 - 2：在计件工资的激励下，无论该代理人的能力如何，如果委托人对代理人的工作量是总度量的，则代理人将在任务 1 施加高努力、任务 2 低努力；如果委托人将两项任务分开来度量，则总体上应该依据两项任务的激励权重来决定代理人在两项任务上的努力程度，但是，由于任务 2 较任务 1 的不确定性更强，因此，只有在对任务 2 增加 $\dfrac{D}{1\pm b}$ 的激励权重之后，任务 1 和任务 2 的激励权重才具有可比较性。其中，$\dfrac{D}{1+b}$ 为互替关系下的激励，$\dfrac{D}{1-b}$ 为互补关系下的激励。

（三）物质激励及职业生涯考虑

1. 固定工资和职业生涯考虑

在有职业生涯激励的条件下，代理人的能力水平和委托人对代理人工作表现的量度都将影响代理人的补偿合约。

（1）在分开量度的契约中，在第一期，中央政府给地方官员支付的是固定工资 w_{1C}。（下标 C 代表固定工资和职业生涯考虑），在分开量度的契约中，各方都能观察到地方官员在两项任务上的总产出 ω_C 和分开产出

x_{C° 与 y_{C°，并据此识别和推断地方官员的能力和努力程度。第二期的期望产出为 z_{C°，在官员晋升的竞争中，第一期末 z_{C° 的条件期望为：

$$E[z_{C^\circ} \mid x_{C^\circ},\ y_{C^\circ}] = \gamma E[a \mid x_{C^\circ},\ y_{C^\circ}]$$

$$= \gamma[\mathrm{corr}(a,\ x_{C^\circ} \mid y_{C^\circ})(x_{C^\circ} - \hat{e}^{1'}) + \mathrm{corr}(a,\ y_{C^\circ} \mid x_{C^\circ})(y_{C^\circ} - \hat{e}^{2'})]$$

$$= \gamma[\tau_x(x_{C^\circ} - \hat{e}^{1'}) + \tau_y(y_{C^\circ} - \hat{e}^{2'})] \tag{4.59}$$

令 $e^{1'} = e^1 \pm be^2$，$e^{2'} = e^2 \pm be^1$，$u' = u \pm bv$，$v' = v \pm bu$

在此，$\hat{e}^{1'}$ 和 $\hat{e}^{2'}$ 被推测为第一期的努力水平，且

$$\tau_x = \frac{\varphi_a \varphi_{v'}}{\varphi_x \varphi_y - \varphi_a^2} \tag{4.60}$$

$$\tau_y = \frac{\varphi_a \varphi_{u'}}{\varphi_x \varphi_y - \varphi_a^2} \tag{4.61}$$

地方官员晋升的竞争，伴随着零正态化收益，用 $E[w_{2C^\circ} \mid x_{C^\circ},\ y_{C^\circ}] = E[z_{C^\circ} \mid x_{C^\circ},\ y_{C^\circ}]$ 表达。这样，由式（4.59），地方官员的工资在第二期是以第一期的分解产出为条件，为：

$$w_{2C^\circ}(x_{C^\circ},\ y_{C^\circ}) = \gamma[\tau_x(x_{C^\circ} - \hat{e}^{1'}) + \tau_y(y_{C^\circ} - \hat{e}^{2'})] \tag{4.62}$$

地方官员在两期的期望效用为下式：

$$G_{C^\circ} = w_{1C^\circ} + E[w_{2C^\circ}] - c_{C^\circ} - \frac{r}{2}\mathrm{var}[w_{2C^\circ}] \tag{4.63}$$

因此，中央政府对地方官员激励相容的原则如下：

$$\max G_{C^\circ} = w_{1C^\circ} + E[w_{2C^\circ}] - c_{C^\circ} - \frac{r}{2}\mathrm{var}[w_{2C^\circ}] \tag{4.64}$$

隶属于：$e_{C^\circ}^{1'},\ e_{C^\circ}^{2'} \in \arg \max\limits_{e_{C^\circ}^{1'}, e_{C^\circ}^{2'}} G_{C^\circ}$ ⠀⠀⠀⠀$(IC - e_{C^\circ}^{1'},\ IC - e_{C^\circ}^{2'})$

$E[w_{2C^\circ}] = E[z_{C^\circ}]$ ⠀⠀⠀⠀(ZPC)

式中，$IC - e_{C^\circ}^{1'}$ 和 $IC - e_{C^\circ}^{2'}$ 是指激励相容约束。ZPC 是指零收益条件，解上面的算式得到在分开度量的情况下，最优的努力水平和激励权重为：

$$e_{C^\circ}^{1'} = \gamma \tau_x,\ e_{C^\circ}^{2'} = \gamma \tau_y$$

将 $e_{C^\circ}^1$ 和 $e_{C^\circ}^2$ 代入上式，得：

$$e_{C^\circ}^1 = \frac{\gamma(\tau_x \pm b\tau_y)}{1 - b^2},\ e_{C^\circ}^2 = \frac{\gamma(\tau_y \pm b\tau_x)}{1 - b^2}$$

式中，b 前符号"$+$"为互替情景，"$-$"为互补情景。

由于 $\varphi_v > \varphi_u$，则 $\varphi'_v > \varphi'_u$，可知 $\tau_x > \tau_y$，即 $e_{C^\circ}^1 > e_{C^\circ}^2$，也就是说，在固定工资有职业生涯考虑的情景下，如果分开度量两项任务，则对任务 1

会较任务 2 实施更多的努力。在互替任务中，第一项任务较第二项任务的努力多 $\dfrac{\gamma(\tau_x - \tau_y)}{1 + b}$；在互补任务中，第一项任务较第二项任务的努力多 $\dfrac{\gamma(\tau_x - \tau_y)}{1 - b}$。

（2）在总度量的契约中，考虑在中央政府只衡量总的产出 ω_{CA} 的设定下，第一期无论 ω_{CA} 如何，仍然只支付固定工资 w_{1CA}。

在总度量情形下，虽然各方都只能观察到公司总收益 ω_{CA}，而不能观察到分开的产出 x_{CA} 和 y_{CA}，但仍可以通过总收益识别和判断地方官员的能力，并推断他们在两项工作上的努力程度。第二期的期望产出为 z_{CA}，在官员晋升的竞争中，第一期末 z_{CA} 的条件期望为：

$$E[z_{CA} \mid \omega_{CA}] = \gamma E[a \mid \omega_{CA}]$$

$$= \gamma \left[E(a) + \rho_{CA} \sqrt{\frac{\varphi_a}{\varphi_x + \varphi_y}} (\omega_{CA} - \hat{e}_{CA}^{1'} - \hat{e}_{CA}^{2'}) \right]$$

$$= \gamma \left[\rho_{CA} \sqrt{\frac{\varphi_a}{\varphi_x + \varphi_y}} (\omega_{CA} - \hat{e}_{CA}^{1'} - \hat{e}_{CA}^{2'}) \right] \qquad (4.65)$$

在此，$\hat{e}_{CA}^{1'}$ 和 $\hat{e}_{CA}^{2'}$ 被推测为第一期的努力水平，ρ_{CA} 为 a 与 ω_{CA} 的相关系数。

在地方官员晋升的竞争中，伴随着零正态化收益，以 $E[w_{2CA} \mid \omega_{CA}] = E[z_{CA} \mid \omega_{CA}]$ 来表示。这样，由式（4.22），地方官员的工资在第二期是以第一期的总产出为条件的，即：

$$w_{2CA}(\omega_{CA}) = \gamma \left[\rho_{CA} \sqrt{\frac{\varphi_a}{\varphi_x + \varphi_y}} (\omega_{CA} - \hat{e}_{CA}^{1'} - \hat{e}_{CA}^{2'}) \right] \qquad (4.66)$$

与分开度量时的两期的期望效用相似，中央政府解决的原则与分开度量时是同样的，即：

$$\max G_{CA} = w_{1CA} + E[w_{2CA}] - c_{CA} - \frac{r}{2} \text{var}[w_{2CA}] \qquad (4.67)$$

隶属于：$\hat{e}_{CA}^{1'}, \; \hat{e}_{CA}^{2'} \in \arg\max_{e_{CA}^{1'}, e_{CA}^{2'}} G_{CA} \qquad (IC - e^1, \; IC - e^2)$

$$E[w_{2CA}] = E[z_{CA}] \qquad\qquad (ZPC)$$

解上述算式，得到在总度量的情况下最优的努力水平为：

$$\hat{e}_{CA}^{1'} = \gamma \rho_{CA} \sqrt{\frac{\varphi_a}{\varphi_x + \varphi_y}}, \quad \hat{e}_{CA}^{2'} = \gamma \rho_{CA} \sqrt{\frac{\varphi_a}{\varphi_x + \varphi_y}}$$

将 $\hat{e}_{CA}^1$ 替换 $\hat{e}_{CA}^{1'}$，$\hat{e}_{CA}^2$ 替换 $\hat{e}_{CA}^{2'}$，可得到：

$$\hat{e}_{CA}^1 = \frac{\gamma\rho_{CA}}{1 \pm b}\sqrt{\frac{\varphi_a}{\varphi_x + \varphi_y}}, \quad \hat{e}_{CA}^2 = \frac{\gamma\rho_{CA}}{1 \pm b}\sqrt{\frac{\varphi_a}{\varphi_x + \varphi_y}}$$

式中，b 前符号 " $-$ " 为互替情景，" $+$ " 为互补情景。

上述结果表明，将两项任务总度量时，地方官员的最优选择是平均分配在两项任务上的努力。

再考虑代理人的个人能力问题，第一期是固定工资，不需要考虑个人能力问题，而第二期的工资将依赖于第一期所表现出来的能力和产出。因此，高能力的人在第二期将获得更高的工资，即获得更高的两期总收益。从努力分配的情况来看，由于在任务分开度量时，代理人将会在任务 1 上的努力多 $\frac{\gamma(\tau_x - \tau_y)}{1 \pm b}$，且 $\gamma_H > \gamma_L$，式中，H 和 L 分别表示高能力和低能力，因此，$\frac{\gamma_H(\tau_x - \tau_y)}{1 \pm b} > \frac{\gamma_L(\tau_x - \tau_y)}{1 \pm b}$，即高能力代理人在两任务之间的努力程度的差距更大，对任务 1 会施加更大的努力。依据奥特雷等（Autrey et al.，2006）的观点，当代理人从事多项工作时，高能力信号的释放依赖于分配其努力在劳动力市场上可以见到的那些可衡量的工作上面。也就是说，一旦代理人较其他竞争对手将更多的努力施加在任务 1 上（由于 $\varphi_v > \varphi_u$，任务 1 较任务 2 更可衡量），就释放出该代理人具有高能力的信号，其他低能力的代理人不会获得职业生涯考虑的机会。结果，认知到自己是低能力的代理人不会将职业生涯考虑作为一个明确的激励，而其努力分配的行为类似于仅仅只有固定工资时，即低能力代理人将随机分配对两项任务的努力。

在任务总度量时，由于任务之间的努力程度是相同的，因此，委托人无法从任务选择中判断代理人能力的高低，这样，无论是低能力还是高能力代理人都将按最优努力水平平均分配在两项任务上的努力程度。

由此，提出如下假设。

假设 4－3：在固定工资有职业生涯考虑激励的情景下，在任务分开度量时，高能力代理人将在任务 1 上施加更多的努力，其中，在互替任务中，第一项任务较第二项的努力多 $\frac{\gamma(\tau_x - \tau_y)}{1 + b}$；在互补任务中，第一项任务较第二项的努力多 $\frac{\gamma(\tau_x - \tau_y)}{1 - b}$；而认知自身为低能力的代理人，其努力行为更接近固定工资时，将随机分配对两项任务的努力，职业生涯考虑不会作为一个明确的激励。在任务总度量时，无论是低能力还是高能力代理人都将平均分配在两项任务上的努力。

2. 计件工资且有职业生涯考虑

（1）分开度量契约中，在第一期，委托人给代理人如下工资合约：

$$w_{1V^\circ} = a_{V^\circ} + \beta_{V^\circ}^1 x_{V^\circ} + \beta_{V^\circ}^2 y_{V^\circ} = a_{V^\circ} + \beta_{V^\circ}^{1'} q_{V^\circ}^1 + \beta_{V^\circ}^{2'} q_{V^\circ}^2 \tag{4.68}$$

式中，下标 V 代表计件工资且有职业生涯考虑。

第二期的期望产出为 z_{V°，在官员晋升的竞争中，在第一期末 z_{V° 的条件期望如下：

$$\begin{aligned} E[z_{V^\circ} \mid x_{V^\circ}, y_{V^\circ}] &= \gamma E[a \mid x_{V^\circ}, y_{V^\circ}] \\ &= \gamma[corr(a, x_{V^\circ} \mid y_{V^\circ})(x_{V^\circ} - \hat{e}^{1'}) + corr(a, y_{V^\circ} \mid x_{V^\circ})(y_{V^\circ} - \hat{e}^{2'})] \\ &= \gamma[\tau_x(x_{V^\circ} - \hat{e}^{1'}) + \tau_y(y_{V^\circ} - \hat{e}^{2'})] \end{aligned} \tag{4.69}$$

地方官员晋升的竞争，伴随着零正态化收益，以 $E[w_{2V^\circ} \mid x_{V^\circ}, y_{V^\circ}] = E[z_{V^\circ} \mid x_{V^\circ}, y_{V^\circ}]$ 表示。这样，由式（4.69），地方官员的工资在第二期是以第一期的分解产出为条件，即：

$$w_{2V^\circ}(x_{V^\circ}, y_{V^\circ}) = \gamma[\tau_x(x_{V^\circ} - \hat{e}^{1'}) + \tau_y(y_{V^\circ} - \hat{e}^{2'})] \tag{4.70}$$

代理人的两期期望效用为：

$$G_{V^\circ} = E[w_{1V^\circ}] + E[w_{2V^\circ}] - c_{V^\circ} - \frac{r}{2}\text{var}[w_{1V^\circ} + w_{2V^\circ}] \tag{4.71}$$

中央政府对地方官员激励相容的原则如下：

$$\max_{a_{V^\circ}, \beta_{V^\circ}^1, \beta_{V^\circ}^2} G_{V^\circ} = E[w_{1V^\circ}] + E[w_{2V^\circ}] - c_{V^\circ} - \frac{r}{2}\text{var}[w_{1V^\circ} + w_{2V^\circ}] \tag{4.72}$$

$$\text{隶属于：} e_{V^\circ}^{1'}, e_{V^\circ}^{2'} \in \arg\max_{e_{V^\circ}^{1'}, e_{V^\circ}^{2'}} G_{V^\circ} \quad (IC-e, IC-d)$$

$$E[w_{2V^\circ}] = E[z_{V^\circ}] \quad (ZPC)$$

解上面的模型，可以得到在计件工资职业生涯考虑以及分开度量契约中最优的努力水平，即：

$$e_{V^\circ}^{1'} = \beta_{V^\circ}^{1'} + \gamma\tau_x$$
$$e_{V^\circ}^{2'} = \beta_{V^\circ}^{2'} + \gamma\tau_y$$

将 $e_{V^\circ}^1$ 和 $e_{V^\circ}^2$ 代入上式，得：

$$e_{V^\circ}^1 = \beta_{V^\circ}^1 + \frac{\gamma(\tau_x \pm b\tau_y)}{(1-b^2)}$$

$$e_{V°}^2 = \beta_{V°}^2 + \frac{\gamma(\tau_y \pm b\,\tau_x)}{(1-b^2)}$$

上式，中 b 前的符号"+"为互替情景，"-"为互补情景。

显然，由于 $\tau_x > \tau_y$，代理人在第二项任务增加 $\frac{\gamma(\tau_x - \tau_y)}{1 \pm b}$ 激励的前提下，再依据激励权重的大小来决定任务的分配。

（2）在总衡量契约中，第一期的工资如式（4.73）所示：

$$w_{1VA} = a_{VA} + \beta_{VA}\omega_{VA} = a_{VA} + \beta'_{VA}(q_{VA}^1 + q_{VA}^2) \tag{4.73}$$

代理人第二期的期望产出为 z_{VA}，在官员晋升的竞争中，在第一期末 z_{VA} 的条件期望为：

$$E[z_{VA} \mid \omega_{VA}] = \gamma E[a \mid \omega_{VA}] = \gamma\left[E(a) + \rho_{VA}\sqrt{\frac{\varphi_a}{\varphi_x + \varphi_y}}(\omega_{VA} - \hat{e}_{VA}^{1'} - \hat{e}_{VA}^{2'})\right]$$

$$= \gamma\left[\rho_{VA}\sqrt{\frac{\varphi_a}{\varphi_x + \varphi_y}}(\omega_{VA} - \hat{e}_{VA}^{1'} - \hat{e}_{VA}^{2'})\right] \tag{4.74}$$

地方官员晋升的竞争，伴随着零正态化收益，以 $E[w_{2VA} \mid \omega_{VA}] = E[z_{VA} \mid \omega_{VA}]$ 表示。这样，由公式（4.74），地方官员的工资在第二期是以第一期的总产出为条件，即：

$$w_{2VA}(\omega_{VA}) = \gamma\left[\rho_{VA}\sqrt{\frac{\varphi_a}{\varphi_x + \varphi_y}}(\omega_{VA} - \hat{e}_{VA}^{1'} - \hat{e}_{VA}^{2'})\right] \tag{4.75}$$

与分开度量时的两期期望效用相似，中央政府解决的原则与分开度量时是同样的，即代理人的两期期望效用为：

$$G_{VA} = E[w_{1VA}] + E[w_{2VA}] - c_{VA} - \frac{r}{2}\mathrm{var}[w_{1VA} + w_{2VA}] \tag{4.76}$$

中央政府对地方官员激励相容的原则如下：

$$\max_{a_{VA},\beta'_{VA},\beta'_{VA}} G_{VA} = E[w_{1VA}] + E[w_{2VA}] - c_{VA} - \frac{r}{2}\mathrm{var}[w_{1VA} + w_{2VA}] \tag{4.77}$$

隶属于：$e_{VA}^{1'}, e_{VA}^{2'} \in \arg\max_{e_{VA}^{1'},e_{VA}^{2'}} G_{VA}$ （$IC-e$，$IC-d$）

$$E[w_{2VA}] = E[z_{VA}] \quad (ZPC)$$

在此情景下的最优努力水平是：

$$e_{VA}^{1'} = \beta'_{VA} + \gamma\tau_x$$

$$e_{VA}^{2'} = \beta'_{VA} + \gamma\tau_y$$

将 e_{VA}^1 和 e_{VA}^2 代入上式，得：

$$e_{VA}^1 = \frac{(1 \pm b)\beta_{VA} + \gamma(\tau_x - b\,\tau_y)}{1 - b^2}$$

$$e_{VA}^2 = \frac{(1 \pm b)\beta_{VA} + \gamma(\tau_y - b\,\tau_x)}{1 - b^2}$$

式中，b 前的符号"＋"为互替情景，"－"为互补情景。

显然，由于 $\tau_x > \tau_y$，因此，$e_{VA}^1 > e_{VA}^2$，且在互替关系中，第一项任务较第二项任务的努力多 $\frac{\gamma(\tau_x - \tau_y)}{1 - b}$，在互补关系中，第一项任务较第二项任务的努力多 $\frac{\gamma(\tau_x - \tau_y)}{1 + b}$。

接下来，考虑代理人的个人能力问题，第一期是计件工资，显然，在同等的努力程度和努力选择下，高能力人将获得更高的工资，而第二期的工资也将依赖于第一期所表现出来的能力和产出。因此，高能力的人在两期都将获得更高的工资，即获得更高的两期总收益。再从努力分配的情况来看，由于在任务分开度量时，代理人在第二项任务上增加 $\frac{\gamma(\tau_x - \tau_y)}{1 + b}$ 激励的前提下，再依据激励权重的大小来决定任务的分配，且 $\gamma_H > \gamma_L$，因此，$\frac{\gamma_H(\tau_x - \tau_y)}{1 \pm b} > \frac{\gamma_L(\tau_x - \tau_y)}{1 \pm b}$，即高能力代理人在第二项任务上需要增加更大的激励，除非任务 2 的激励权重足够大，否则高能力代理人更容易被任务 1 所激励，这充分释放出代理人是高能力者的信息（Autrey et al.，2006）。加之，对于政府官员而言职业生涯考虑较物质激励有更为特殊的重要性（Wilson，1989），因此，对于认知到自己是高能力的代理人首先会选择职业生涯考虑的激励，认知到自己是低能力的代理人不会将职业生涯考虑作为一个明确的激励，而其努力分配的行为类似于计件工资时。

在任务总度量时，尽管从代理人角度来看最优选择是任务 1 较任务 2 的努力多 $\frac{\gamma(\tau_x - \tau_y)}{1 \pm b}$，但委托人只能观察到总的任务完成情况，并不能分辨总任务收益中哪一些是由某项具体的任务所达成的，因此，委托人也只能从总收益完成情况来判断代理人能力高低，这样无论是低能力还是高能力代理人都将在任务 1 实施高努力、任务 2 实施低努力，其中，在互替任务中，第一项任务较第二项的努力多$\dfrac{\gamma(\tau_x - \tau_y)}{1-b}$；在互补任务中，第一项较第二项的努力多$\dfrac{\gamma(\tau_x - \tau_y)}{1+b}$。

由此，得到如下假设：

假设4-4：在计件工资有职业生涯考虑激励的情景下，在任务分开度量时，代理人会将两项任务的激励权重作为对两项任务上的努力程度的重要依据，但在职业生涯激励下，高能力代理人更容易被任务1所激励，而认知自身为低能力的代理人，其努力行为更接近计件工资时，即在更大程度上依据权重分配对两项任务的努力，职业生涯考虑不会作为一个明确的激励。在任务总度量时，无论是低能力还是高能力代理人都将在任务1实施高努力、任务2实施低努力。

（四）假设汇总

将上述假设汇总至表4-1。

表4-1　　　　　　　　　　　多任务激励假设

职业生涯考虑	无				有			
工资	固定工资		计件工资		固定工资		计件工资	
工作量度	分开度量	总度量	分开度量	总度量	分开度量	总度量	分开度量	总度量
高能力	随机分配努力或平均分配努力		依据权重分配努力①	任务1高努力、任务2低努力	任务1高努力、任务2低努力②	平均分配努力	依据权重分配努力③	任务1高努力、任务2低努力⑤
低能力					随机分配努力		依据权重分配努力④	

注：①主要依据权重分配努力，但对任务2增加$\dfrac{D}{1\pm b}$的激励，两项工作的权重才具有可比性。

②任务1较任务2的努力多$\dfrac{\gamma(\tau_x - \tau_y)}{1\pm b}$。

③主要依据权重分配努力，但对任务2增加$\dfrac{\gamma(\tau_x - \tau_y)}{1\pm b}$的激励，两项工作的权重才具有可比性。

④同①。

⑤任务1较任务2的努力多$\dfrac{\gamma(\tau_x - \tau_y)}{1\pm b}$。

二　实验设计

本书研究采用实验方法来验证上述假设是否成立，实验的工作是较为简单的算术计算（小学二年级下学期的水平），在布鲁根（2011）、费希尔等（2002）、西拉马（Sillamaa，1999）、希尔兹和沃勒（Shields and Waller，1988）等的激励实验中，实验工作都是解码，两项任务用不同的解码方案，解码方案的复杂程度不一样，代表着两项工作可度量程度不一。在费尔和施密特（Fehr and Schmidt，2004）的实验中，将这种方法改进为采用同一种解码方案，用对工作绩效的计量来区分两种工作可度量程度的差异。但是，在进一步的文献阅读中并没有获得有关解码工作的更详细资料，参考汉南等（2013）的实验。在实验中，研究者采用用填字游戏和算数计算两项工作，来表明工作的差异。填字游戏这项工作并不符合现实情况，原因是在该实验中填字游戏的被试均是来自印欧语系的人群，有语言基础及游戏习惯，本书的实验中的被试并不具备该条件和习惯。同时，在上述激励实验中都强调了实验工作的选择要考虑三个方面的条件：无须经验、工作简单（是被试基本能力的体现），以及有足量的工作，算术计算完全能满足上述三个方面的条件，两套算数计算题目都随机选自人教版小学二年级下册混合运算题库，没有难度差异，同费尔和施密特（2004）的实验。在任务结果计量时，通过对任务 2 增加随机数的方式来区分两项任务的信息噪声。

（一）实验对象

实验被试对象为中南民族大学管理学院工商大类本科生，包括工商管理、市场营销、会计及财务管理、人力资源管理等专业大一和大二的学生。

（二）实验分组情况

实验分两次完成，第一次为任务分开度量，第二次为任务总度量，用同一批样本，但两次实验的时间间隔有两个月，以保证学生的算数计算能力基本回复到第一次实验前，有效消除学习效应。

下面以第一次实验，任务分开度量为例，介绍分组情况。参与的学生共 194 名。

其中，分开度量、任务互替的实验要求 97 个被试，分为 4 个情景，分别为固定工资、固定工资有职业生涯考虑、计件工资和计件工资有职业生涯考虑。

在没有职业生涯考虑情景下，固定工资人数为 15 人。计件工资为 18 人；分 8 期完成工作，单期实验时间为 8 分钟；在有职业生涯考虑情景下，需要 64 个被试。8 期实验，单期时间 8 分钟，分为四组，固定工资职业生涯考虑两组，计件工资职业生涯考虑两组，每组 8 人，共计 32 人；作为代理人，另外每期还需要 4 个委托人负责竞价，共计 32 人。

选择 8 期完成工作的原因主要有三点：第一，尽管算数计算的工作难度不大，但仍需要一个熟练的过程，即会受到学习效应的影响，被试的计算速度会越来越快，8 期的工作能够平滑掉学习效应的影响、客观地反映被试的工作能力。第二，单期计算需要的时间为 8 分钟，8 期的时间是 64 分钟，在一个小时左右，被试虽然会受到疲劳效应的影响，但还在可以承受范围之内。第三，本实验将按照实验要求和任务，给予实验费用（具体发放费用方式见本节"物质奖励"设计部分），以保证被试参与的实验的整个过程能真实、严肃、认真地完成工作，被试对象在市场上的工资计量一般都是小时工资制，因此，设计 8 期，1 个小时的工作也便于发放工资。

分开度量、任务互补的实验要求与任务互替要求一致。

第二次实验，任务总度量样本及分组情况都同第一次实验任务分开度量，实验时间在上次实验的两个月之后。采用原样本的被试内设计主要有两个方面的原因：一是原样本对于任务分开和总度量之间的比较由于消除了个体差异对实验的影响，结果更科学可信。二是被试内设计要求的被试总数少，且已参与过的学生对实验规则较为熟悉，不用再进行前测及实验规则介绍，对结果可能产生影响的是学习效应，但是，算数计算并不是被试的日常工作，且经过了两个月的时间，其计算能力大致已恢复到未开始实验之前，可以忽略上次实验学习效应的影响。

（三）实验前测

前测的时间为 10 分钟，计量在这一时长中被试计算正确的算术题数目。通过前测结果确定给被试在单期完成的总任务量、任务计算的初始值、干扰项的上限值和下限值。

同时，在前测中可以检验来自不同专业和性别的被试算数计算能力是否存在显著性的差异，将计算能力显著强和显著弱的被试剔除，其他无差异者，随机分组。

（四）任务间关系的设定

实验中，每个被试均需承担任务 1 和任务 2 两项任务，以 1、2 卷来表示，依据前测结果，在 A 卷右上角打印红色的任务 1 标志，在 B 卷右上角打印绿色的任务 2 标志，由于算术题随机选取自小学生题库，因此任务 1 与任务 2 难度相当。

1. 任务互替

在激励假设中，任务 1 和任务 2 之间的关系有互替性，且是不对称的互替性，即代理人如果执行了任务 1 就会减少在任务 2 上的精力，而且，在不同任务上的工作表现不能用同样的测度来评估。任务 1 为能确切度量的工作，任务 2 为难以评估的工作，为此，在展现任务是否可以精确测度时，我们参照费尔和施密特（2004）实验中对不可衡量的度量方式，即得到：

任务 1 的结果计量：$x = 100 + q^1 - 0.1 \times q^2$

任务 2 的结果计量：$y = 100 + q^2 - 0.1 \times q^1 + e$

式中，e 为随机干扰项，设定在 -20—20，表示任务 2 的不可度量性，这也意味着委托人不能明确地了解代理人完成任务 2 的能力，该能力为代理人的私人信息。在度量各项任务工作量的每一个阶段，代理人都接受 100 道题的基础完成量（这个基数是依据前测结果估算出来的）。

2. 任务互补

任务 1 与任务 2 有互补性，即代理人执行任务 1 对任务 2 的实施是有帮助的，而执行任务 1 对任务 1 也是有帮助的。当然，这种互补性也不一定是对称的。同样，参照费尔和施密特（2004）实验中对不可衡量的度量方式，即得到：

任务 1 的结果计量：$x = 100 + q^1 + 0.1 \times q^2$

任务 2 的结果计量：$y = 100 + q^2 + 0.1 \times q^1 + e$

式中，e 为随机干扰项，其设定和意义同任务互替关系。

（五）物质激励

1. 在任务分开度量契约中

设固定工资和计件工资两种不同的物质激励。在固定工资下，代理人每期工资为 2 元，不论他们完成的量是多少。在计件工资下，对两项任务的激励权重不一样。对任务 2，按照任务结果计量数减去 100 后，每题支付 0.02 元，而可以度量的任务 1，按任务结果计量数减去 100 后，每题支付 0.01 元，这样设置的目的是了解代理人在不同任务间的努力分配的程度。同时，为简化操作，每个方案中的支付都如此设置。即：

物质激励(分)$_{计件工资}$ = 2 元/期

物质激励(分)$_{计件工资}$ = $(x-100) \times 0.01 + (y-100) \times 0.02$

2. 在任务总度量契约中

固定工资仍是代理人每期 2 元。在计件工资下，由于是总度量契约，对两项任务的激励权重一致。每题支付 0.015 元，即：

物质激励(分)$_{计件工资}$ = 2 元/期

物质激励(分)$_{固定工资}$ = $(x+y-200) \times 0.015$

（六）职业生涯考虑

职业生涯考虑的设置参考布鲁根（2011）的实验，通过设两个委托人竞争以获得算术能力强的代理人，来体现代理人是否有职业发展前景。两个委托人，每个委托人分别管理一组代理人。

委托人通过指定代理人工作，找到认为计算能力强的代理人，并支付给代理人额外的费用，这个费用以固定金额方式来奖励，称为奖励工资。例如，可以于下期在原固定工资或计件工资水平上多支付 0 元、0.75 元或 1.5 元，这个支付的费用是与具体的代理人协商达成的，以确保代理人能保留或吸引到本团队来。在一番讨价还价后，代理人被指定到出价最高的委托人组。如果双方出价相同，则代理人还保留在原组中。一组中，能获得职业生涯考虑奖励工资的代理人不能超过 3 人，实验中将任务 1 和任务 2 的结果计量之和排序，前三名被认为是计算能力强的代理人。

这样，一个委托人借由获得计算能力最强的代理人，而从该代理人处所得到的补偿为：

补偿$_{委托人}$ = $[0.1 \times q^1 \times 0.1 \times q^2] \times 0.4 -$ 奖励工资

（七）实验的流程

以有职业生涯考虑的流程为例：

第一阶段，随机指定委托人和代理人，委托人要求代理人按照要求执行任务。两个委托人管理两个有职业生涯考虑组（这两个组必须都是固定工资，或都是计件工资）。

第二阶段，通过第一阶段的工作完成，委托人已经完全了解每个代理人的 q^1 和 q^2。

第三阶段，两个委托人决定对每个小组中前三名代理人出价，以吸引或保留组队员。

第四阶段，代理人依据委托人的出价，进行讨价还价。

第五阶段，代理人依据委托人的出价，选择所在的小组。首先要选择出价最高的委托人所在的组，如果两个委托人出价相同，就保留在原小组。

第六阶段，委托人接受代理人的选择，并计算在下一期可能的支付和出价。

第七阶段，下一期开始。

三　实验结果

实验中的因变量以两项工作一共完成的数量作为总努力程度的度量，以任务 2 占总完成量的比重作为在两项工作上努力分配的度量。

（一）描述性分析

表 4 - 2　　　　　　　　　　　主要变量的描述性统计

	性别	专业	物质激励	职业生涯考虑	能力	分开度量平均工资	总度量平均工资	分开度量任务 2 比重均值	总度量任务 2 比重均值
性别	1	0.026	- 0.018	- 0.116	0.102	- 0.097	- 0.087	- 0.189 *	0.010
专业	0.026	1	0.169	0.121	0.031	0.008	0.029	0.035	0.037
物质激励	- 0.018	0.169	1	0.114	- 0.015	0.104	0.024	0.418 **	0.098
职业生涯考虑	- 0.116	0.121	0.114	1	0.031	0.305 **	0.272 **	0.216 *	0.016
能力	0.102	0.031	- 0.015	0.031	1	- 0.514 **	- 0.441 **	- 0.073	- 0.112
分开度量平均工资	- 0.097	0.008	0.104	0.305 **	- 0.514 **	1	0.909 **	0.307 **	- 0.070
总度量平均工资	- 0.087	0.029	0.024	0.272 **	- 0.441 **	0.909 **	1	0.180 *	- 0.031
分开度量任务 2 比重均值	- 0.189 *	0.035	0.418 **	0.216 *	- 0.073	0.307 **	0.180 *	1	0.010
总度量任务 2 比重均值	0.010	0.037	0.098	0.016	- 0.112	- 0.070	- 0.031	0.010	1

注：* 表示在 10% 的显著性水平（双侧）下显著相关；** 在 5% 的显著性水平（双侧）下显著相关。

（二）均值

表4-3为分开度量情景中，在物质激励和职业生涯考虑等因素下各期任务2占总任务完成量比重的均值和标准差。

表4-3 分开度量任务2比重

期数	无职业生涯考虑	任务2比重均值	标准差	有职业生涯考虑	任务2比重均值	标准差
第一期	固定工资	51.762	13.836	固定工资	49.018	26.457
	计件工资	53.244	33.866	计件工资	51.633	29.065
第二期	固定工资	45.989	13.977	固定工资	38.317	27.918
	计件工资	64.346	30.127	计件工资	58.534	26.678
第三期	固定工资	32.902	20.230	固定工资	64.787	29.939
	计件工资	61.768	21.753	计件工资	59.448	28.685
第四期	固定工资	31.426	17.905	固定工资	51.518	25.574
	计件工资	58.027	26.947	计件工资	62.490	26.538
第五期	固定工资	34.859	16.852	固定工资	55.676	27.474
	计件工资	56.185	27.340	计件工资	63.302	28.051
第六期	固定工资	33.113	20.883	固定工资	50.690	29.399
	计件工资	62.444	23.790	计件工资	68.417	28.000
第七期	固定工资	51.283	16.407	固定工资	53.122	30.654
	计件工资	58.257	28.995	计件工资	70.979	27.100
第八期	固定工资	54.653	16.762	固定工资	43.480	27.783
	计件工资	58.142	26.781	计件工资	72.480	21.972
任务2比重各期平均值	固定工资	41.999	10.336	固定工资	50.789	15.737
	计件工资	59.052	18.014	计件工资	63.396	20.035

表4-4为总度量情景中，在物质激励和职业生涯考虑等因素下各期任务2占总任务完成量比重的均值和标准差。

表 4 - 4				总度量任务 2 比重		
期数	无职业生涯考虑	均值	标准差	有职业生涯考虑	均值	标准差
第一期	固定工资	44.893	17.697	固定工资	39.522	20.897
	计件工资	48.641	26.830	计件工资	46.141	24.339
第二期	固定工资	42.697	17.745	固定工资	43.077	18.526
	计件工资	48.045	24.568	计件工资	48.183	24.067
第三期	固定工资	43.310	20.219	固定工资	38.869	18.927
	计件工资	46.670	24.606	计件工资	45.125	24.633
第四期	固定工资	44.343	18.779	固定工资	42.539	17.463
	计件工资	48.500	26.581	计件工资	48.260	24.279
第五期	固定工资	46.342	17.581	固定工资	52.983	18.047
	计件工资	47.181	25.797	计件工资	49.053	25.075
第六期	固定工资	44.868	20.060	固定工资	51.633	21.053
	计件工资	51.649	24.285	计件工资	51.170	26.405
第七期	固定工资	47.322	21.511	固定工资	50.856	19.716
	计件工资	53.925	24.994	计件工资	50.434	26.217
第八期	固定工资	48.631	20.455	固定工资	51.267	22.877
	计件工资	50.776	24.820	计件工资	52.658	26.306
任务 2 比重各期平均值	固定工资	45.301	15.862	固定工资	46.343	9.582
	计件工资	49.423	20.406	计件工资	48.878	19.013

（三）假设检验

1. 假设 4 - 1 的检验结果

假设 4 - 1 假设在固定工资情景下，无论代理人的个人能力如何，以及委托人如何度量工作表现，代理人将随机分配或者按照委托人意愿分配对两项任务的努力程度，委托人的意愿是平均分配两项工作的努力。表 4 - 5 为固定工资情景下不同能力类型者分开度量和总度量任务 2 各期均值和标准差。

表4-5　　　　　　固定工资情景下不同能力类型者分开度量和
总度量任务2各期均值和标准差

能力类型	任务2比重	第一期	第二期	第三期	第四期	第五期	第六期	第七期	第八期	分开度量任务2比重各期平均
高能力	均值	51.793	48.306	39.652	37.539	40.126	38.905	49.161	50.893	44.547
	标准差	10.766	17.524	20.843	17.622	14.994	20.766	16.436	15.510	11.223
低能力	均值	51.742	44.444	28.402	27.351	31.348	29.252	52.698	57.160	40.300
	标准差	15.861	11.323	19.064	17.377	17.502	20.627	16.706	17.522	9.649
总计	均值	51.762	45.989	32.902	31.426	34.859	33.113	51.283	54.653	41.999
	标准差	13.836	13.977	20.230	17.905	16.852	20.883	16.407	16.762	10.336
能力类型	任务2比重	第一期	第二期	第三期	第四期	第五期	第六期	第七期	第八期	总度量任务2比重各期平均
高能力	均值	48.784	49.451	45.778	48.547	51.215	50.571	52.423	57.315	50.510
	标准差	11.621	16.218	21.441	21.509	15.833	19.878	19.267	16.397	14.073
低能力	均值	42.299	38.195	41.664	41.541	43.094	41.067	43.922	42.841	41.828
	标准差	20.714	17.700	19.819	16.776	18.361	19.812	22.771	21.238	16.405
总计	均值	44.893	42.697	43.310	44.343	46.342	44.868	47.322	48.631	45.301
	标准差	17.69748	17.745	20.219	18.779	17.581	20.060	21.511	20.455	15.862

将表4-5中不同能力类型者在分开度量下各期任务2比重绘制成图，如图4-1所示。

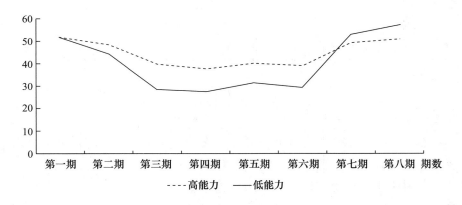

图4-1　固定工资分开度量各期任务2比重

由图 4-1 可知，高能力和低能力者在第一期和第七期任务 2 的比重一致，其余各期高能力者在任务 2 的选择上较低能力者有了一定的差距。下面通过独立样本 T 检验来分析不同能力类型者在任务 2 选择中差异的显著性（见表 4-6 和表 4-7）。

表 4-6　　固定工资下分开度量时不同能力类型组任务 2 比重统计量

	能力类型	均值	标准差	均值标准差
固定工资分开度量任务 2 比重	高能力	44.659	17.010	1.736
	低能力	39.622	19.817	1.651

表 4-7　　　　固定工资下分开度量时不同能力类型组任务 2
比重独立样本检验

		方差方程的列文（Levene）检验		均值方程 T 检验				
		F	显著性	t	自由度	显著性（双侧）	均值差值	标准差值
固定工资分开度量任务 2 比重	假设方差相等	3.148	0.077	2.039	238	0.043	5.037	2.470
	假设方差不相等			2.102	223.265	0.037	5.037	2.396

由表 4-6 和表 4-7 可知，在固定工资下，分开度量时，高能力者任务 2 比重均值为 44.659，低能力的均值为 39.622，独立样本检验结果表明，高能力者和低能力者在任务 2 的选择上存在显著差异，且高能力者对任务 2 的选择要大于低能力者。

再将分开度量时，固定工资情景下被试的任务 2 比重进行游程检验，见表 4-8。

表 4-8　　　　固定工资分开度量任务 2 比重游程检验

	任务 2 比重		任务 2 比重
检验值[a]	58.82[b]	游程（Runs）数	57
案例＜检验值	206	Z 统计量	-0.632
案例≥检验值	34	渐近显著性（双侧）	0.527
案例总数	240		

注：a. 众数；b. 存在多个众数。将使用具有最大数据值的众数。

　　由表 4 - 8 可知，游程检验的结果显示，Z 统计量为 - 0. 632，渐进显著性为 0. 527，即在固定工资情景下，分开度量时，无论被试能力如何，对任务 2 的选择都是随机的。

　　将不同能力者在总度量下各期任务 2 比重绘制成图，如图 4 - 2 所示。

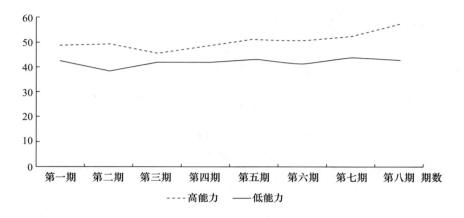

图 4 - 2　固定工资总度量各期任务 2 比重

　　由图 4 - 2 可知，高能力者和低能力者除在第三期对任务 2 的选择略微接近以外，其余各期均有不同差异，以独立样本 T 检验来分析不同能力类型者在任务 2 选择中差异的显著性（见表 4 - 9 和表 4 - 10）。

表 4 - 9　　固定工资下总度量时不同能力类型组任务 2 比重统计量

固定工资总度量任务 2 比重	能力	均值	标准差	均值标准差
	高能力	51. 577	18. 216	1. 859
	低能力	41. 896	19. 385	1. 615

表 4 - 10　　固定工资下总度量时不同能力类型独立样本检验

		方差方程的列文（Levene）检验		均值方程 T 检验				
		F	显著性	t	自由度	显著性（双侧）	均值差值	标准差值
固定工资总度量任务 2 比重	假设方差相等	0. 162	0. 688	3. 882	238	0. 000	9. 681	2. 494
	假设方差不相等			3. 931	212. 233	0. 000	9. 681	2. 463

　　由表 4 – 9 和表 4 – 10，在固定工资下，总度量时，高能力者任务 2 比重均值为 51.577，低能力的均值为 41.896，独立样本检验结果表明，高能力者和低能力者在任务 2 的选择上存在显著差异，且高能力者对任务 2 的选择要远大于低能力者。

　　再将总度量时，固定工资情景下被试的任务 2 比重进行游程检验，见表 4 – 11。

表 4 – 11　　　　　　　　固定工资总度量任务 2 比重游程检验

	任务 2 比重		任务 2 比重
检验值[a]	48.7	游程（Runs）数	131
案例＜检验值	118	Z 统计量	1.298
案例≥检验值	122	渐近显著性（双侧）	0.194
案例总数	240		

注：a. 中值。

　　由表 4 – 11 可知，游程检验的结果显示，Z 统计量为 1.298，渐进显著性为 0.194，即在固定工资情景下，总度量时，无论被试能力如何，对任务 2 的选择都是随机的。

　　最后，将固定工资情景下，分开度量和总度量契约中任务 2 选择的比重进行独立样本检验（见表 4 – 12 和表 4 – 13）。

表 4 – 12　　　　　　固定工资不同度量类型组任务 2 比重统计量

	度量类型	均值	标准差	均值标准差
固定工资	分开度量	41.637	18.871	1.218
任务 2 比重	总度量	45.768	19.476	1.257

表 4 – 13　　　　　　固定工资不同度量类型任务 2 比重独立样本检验

		方差方程的列文（Levene）检验		均值方程 T 检验				
		F	显著性	t	自由度	显著性（双侧）	均值差值	标准差值
固定工资	假设方差相等	0.868	0.352	− 2.360	478	0.019	− 4.131	1.751
任务 2 比重	假设方差不相等			− 2.360	477.524	0.019	− 4.131	1.751

表 4 – 12 和表 4 – 13 表明，分开度量契约下任务 2 比重均值为 59.052，总度量契约下任务 2 比重均值为 49.423，且存在显著的差异。

上述检验结果表明，在固定工资情景下，委托人对代理人的工作度量方式，以及代理人的个人能力的高低都将影响代理人对任务 2 的努力程度，但是，无论代理人的个人能力如何，以及委托人如何度量工作表现，代理人对两项任务的努力程度都是随机分配的，而不是按照委托人意愿平均分配工作。因此，假设 4 – 1 中的随机分配原则能够获得支持，而平均分配不能获得支持。

2. 假设 4 – 2 检验结果

假设 4 – 2 假设在计件工资的激励下，无论该代理人的能力如何，如果委托人对代理人的工作量是总度量的，则代理人将在任务 1 施加高努力、任务 2 低努力；如果委托人将两项任务分开来度量，则总体上应该依据两项任务的激励权重来决定代理人在两项任务上的努力程度。

表 4 – 14　　　　　　计件工资情景下不同能力类型者分开度量和
总度量任务 2 各期均值和标准差

能力	任务 2 比重	第一期	第二期	第三期	第四期	第五期	第六期	第七期	第八期	分开度量任务 2 比重各期平均
高能力	均值	57.379	63.505	64.978	57.523	62.102	67.843	69.239	63.106	63.209
	标准差	24.093	27.882	22.782	26.995	22.928	21.031	19.417	26.258	14.484
低能力	均值	49.108	65.188	58.557	58.532	50.268	57.045	47.275	53.179	54.894
	标准差	41.936	33.185	20.954	27.838	30.783	25.839	33.257	27.265	20.625
总计	均值	53.244	64.346	61.768	58.027	56.185	62.444	58.257	58.142	59.052
	标准差	33.866	30.127	21.753	26.947	27.339	23.790	28.995	26.781	18.014
能力	任务 2 比重	第一期	第二期	第三期	第四期	第五期	第六期	第七期	第八期	总度量任务 2 比重各期平均
高能力	均值	45.468	52.220	48.012	48.855	45.846	54.756	55.409	53.634	50.525
	标准差	25.904	21.951	25.241	25.650	26.289	21.008	24.535	22.319	20.463
低能力	均值	51.813	43.871	45.327	48.146	48.515	48.542	52.441	47.918	48.321
	标准差	28.259	27.040	24.762	28.379	26.144	27.561	26.218	27.576	21.006
总计	均值	48.641	48.045	46.670	48.500	47.181	51.649	53.925	50.776	49.423
	标准差	26.830	24.568	24.606	26.581	25.797	24.285	24.994	24.820	20.406

将不同能力类型者在分开度量下各期任务 2 比重绘制成图，如图 4 -
3 所示。

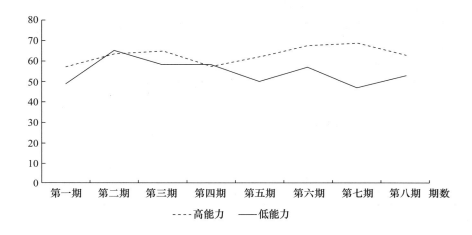

图 4 - 3 计件工资分开度量各期任务 2 比重

由图 4 - 3 所示，高能力者和低能力者在第二期和第四期对任务 2 的
选择一致，其余各期均有不同差异，以独立样本 T 检验来分析不同能力
类型者在任务 2 选择中差异的显著性（见表 4 - 15 和表 4 - 16）。

表 4 - 15　　　计件工资分开度量不同能力类型组任务 2 比重统计量

	能力	均值	标准差	均值标准差
计件工资分开	高能力	62.494	23.517	2.147
度量任务 2 比重	低能力	54.385	32.277	2.947

表 4 - 16　　　计件工资分开度量不同能力类型独立样本检验

		方差方程的列文（Levene）检验		均值方程 T 检验				
		F	显著性	t	自由度	显著性（双侧）	均值差值	标准差值
计件工资分开度量任务 2 比重	假设方差相等	19.539	0.000	2.224	238	0.027	8.108	3.646
	假设方差不相等			2.224	217.565	0.027	8.108	3.646

表 4 - 15 和表 4 - 16 显示，计件工资分开度量契约下，不同能力者对任务 2 的选择有显著的差异，且高能力者较低能力者更多地选择任务 2。

在实验中，在分开度量的契约中对两项任务赋予了不同的激励权重，任务 2 权重为任务 1 权重的两倍。通过配对样本 T 检验，分析实际上被试在对任务 2 的选择上是否显著地高于任务 1，见表 4 - 17 和表 4 - 18。

表 4 - 17　　　　　　　计件工资分开度量成对样本统计量

		均值	标准差	均值标准差
对 1	任务 1 完成量	36.092	25.681	1.658
	任务 2 完成量	53.200	30.722	1.983

表 4 - 18　　　　计件工资分开度量被试 1、2 两项任务完成量成对样本检验

		成对差分			t	自由度	显著性（双侧）
		均值	标准差	均值标准差			
对 1	1 - 2	- 17.108	49.262	3.180	- 5.380	239	0.000

表 4 - 17 和表 4 - 18 显示，任务 2 完成量较任务 1 多 17.108，即当任务 2 完成的激励权重高于任务 1 时，任务 2 的实际完成量也高于任务 1。

将不同能力类型者在总度量下各期任务 2 比重绘制成图，如图 4 - 4 所示。

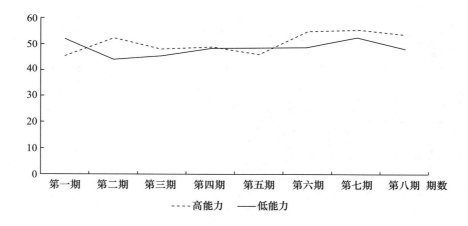

图 4 - 4　计件工资总度量各期任务 2 比重

　　图 4 - 4 显示，高能力者和低能力者在第一期、第四期和第五期对任务 2 的选择一致，其余各期均有一定差异，以独立样本 T 检验来分析不同能力类型者在任务 2 选择中差异的显著性（见表 4 - 19 和表 4 - 20）。

表 4 - 19　　　　计件工资总度量不同能力类型组任务 2 比重统计量

	能力	均值	标准差	均值标准差
计件工资总度量 任务 2 比重	高能力	51. 546	23. 2645	2. 1237
	低能力	47. 835	26. 2311	2. 3946

表 4 - 20　　　　计件工资总度量不同能力类型独立样本检验

		方差方程的列文（Levene）检验		均值方程 T 检验				
		F	显著性	t	自由度	显著性（双侧）	均值差值	标准差值
计件工资分开度量 任务 2 比重	假设方差相等	1. 895	0. 170	1. 159	238	0. 247	3. 7109	3. 2007
	假设方差不相等			1. 159	234. 652	0. 247	3. 7109	3. 2007

　　表 4 - 19 和表 4 - 20 显示，计件工资总度量契约下，不同能力者对任务 2 的选择没有显著的差异。

　　在实验中，由于是总度量，任务 1、任务 2 所赋予的激励权重是相同的，依据假设，由于任务 2 存在随机干扰项，被试对任务 1 努力的程度要多一些，下面用配对样本 T 检验来分析被试对两项任务的选择是否存在显著的差异，见表 4 - 21 和表 4 - 22。

表 4 - 21　　　　计件工资总度量成对样本统计量

		均值	标准差	均值标准差
对 1	任务 1 完成量	49. 292	24. 022	1. 574
	任务 2 完成量	43. 803	23. 265	1. 524

表 4 – 22   计件工资总度量被试任务 1、任务 2 完成量成对样本检验

		成对差分			t	自由度	显著性（双侧）
		均值	标准差	均值标准差			
对 1	A – B	5.489	39.938	2.616	2.098	232	0.037

由表 4 – 21 和表 4 – 22 可知，在计件工资总度量契约中，任务 1 工作量较任务 2 工作量多 5.489。这也在一定程度表明，当任务 1、任务 2 的激励权重相同时，被试更倾向于在任务 1 上施加更多的努力。

最后，将计件工资情景下，分开度量和总度量契约中，任务 2 完成的比重进行独立样本检验，分析在两种契约下任务 2 实施的比重是否存在显著差异，见表 4 – 23 和表 4 – 24。

表 4 – 23   计件工资不同度量类型组任务 2 比重统计量

	度量类型	均值	标准差	均值标准差
计件工资任务 2 比重	分开度量	58.439	28.471	1.838
	总度量	49.393	24.939	1.634

表 4 – 24   计件工资不同度量类型独立样本检验

		方差方程的列文（Levene）检验		均值方程 T 检验				
		F	显著性	t	自由度	显著性（双侧）	均值差值	标准差值
计件工资任务 2 比重	假设方差相等	12.797	0.000	3.589	478	0.000	8.749	2.438
	假设方差不相等			3.589	469.222	0.000	8.749	2.438

表 4 – 23 和表 4 – 24 显示，在计件工资情景下，分开度量和总度量契约中，被试对任务 2 的选择具有显著的差异，分开度量契约中，由于任务 2 具有较高的权重，被试更愿意选择任务 2，总度量中，由于激励权重一样，任务 2 存在干扰项，被试在任务 1 上施加更多的努力。

上述检验表明，在计件工资的激励下，分开度量契约中，高能力者较低能力者在任务 2 会施加更大的努力，总度量契约中，则不存在显著差异。在不考虑代理人能力情况下，委托人对代理人的工作量是总度量的，则代理人将在任务1施加高努力、任务2低努力；如果委托人将两项任务分开来度量，则总体上应该依据两项任务的激励权重来决定代理人在两项任务上的努力程度。因此，假设4-2得到了支持。

3. 假设4-3检验结果

假设4-3假设固定工资有职业生涯考虑激励的情景下，在任务分开度量时，高能力代理人将在任务1上施加更多的努力，而认知自身为低能力的代理人，其努力行为更接近固定工资时，将随机分配对两项任务的努力，职业生涯考虑不会作为一个明确的激励。在任务总度量时，无论是低能力还是高能力代理人都将平均分配在两项任务上的努力。

表4-25为固定工资有职业生涯激励时，分开度量及总度量契约下各期不同能力者任务2比重的均值和标准差。

表4-25　　固定工资有职业生涯激励不同能力者分开度量和
总度量任务2各期均值和标准差

能力类型		第一期	第二期	第三期	第四期	第五期	第六期	第七期	第八期	分开度量任务2比重各期平均
高能力	均值	47.330	38.403	49.022	43.110	45.232	47.881	58.549	48.820	47.140
	标准差	29.534	30.146	30.860	27.822	26.797	26.800	27.711	26.643	21.530
低能力	均值	50.424	38.243	78.127	58.632	64.513	53.067	48.529	38.961	53.877
	标准差	24.857	27.140	22.445	22.110	25.764	32.323	33.336	28.977	8.117
总计	均值	49.018	38.317	64.787	51.518	55.676	50.690	53.122	43.480	50.789
	标准差	26.457	27.918	29.939	25.574	27.474	29.399	30.654	27.783	15.737
能力类型		第一期	第二期	第三期	第四期	第五期	第六期	第七期	第八期	总度量任务2比重各期平均
高能力	均值	43.457	43.318	39.226	45.197	48.495	55.629	48.215	52.434	46.996
	标准差	21.585	15.109	12.884	15.079	18.327	18.318	21.395	23.019	10.986
低能力	均值	36.192	42.874	38.566	40.290	56.781	48.253	53.090	50.280	45.791
	标准差	20.554	21.621	23.410	19.571	17.614	23.299	18.755	23.648	8.641
总计	均值	39.522	43.077	38.869	42.539	52.983	51.633	50.856	51.267	46.343
	标准差	20.897	18.526	18.927	17.463	18.047	21.053	19.716	22.877	9.582

　　将不同能力类型者在分开度量下各期任务 2 比重绘制成图，如图 4 -
5 所示。

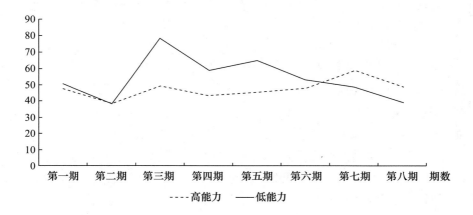

图 4 - 5　固定工资有职业生涯激励分开度量各期任务 2 比重

　　由图 4 - 5 可知，在固定工资有职业生涯激励分开度量契约中，高能
力者和低能力者在第二期和第六期的任务 2 选择上一致，其他各期均存
在较大差异，下面通过独立样本检验分析不同能力者在任务 2 选择上的
差异。

　　由表 4 - 26 和表 4 - 27 可知，在固定工资有职业生涯激励分开度量契约
中，不同能力的被试在任务 2 的选择上有显著性差异，且高能力者较低能
力者在任务 1 上施加了更大的努力。

　　下面将通过配对 T 检验分析高能力者在两项任务的分配上是否存在显
著性差异，见表 4 - 28 和表 4 - 29。

　　表 4 - 28 和表 4 - 29 显示，在固定工资有职业生涯激励分开度量高能力
者对于任务 1、任务 2 的努力存在显著性的差异，任务 1 较任务 2 多完
成 12.852。

表 4 - 26　固定工资有职业生涯激励分开度量不同能力类型组统计量

	能力类型	均值	标准差	均值标准差
固定工资有职业生涯激励	高能力	47.102	27.998	3.019
分开度量任务 2 比重	低能力	55.340	28.357	2.808

表 4 - 27　　　　　固定工资有职业生涯激励分开度量不同能力
类型独立样本检验

		方差方程的列文（Levene）检验		均值方程 T 检验				
		F	显著性	t	自由度	显著性（双侧）	均值差值	标准差值
固定工资有职业生涯激励分开度量任务 2 比重	假设方差相等	0.033	0.855	-1.996	186	0.047	-8.237	4.127
	假设方差不相等			-1.998	181.410	0.047	-8.237	4.123

表 4 - 28　　固定工资有职业生涯激励分开度量高能力者成对样本统计量

		均值	标准差	均值标准差
对 1	任务 1 完成量	58.914	28.701	3.189
	任务 2 完成量	46.062	29.103	3.234

表 4 - 29　　固定工资有职业生涯激励分开度量高能力者成对样本检验

		成对差分			t	自由度	显著性（双侧）
		均值	标准差	均值标准差			
对 1	1 - 2	12.852	55.406	6.156	2.088	80	0.040

接下来，通过游程检验对固定工资有职业生涯激励分开度量低能力者
选择进行验证，结果见表 4 - 30。

表 4 - 30　　　　固定工资有职业生涯激励分开度量低能力者任务 2
比重的游程检验

	任务 2 比重		任务 2 比重
检验值[a]	100.00[b]	游程（Runs）数	15
案例＜检验值	95	Z 统计量	0.771
案例≥检验值	7	显著性（双侧）	0.441
案例总数	102		

注：a. 众数；b. 存在多个众数。将使用具有最大数据值的众数。

表 4-30 的游程检验的 Z 统计量为 0.771，显著性为 0.441，表明在固定工资有职业生涯激励分开度量的契约中，低能力者对任务的选择是随机的。

将不同能力类型者在总度量下各期任务 2 比重绘制成图，如图 4-6 所示。

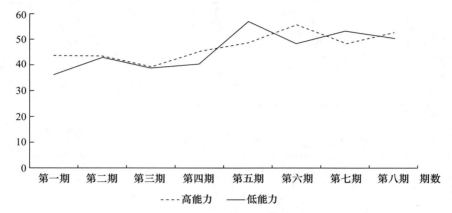

图 4-6 固定工资有职业生涯激励总度量各期任务 2 比重

图 4-6 显示，在固定工资有职业生涯激励总度量契约中，不同能力被试各期任务 2 的比重非常接近。下面通过独立样本检验来分析不同能力被试任务 2 比重差异的统计显著性，见表 4-31 和表 4-32。

表 4-31　固定工资有职业生涯激励总度量契约不同能力类型组统计量

	能力	均值	标准差	均值标准差
固定工资有职业生涯	高能力	48.118	18.679	1.991
激励总度量任务 2 比重	低能力	47.552	21.675	2.125

表 4-32　　　　固定工资有职业生涯激励总度量契约不同能力
类型独立样本检验

		方差方程的列文（Levene）检验		均值方程 T 检验				
		F	显著性	t	自由度	显著性（双侧）	均值差值	标准差值
固定工资有职业生涯激励总度量任务 2 比重	假设方差相等	2.651	0.105	0.192	190	0.848	0.566	2.949
	假设方差不相等			0.194	189.931	0.846	0.566	2.912

由表 4 - 31 和表 4 - 32，在固定工资有职业生涯激励总度量契约中，不同能力类型被试在任务 2 的选择上没有显著差异。下面将通过配对 T 检验来分析在固定工资有职业生涯激励总度量契约中，被试对任务 1、任务 2 的选择上是否是平均分配的，见表 4 - 33 和表 4 - 34。

表 4 - 33　　　　固定工资有职业生涯激励总度量成对样本统计量

		均值	标准差	均值标准差
对 1	任务 1 完成量	46.714	24.778	1.788
	任务 2 完成量	42.922	23.717	1.712

表 4 - 34　　　　固定工资有职业生涯激励总度量成对样本检验

		成对差分			t	自由度	显著性（双侧）
		均值	标准差	均值标准差			
对 1	1 - 2	3.792	41.457	2.992	1.267	191	0.207

表 4 - 33 和表 4 - 34 显示，在固定工资有职业生涯激励总度量契约中，被试对任务 1、任务 2 的选择没有差异，即平均分配两项任务的努力程度。

上述检验结果显示，固定工资有职业生涯考虑激励的情景下，在任务分开度量时，高能力代理人将在任务 1 上施加更多的努力，低能力的代理人，随机分配对两项任务的努力。在任务总度量时，无论是低能力还是高能力代理人都将平均分配在两项任务上的努力。可见，假设 4 - 3 得到了支持。

4. 假设 4 - 4 检验结果

假设 4 - 4 假设在计件工资有职业生涯考虑激励的情景下，任务分开度量时，代理人会将两项任务的激励权重作为对两项任务上的努力程度的重要依据，但在职业生涯激励下，高能力代理人更容易被任务 1 所激励，而认知自身为低能力的代理人，其努力行为更接近计件工资时，即在更大程度上依据权重分配对两项任务的努力，职业生涯考虑不会作为一个明确的激励。在任务总度量时，无论是低能力还是高能力代理人都将在任务 1 实施高努力、任务 2 实施低努力。

表 4 - 35 为计件工资有职业生涯激励时，分开度量及总度量契约下各期不同能力者任务 2 比重的均值和标准差。

表 4 − 35　　　　　　　计件工资有职业生涯考虑分开度量和
总度量任务 2 各期均值和标准差

能力类型		第一期	第二期	第三期	第四期	第五期	第六期	第七期	第八期	分开度量任务 2 比重平均
高能力	均值	54.915	59.846	60.835	75.272	70.185	74.448	84.492	74.192	69.273
	标准差	18.289	21.445	27.104	14.325	21.754	25.762	12.790	17.250	11.057
低能力	均值	54.436	58.070	60.830	59.079	64.292	71.106	66.742	77.304	63.956
	标准差	32.567	32.146	31.133	29.433	30.070	27.958	32.756	22.433	22.803
总计	均值	54.621	58.780	60.832	65.348	66.573	72.400	73.613	76.100	66.014
	标准差	27.551	27.946	29.171	25.677	26.917	26.741	27.946	20.333	19.072

能力类型		第一期	第二期	第三期	第四期	第五期	第六期	第七期	第八期	总度量任务 2 比重平均
高能力	均值	49.163	45.615	44.772	50.792	53.628	54.067	55.433	51.194	50.583
	标准差	21.515	21.010	21.500	17.367	20.663	23.763	24.893	24.972	16.955
低能力	均值	44.170	49.858	45.356	46.608	46.070	49.280	47.174	53.612	47.766
	标准差	26.294	26.188	26.948	28.146	27.607	28.352	27.082	27.651	20.537
总计	均值	46.141	48.183	45.125	48.260	49.053	51.170	50.434	52.658	48.878
	标准差	24.339	24.067	24.633	24.279	25.075	26.405	26.217	26.306	19.013

将不同能力类型者在分开度量各期任务 2 比重绘制图，如图 4 − 7 所示。

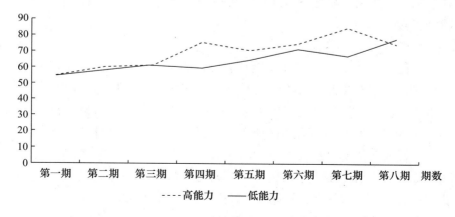

图 4 − 7　计件工资有职业生涯激励分开度量各期任务 2 比重

由图 4-7 可知，在计件工资有职业生涯激励分开度量契约中，不同能力被试对任务 2 的选择在前三期基本无差异，后期差异较大，下面将通过独立样本检验来分析该差异的显著性，见表 4-36 和表 4-37。

表 4-36　　　　计件工资有职业生涯激励分开度量契约
不同能力类型组统计量

	能力类型	均值	标准差	均值标准差
计件工资有职业生涯激励分开度量任务 2 比重	高能力	66.864	22.223	2.268
	低能力	61.144	30.885	2.513

表 4-37　　　　计件工资有职业生涯激励分开度量契约不同
能力类型独立样本检验

		方差方程的列文（Levene）检验		均值方程 T 检验				
		F	显著性	t	自由度	显著性（双侧）	均值差值	标准差值
计件工资有职业生涯激励分开度量任务 2 比重	假设方差相等	12.848	0.000	1.573	245	0.117	5.720	3.635
	假设方差不相等			1.689	241.209	0.092	5.720	3.385

表 4-36 和表 4-37 显示，计件工资有职业生涯激励分开度量契约中，不同能力类型的被试对任务 2 选择的比重并没有显著性的差异。

再分别从高能力和低能力被试对任务 1、任务 2 实际完成量的配对 T 检验来分析被试对任务的选择，见表 4-38 至表 4-41。

表 4-38　　　　计件工资有职业生涯激励分开度量契约
中高能力者成对样本统计量

		均值	标准差	均值标准差
对 1	任务 1 完成量	41.692	26.441	2.414
	任务 2 完成量	79.283	31.618	2.886

表4-39　　　　　　计件工资有职业生涯激励分开度量契约
中高能力者成对样本检验

		成对差分			t	自由度	显著性（双侧）
		均值	标准差	均值标准差			
对1	1-2	-37.592	52.356	4.779	-7.865	119	0.000

表4-38和表4-39表明，在计件工资有职业生涯激励分开度量契约中，高能力被试在任务1、任务2的实际完成量上存在显著的差异，任务2较任务1多完成了-37.592。

表4-40　　　　　　计件工资有职业生涯激励分开度量契约
中低能力者成对样本统计量

		均值	标准差	均值标准差
对1	任务1完成量	28.9563	23.38353	1.72856
	任务2完成量	51.2896	28.99201	2.14315

表4-41　　　　　　计件工资有职业生涯激励分开度量契约
中低能力者成对样本统计量

		成对差分			t	自由度	显著性（双侧）
		均值	标准差	均值标准差			
对1	1-2	-22.333	49.262	3.642	-6.133	182	0.000

表4-40和表4-41表明，在计件工资有职业生涯激励分开度量契约中，低能力被试在任务1、任务2中的实际完成量有显著的差别，任务2较任务1多完成了-22.333。

由表4-36至表4-41可知，被试均选择了在任务2上施加更多的努力，但高能力、低能力者的选择并没有显著的差异。

接下来，再分析在计件工资有职业生涯激励总度量契约中的情况。

图4-8显示，在计件工资有职业生涯激励总度量契约中，不同能力

被试在任务 2 的选择的比重上有一定差异，但较为接近。下面通过独立样本检验来验证其差异，见表 4 - 42 和表 4 - 43。

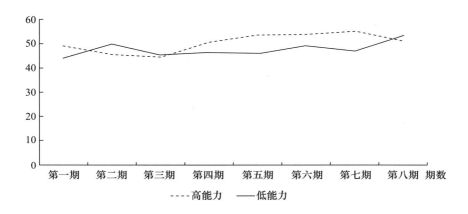

图 4 - 8 计件工资有职业生涯激励总度量各期任务 2 比重

表 4 - 42 计件工资有职业生涯激励总度量不同能力类型组统计量

	能力类型	均值	标准差	均值标准差
计件工资有职业生涯 激励总度量任务 2 比重	高能力	50.836	22.162	2.023
	低能力	48.947	27.103	1.998

表 4 - 43 计件工资有职业生涯激励总度量不同能力类型独立样本检验

		方差方程的列文 (Levene) 检验		均值方程 T 检验				
		F	显著性	t	自由度	显著性（双侧）	均值差值	标准差值
计件工资有 职业生涯激 励总度量任 务 2 比重	假设方差相等	3.427	0.065	0.637	302	0.524	1.890	2.965
	假设方差 不相等			0.665	286.880	0.507	1.890	2.844

由表 4 - 42 和表 4 - 43，在计件工资有职业生涯激励总度量契约中，不同能力被试在任务 2 的选择上没有显著的差异。下面通过配对样本 T 检验，分析被试在任务 1、任务 2 的选择上是否存在显著差异，见表 4 -

44 和表 4 −45。

表 4 −44   计件工资有职业生涯激励总度量成对样本统计量

		均值	标准差	均值标准差
对 1	任务 1 完成量	48. 829	24. 839	1. 425
	任务 2 完成量	43. 421	23. 466	1. 346

表 4 −45   计件工资有职业生涯激励总度量成对样本检验

		成对差分			t	自由度	显著性（双侧）
		均值	标准差	均值标准差			
对 1	1 − 2	5. 408	40. 867	2. 344	2. 307	303	0. 022

由表 4 −44 和表 4 −45 可知，在计件工资有职业生涯激励总度量契约中，任务 1 较任务 2 多完成 5.408，差异显著。

最后，通过独立样本均值检验，将在计件工资有职业生涯激励中，分开度量和总度量契约中，被试任务 2 比重进行比较，见表 4 −46 和表 4 −47。

表 4 −46   计件工资有职业生涯激励不同契约类型组统计量

	契约类型	均值	标准差	均值标准差
计件工资有职业生涯	分开度量	60. 812	28. 370	1. 630
激励任务 2 比重	总度量	49. 693	25. 247	1. 448

表 4 −47   计件工资有职业生涯激励不同契约类型独立样本检验

		方差方程的列文（Levene）检验		均值方程 T 检验				
		F	显著性	t	自由度	显著性（双侧）	均值差值	标准差值
计件工资有职业生涯激励任务 2 比重	假设方差相等	5. 939	0. 015	5. 101	605	0. 000	11. 120	2. 180
	假设方差不相等			5. 100	596. 501	0. 000	11. 120	2. 180

表 4 - 46 和表 4 - 47 显示，在计件工资有职业生涯激励的情景中，分开度量和总度量契约中，被试任务 2 比重有显著性差异。

上述检验表明，在计件工资有职业生涯考虑激励的情景下，任务分开度量时，高能力者和低能力者均在任务 2 上投入更多的努力，但两类被试在任务 2 比重上并没有显著的差异，这与原假设不完全相符；在总度量契约中，被试在任务 1 上施加更多的努力，验证了原假设。由此，假设 4 - 4 得到了部分验证。

（四）重复测量下，分开度量契约中物质、职业生涯考虑与能力的效应

1. 分开度量契约中物质与能力的效应

采用重复测量方差分析中的主体内效应和主体间效应检验分析分开度量契约下，固定工资与计件工资情景中物质和能力的效应，见表 4 - 48 和表 4 - 49。

表 4 - 48　　分开度量契约中固定工资与计件工资下主体内效应检验

源	Ⅰ型平方和	自由度	均方	F	显著性
期数	9260.777	7	1322.968	3.666	0.001
期数×物质	13942.111	7	1991.730	5.519	0.000
期数×能力	1497.588	7	213.941	0.593	0.762
期数×物质×能力	3812.621	7	544.660	1.509	0.162
误差（期数）	141466.782	392	360.885		

表 4 - 49　　分开度量契约中固定工资与计件工资下主体间效应的检验

源	Ⅰ型平方和	自由度	均方	F	显著性
截距	1225335.635	1	1225335.635	723.159	0.000
物质	34896.855	1	34896.855	20.595	0.000
能力	4701.270	1	4701.270	2.775	0.101
物质×能力	486.387	1	486.387	0.287	0.594
误差	94887.514	56	1694.420		

由表 4 - 48 可知，期数因素对被试任务 2 选择影响有显著的意义，期数与物质的交互因素对被试任务 2 的选择也有显著的意义，说明在不同时

期不同的工资发放方式，被试在任务 2 的选择上是不同的。期数与能力交互因素以及期数、物质与能力的交互因素对任务 2 的选择没有显著影响。

表 4-49 为组间效应检验，检验不同物质激励间、不同能力间的任务 2 选择是否存在差异，由表可见，物质激励的 p 值为 0.000，所以拒绝组间（不同物质激励方式间）选择是无差异的原假设，即不同物质激励方式下，被试对任务 2 的选择是有显著差异的。但能力的 p 值为 0.101，接受组间选择无差异的原假设，即不同能力的被试对任务 2 的选择没有显著差异，同时物质与能力的交互项的影响也无显著差异。

再采用重复测量方差分析中的主体内效应和主体间效应检验分析分开度量契约下，固定工资有职业生涯考虑与计件工资有职业生涯考虑情景中物质和能力的效应，见表 4-50 和表 4-51。

表 4-50　　　　分开度量契约固定工资有职业生涯考虑与计件工资
有职业生涯考虑下主体内效应检验

源	Ⅰ型平方和	自由度	均方	F	显著性
期数	10806.588	7	1543.798	3.448	0.001
期数×物质	9251.573	7	1321.653	2.952	0.005
期数×能力	3769.010	7	538.430	1.203	0.300
期数×物质×能力	5100.570	7	728.653	1.628	0.126
误差（期数）	172355.964	385	447.678		

表 4-51　　　　分开度量契约固定工资有职业生涯考虑与计件工资
有职业生涯考虑下主体间效应检验

源	Ⅰ型平方和	自由度	均方	F	显著性
截距	1644871.379	1	1644871.379	567.108	0.000
物质	16906.302	1	16906.302	5.829	0.019
能力	43.191	1	43.191	0.015	0.903
物质×能力	1436.643	1	1436.643	0.495	0.485
误差	159524.905	55	2900.453		

由表 4-50 可知，期数因素对被试任务 2 选择影响有显著的意义，期数与物质的交互因素对被试任务 2 的选择也有显著的意义，说明在不同时期不同的工资发放方式，被试在任务 2 的选择上是不同的。期数与能

力交互因素以及期数、物质与能力的交互因素对任务 2 的选择没有显著影响。

表 4 - 51 为组间效应检验表，检验不同物质激励间、不同能力间的任务 2 选择是否存在差异，由表可见，物质激励的 p 值为 0.019，所以拒绝组间（不同物质激励方式间）选择是无差异的原假设，即不同物质激励方式下，被试对任务 2 的选择是有显著差异的。但能力的 p 值为 0.903，接受组间选择无差异的原假设，即不同能力的被试对任务 2 的选择没有显著差异，同时物质与能力的交互项的影响也无显著差异。

由此可见，无论是否有职业发展激励，物质激励的效应都非常显著。

2. 分开度量契约中职业生涯考虑与能力的效应

采用重复测量方差分析中的主体内效应和主体间效应检验分析分开度量契约下，固定工资与固定工资有职业生涯考虑情景下，职业生涯考虑与能力的效应，见表 4 - 52 和表 4 - 53。

表 4 - 52　分开度量契约中固定工资与固定工资有职业生涯考虑下主体内效应的检验

源	I 型平方和	自由度	均方	F	显著性
期数	9682.228	7	1383.175	3.805	0.001
期数×能力	1077.822	7	153.975	0.424	0.888
期数×职业生涯考虑	16932.225	7	2418.889	6.653	0.000
期数×能力×职业生涯考虑	4334.469	7	619.210	1.703	0.107
误差（期数）	139969.739	385	363.558		

表 4 - 53　分开度量契约中固定工资与固定工资有职业生涯考虑下主体间效应的检验

源	I 型平方和	自由度	均方	F	显著性
截距	1025820.211	1	1025820.211	647.844	0.000
能力	7.080	1	7.080	0.004	0.947
职业生涯考虑	10476.409	1	10476.409	6.616	0.013
能力×职业生涯考虑	2840.849	1	2840.849	1.794	0.186
误差	87089.075	55	1583.438		

由表 4 - 52 可知，期数因素对被试任务 2 选择影响有显著的意义，期数与职业生涯考虑的交互因素对被试任务 2 的选择也有显著的意义，说明在不同时期是否具有职业生涯考虑的激励，被试在任务 2 的选择上是不同的。期数与能力交互因素以及期数、职业生涯考虑与能力的交互因素对任务 2 的选择没有显著影响。

表 4 - 53 为组间效应检验表，检验不同职业生涯考虑间、不同能力间的任务 2 选择是否存在差异，由表可见，职业生涯考虑激励的 p 值为 0.013，所以拒绝组间（是否具有职业生涯考虑）选择是无差异的原假设，即是否具有职业生涯考虑，被试对任务 2 的选择是有显著差异的。但能力的 p 值为 0.947，接受组间选择无差异的原假设，即不同能力的被试对任务 2 的选择没有显著差异，同时职业生涯考虑与能力的交互项的影响也无显著差异。

接下来，再采用重复测量方差分析中的主体内效应和主体间效应检验分析分开度量契约下，计件工资与计件工资有职业生涯考虑情景下，职业生涯考虑与能力的效应，见表 4 - 54 和表 4 - 55。

表 4 - 54　　　分开度量契约中计件工资与计件工资有
职业生涯考虑下主体内效应的检验

源	I 型平方和	自由度	均方	F	显著性
期数	8052.735	7	1150.391	2.534	0.015
期数×能力	3307.595	7	472.514	1.041	0.402
期数×职业生涯考虑	7504.122	7	1072.017	2.362	0.023
期数×能力×职业生涯考虑	2452.903	7	350.415	0.772	0.611
误差（期数）	177949.746	392	453.953		

表 4 - 55　　　分开度量契约中计件工资与计件工资有
职业生涯考虑下主体间效应的检验

源	I 型平方和	自由度	均方	F	显著性
截距	1888946.316	1	1888946.316	678.300	0.000
能力	3952.281	1	3952.281	1.419	0.239
职业生涯考虑	7637.805	1	7637.805	2.743	0.103
能力×职业生涯考虑	369.817	1	369.817	0.133	0.717
误差	155950.239	56	2784.826		

由表4-54可知，期数因素对被试任务2选择影响有显著的意义，期数与职业生涯考虑的交互因素对被试任务2的选择也有显著的意义，说明在不同时期是否具有职业生涯考虑的激励，被试在任务2的选择上是不同的。期数与能力交互因素以及期数、职业生涯考虑与能力的交互因素对任务2的选择没有显著影响。

表4-55为组间效应检验，检验不同职业生涯考虑间、不同能力间的任务2选择是否存在差异，由表可见，职业生涯考虑激励的p值为0.103，所以接受组间（是否具有职业生涯考虑）选择是无差异的原假设，即是否具有职业生涯考虑，被试对任务2的选择是没有显著差异的。能力的p值为0.239，也接受组间选择无差异的原假设，即不同能力的被试对任务2的选择没有显著差异，同时职业生涯考虑与能力的交互项的影响也无显著差异。

由此可见，在固定工资下，职业生涯考虑能够作为一个激励因素，而在计件工资下，其激励效应就不显著了。

3. 分开度量契约中物质、职业生涯考虑与能力的效应

采用重复测量方差分析中的主体内效应和主体间效应检验分析分开度量契约下，物质、职业生涯考虑与能力的效应，见表4-56和表4-57。

表4-56　　　　　　　　分开度量契约中主体内效应的检验

源	I型平方和	自由度	均方	F	显著性
期数	9294.868	7	1327.838	3.288	0.002
期数×物质	10256.862	7	1465.266	3.628	0.001
期数×职业生涯考虑	9588.146	7	1369.735	3.391	0.001
期数×能力	2589.419	7	369.917	0.916	0.493
期数×物质×职业生涯考虑	14193.130	7	2027.590	5.020	0.000
期数×物质×能力	1598.981	7	228.426	0.566	0.784
期数×职业生涯考虑×能力	2703.454	7	386.208	0.956	0.462
期数×物质×职业生涯考虑×能力	7215.976	7	1030.854	2.552	0.013
误差（期数）	313822.746	777	403.890		

表 4 - 57　　　　　　　　分开度量契约中主体间效应的检验

源	Ⅰ型平方和	自由度	均方	F	显著性
截距	2852980.560	1	2852980.560	1244.754	0.000
物质	57498.393	1	57498.393	25.087	0.000
职业生涯考虑	10273.765	1	10273.765	4.482	0.036
能力	2174.850	1	2174.850	0.949	0.332
物质×职业生涯考虑	1030.407	1	1030.407	0.450	0.504
物质×能力	1296.983	1	1296.983	0.566	0.453
职业生涯考虑×能力	3276.967	1	3276.967	1.430	0.234
物质×职业生涯考虑×能力	145.739	1	145.739	0.064	0.801
误差	254412.419	111	2292.004		

由表 4 - 56 可知，期数因素对被试任务 2 选择影响有显著的意义，期数与物质、期数与职业生涯考虑，以及期数、物质与职业生涯考虑三者的交互因素对被试任务 2 的选择也有显著的意义，说明在不同时期是否具有职业生涯考虑的激励，不同的工资发放方式都对被试在任务 2 的选择上产生显著的影响，但是，涉及能力的各个交互因素都对任务 2 的选择没有显著影响。

表 4 - 57 为组间效应检验，检验不同物质激励方式间、职业生涯考虑间、不同能力间的任务 2 选择是否存在差异，由表可见，物质激励的 p 值为 0.000，所以拒绝组间（不同的物质激励方式）选择是无差异的原假设，即不同的物质激励方式下，被试对任务 2 的选择具有显著差异；职业生涯考虑激励的 p 值为 0.036，所以拒绝组间（是否具有职业生涯考虑）选择是无差异的原假设，即是否具有职业生涯考虑，被试对任务 2 的选择是有显著差异的。能力的 p 值为 0.332，接受组间选择无差异的原假设，即不同能力的被试对任务 2 的选择没有显著差异，同时三个因素之间的交互效应均不显著，即表明三个因素之间的交互项对任务 2 的选择没有显著影响。

综上所述，在分开度量的契约中，物质及职业生涯考虑均可作为重要的激励因素，改变被试对任务 2 的选择。

（五）重复测量下，总度量契约中物质、职业生涯考虑与能力的效应

1. 总度量契约中物质与能力的效应

采用重复测量方差分析中的主体内效应和主体间效应检验分析总度

量契约下，固定工资与计件工资情景中物质和能力的效应，见表 4 – 58 和
表 4 – 59。

表 4 – 58　　　　总度量契约中固定工资与计件工资下主体内效应检验

源	I 型平方和	自由度	均方	F	显著性
期数	1686. 980	7	240. 997	1. 202	0. 300
期数×物质	452. 064	7	64. 581	0. 322	0. 944
期数×能力	1330. 256	7	190. 037	0. 948	0. 469
期数×物质×能力	416. 791	7	59. 542	0. 297	0. 955
误差（期数）	78563. 693	392	200. 418		

表 4 – 59　　　　总度量契约中固定工资与计件工资下主体间效应的检验

源	I 型平方和	自由度	均方	F	显著性
截距	1076717. 928	1	1076717. 928	401. 042	0. 000
物质	2039. 324	1	2039. 324	0. 760	0. 387
能力	3400. 009	1	3400. 009	1. 266	0. 265
物质×能力	1233. 548	1	1233. 548	0. 459	0. 501
误差	150348. 839	56	2684. 801		

　　由表 4 – 58 可知，期数因素对被试任务 2 选择影响没有显著的意义，
期数与物质的交互因素对被试任务 2 的选择也没有显著的意义，说明在
不同时期不同的工资发放方式，被试在任务 2 的选择上是没有差异的。
期数与能力交互因素以及期数、物质与能力的交互因素对任务 2 的选择
也没有显著影响。

　　表 4 – 59 为组间效应检验，检验不同物质激励间、不同能力间的任务
2 选择是否存在差异，由表可知，物质激励的 p 值为 0. 387，所以接受组
间（不同物质激励方式间）选择是无差异的原假设，即不同物质激励方
式下，被试对任务 2 的选择没有显著差异。能力的 p 值为 0. 265，接受组
间选择无差异的原假设，即不同能力的被试对任务 2 的选择没有显著差
异，同时物质与能力的交互项的影响也无显著差异。

　　再采用重复测量方差分析中的主体内效应和主体间效应检验分析总
度量契约下，固定工资有职业生涯考虑与计件工资有职业生涯考虑情景

中物质和能力的效应，见表4-60和表4-61。

表4-60　　　　总度量契约固定工资有职业生涯考虑与计件工资
有职业生涯考虑下主体内效应检验

源	Ⅰ型平方和	自由度	均方	F	显著性
期数	5958.806	7	851.258	2.599	0.012
期数×物质	1590.480	7	227.211	0.694	0.677
期数×能力	1016.069	7	145.153	0.443	0.875
期数×物质×能力	1653.259	7	236.180	0.721	0.654
误差（期数）	132987.181	406	327.555		

表4-61　　　　总度量契约固定工资有职业生涯考虑与计件工资
有职业生涯考虑下主体间效应检验

源	Ⅰ型平方和	自由度	均方	F	显著性
截距	1137874.206	1	1137874.206	535.453	0.000
物质	756.032	1	756.032	0.356	0.553
能力	570.881	1	570.881	0.269	0.606
物质×能力	74.706	1	74.706	0.035	0.852
误差	123253.917	58	2125.068		

由表4-60可知，期数因素对被试任务2选择影响有显著的意义，但期数与物质的交互因素对被试任务2的选择没有显著的意义，说明在不同时期不同的工资发放方式，被试在任务2的选择上没有差异，期数与能力交互因素以及期数、物质与能力的交互因素对任务2的选择也没有显著影响。

表4-61为组间效应检验表，检验不同物质激励间、不同能力间的任务2选择是否存在差异，由表可知，物质激励的p值为0.553，所以接受组间（不同物质激励方式间）选择是无差异的原假设，即不同物质激励方式下，被试对任务2的选择没有显著差异。能力的p值为0.606，接受组间选择无差异的原假设，即不同能力的被试对任务2的选择没有显著差异，同时物质与能力的交互项的影响也无显著差异。

由此可见，无论是否有职业发展激励，在总度量契约中物质激励的效应都不显著。

2. 总度量契约中职业生涯考虑与能力的效应

采用重复测量方差分析中的主体内效应和主体间效应检验分析总度量契约下，固定工资与固定工资有职业生涯考虑情景下，职业生涯考虑与能力的效应，见表4-62和表4-63。

表4-62　　　　　总度量契约中固定工资与固定工资有职业
生涯考虑下主体内效应的检验

源	Ⅰ型平方和	自由度	均方	F	显著性
期数	6365.750	7	909.393	3.627	0.001
期数×职业生涯考虑	2434.706	7	347.815	1.387	0.209
期数×能力	1012.658	7	144.665	0.577	0.775
期数×职业生涯考虑×能力	423.677	7	60.525	0.241	0.975
误差（期数）	100041.444	399	250.730		

表4-63　　　　　总度量契约中固定工资与固定工资有职业
生涯考虑下主体间效应的检验

源	Ⅰ型平方和	自由度	均方	F	显著性
截距	1055444.813	1	1055444.813	598.284	0.000
职业生涯考虑	685.793	1	685.793	0.389	0.535
能力	1483.005	1	1483.005	0.841	0.363
职业生涯考虑×能力	2963.343	1	2963.343	1.680	0.200
误差	100554.919	57	1764.121		

由表4-62可知，期数因素对被试任务2选择影响有显著的意义，但期数与职业生涯考虑的交互因素对被试任务2的选择没有显著的意义，说明在不同时期是否具有职业生涯考虑的激励，被试在任务2的选择上是没有差异的。期数与能力交互因素以及期数、职业生涯考虑与能力的交互因素对任务2的选择没有显著影响。

表4-63为组间效应检验，检验不同职业生涯考虑间、不同能力间的

任务 2 选择是否存在差异，由表可知，职业生涯考虑激励的 p 值为 0.535，所以接受组间（是否具有职业生涯考虑）选择是无差异的原假设，即是否具有职业生涯考虑，被试对任务 2 的选择是没有显著差异的。能力的 p 值为 0.363，接受组间选择无差异的原假设，即不同能力的被试对任务 2 的选择没有显著差异，同时职业生涯考虑与能力的交互项的影响也无显著差异。

接下来，再采用重复测量方差分析中的主体内效应和主体间效应检验分析总度量契约下，计件工资与计件工资有职业生涯考虑情景下，职业生涯考虑与能力的效应，见表 4 – 64 和表 4 – 65。

表 4 – 64　　　　　总度量契约中计件工资与计件工资有职业
生涯考虑下主体内效应的检验

源	I 型平方和	自由度	均方	F	显著性
期数	1520.810	7	217.259	0.783	0.602
期数×职业生涯考虑	610.357	7	87.194	0.314	0.947
期数×能力	413.976	7	59.139	0.213	0.982
期数×职业生涯考虑×能力	2180.026	7	311.432	1.123	0.348
误差（期数）	110652.178	399	277.324		

表 4 – 65　　　　　总度量契约中计件工资与计件工资有职业
生涯考虑下主体间效应的检验

源	I 型平方和	自由度	均方	F	显著性
截距	1160319.218	1	1160319.218	383.395	0.000
职业生涯考虑	206.681	1	206.681	0.068	0.795
能力	1771.987	1	1771.987	0.586	0.447
职业生涯考虑×能力	333.049	1	333.049	0.110	0.741
误差	172506.583	57	3026.431		

由表 4 – 64 可知，期数因素对被试任务 2 选择影响没有显著的意义，

期数与职业生涯考虑的交互因素对被试任务 2 的选择也没有显著的意义，说明在不同时期是否具有职业生涯考虑的激励，被试在任务 2 的选择上是没有差异的。期数与能力交互因素以及期数、职业生涯考虑与能力的交互因素对任务 2 的选择没有显著影响。

表 4 - 65 为组间效应检验表，检验不同职业生涯考虑间、不同能力间的任务 2 选择是否存在差异，由表可知，职业生涯考虑激励的 p 值为 0.795，所以接受组间（是否具有职业生涯考虑）选择是无差异的原假设，即是否具有职业生涯考虑，被试对任务 2 的选择是没有显著差异的。能力的 p 值为 0.447，也接受组间选择无差异的原假设，即不同能力的被试对任务 2 的选择没有显著差异，同时职业生涯考虑与能力的交互项的影响也无显著差异。

由此可见，无论是在固定工资还是计件工资下，总度量契约中职业生涯考虑都不能够作为一个激励因素。

3. 总度量契约中物质、职业生涯考虑与能力的效应

采用重复测量方差分析中的主体内效应和主体间效应检验分析总度量契约下，物质、职业生涯考虑与能力的效应，见表 4 - 66 和表 4 - 67。

表 4 - 66　　　　　总度量契约中主体内效应的检验

源	Ⅰ 型平方和	自由度	均方	F	显著性
期数	6308.130	7	901.161	3.399	0.001
期数×物质	913.452	7	130.493	0.492	0.841
期数×职业生涯考虑	1545.109	7	220.730	0.833	0.560
期数×能力	632.857	7	90.408	0.341	0.935
期数×物质×职业生涯考虑	856.269	7	122.324	0.461	0.863
期数×物质×能力	815.335	7	116.476	0.439	0.878
期数×职业生涯考虑×能力	1765.163	7	252.166	0.951	0.466
期数×物质×职业生涯考虑×能力	1268.391	7	181.199	0.684	0.686
误差（期数）	211550.874	798	265.101		

表 4 - 67 总度量契约中主体间效应的检验

源	Ⅰ型平方和	自由度	均方	F	显著性
截距	2214522.382	1	2214522.382	922.708	0.000
物质	2709.316	1	2709.316	1.129	0.290
职业生涯考虑	6.016	1	6.016	0.003	0.960
能力	3456.447	1	3456.447	1.440	0.233
物质×职业生涯考虑	55.840	1	55.840	0.023	0.879
物质×能力	446.215	1	446.215	0.186	0.667
职业生涯考虑×能力	518.801	1	518.801	0.216	0.643
物质×职业生涯考虑×能力	951.618	1	951.618	0.397	0.530
误差	273602.756	114	2400.024		

由表 4 - 66 可知，期数因素对被试任务 2 选择影响有显著的意义，但所有因素的主效应及交互效应均不显著，说明这些因素均不能对任务 2 的选择产生显著的影响。

表 4 - 67 为组间效应检验，检验不同物质激励方式间、职业生涯考虑间、不同能力间的任务 2 选择是否存在差异，由表可知，所有因素的主效应及交互效应均不显著，因此，这些因素也不会对任务 2 的选择产生显著的影响。

综上，在总度量契约中，物质及职业生涯考虑均不能作为激励因素，改变被试对任务 2 的选择，被试的选择仍然仅受到任务本身的干扰性所影响。

（六）分开度量契约中，物质、职业生涯考虑以及能力对任务 2 选择的影响

1. 物质及能力的影响

采用多元回归方法分析分开度量契约下，固定工资与计件工资情景中物质和能力的效应，见表 4 - 68 和表 4 - 69。

表4－68　分开度量契约中固定工资与计件工资下多元回归分析（1）

	非标准化系数		标准系数	t	显著性
	B	标准差	B		
常量	50.862	1.102		46.173	0.000
物质	8.022	1.092	0.316	7.344	0.000
能力	-3.275	1.095	-0.129	-2.990	0.003

注：$R=0.353$，$R^2=0.125$，调整的 $R^2=0.121$。

表4－69　分开度量契约中固定工资与计件工资下多元回归分析（2）

	非标准化系数		标准系数	t	显著性
	B	标准差	B		
常量	50.794	1.106		45.909	0.000
物质	10.389	3.579	0.410	2.903	0.004
能力	-0.975	3.488	-0.038	-0.279	0.780
物质×能力	-3.430	4.937	-0.127	-0.695	0.488

注：$R=0.394$，$R^2=0.155$，调整的 $R^2=0.150$。

由表4－68和表4－69可知，在分开度量契约中，固定工资和计件工资下，物质激励对任务2比重的选择有显著的正向相关关系。若不考虑物质与能力的交互效应，被试能力对任务2比重的选择有显著的负向效应，即高能力的被试更倾向于对任务2的选择。

接下来，采用多元回归方法分析分开度量契约下，固定工资有职业生涯考虑与计件工资有职业生涯考虑情景中物质和能力的效应，见表4－70和表4－71。

表4－70　　分开度量契约中固定工资职业生涯考虑与
计件工资职业生涯考虑下多元回归分析（1）

	非标准化系数		标准系数	t	显著性
	B	标准差	B		
常量	22.034	14.738		1.495	0.136
物质	3.908	1.341	0.133	2.915	0.004
能力	3.244	1.636	0.113	1.982	0.048
工商类专业	2.880	3.059	0.043	0.941	0.347
总产出	0.115	0.049	0.134	2.339	0.020

注：$R=0.192$，$R^2=0.037$，调整的 $R^2=0.029$。

表 4 - 71　　　　　分开度量契约中固定工资职业生涯考虑与
计件工资职业生涯考虑下多元回归分析（2）

	非标准化系数		标准系数	t	显著性
	B	标准差	B		
常量	58.231	2.356		24.720	0.000
性别	-8.343	2.685	-0.138	-3.108	0.002
工商类专业	11.907	2.812	0.196	4.235	0.000
物质	11.299	4.304	0.385	2.625	0.009
能力	4.796	4.429	0.166	1.083	0.279
物质×能力	-7.513	5.896	-0.272	-1.274	0.203

注：$R = 0.290$，$R^2 = 0.084$，调整的 $R^2 = 0.075$。

由表 4 - 70 可知，在分开度量契约中，固定工资职业生涯考虑与计件工资职业生涯考虑下，物质激励对任务 2 的选择有显著的正向相关关系；能力也与任务 2 的选择有显著的正向相关关系，低能力者更愿意在任务 2 上多施加努力。

表 4 - 71 加入交互效应后，仅物质激励与任务 2 的选择有显著的正向相关关系。

可见，无论是否存在职业生涯考虑，在分开度量契约中，物质激励对任务 2 的选择均有显著的正向影响，即计件工资下，任务 2 的选择均会有显著的提升。

2. 职业生涯考虑与能力的影响

采用多元回归方法分析分开度量契约下，固定工资与固定工资职业生涯考虑情景中职业生涯考虑和能力的效应，见表 4 - 72。计件工资与计件工资职业生涯考虑情景中职业生涯考虑和能力的效应，见表 4 - 73 和表 4 - 74。

表 4 - 72　　　　　分开度量契约中固定工资与固定工资
职业生涯考虑下多元回归分析

	非标准化系数		标准系数	t	显著性
	B	标准差	B		
常量	46.433	1.094		42.460	0.000
职业生涯考虑	4.784	1.095	0.195	4.367	0.000
能力	0.925	1.098	0.038	0.842	0.400

注：$R = 0.197$，$R^2 = 0.039$，调整的 $R^2 = 0.035$。

表4-72 显示，在固定工资与固定工资职业生涯考虑中，职业生涯考虑与任务2的选择比重正向相关，但能力的影响则不显著。

表4-73　　　　分开度量契约中计件工资与计件工资职业生涯
考虑下多元回归分析（1）

	非标准化系数		标准系数	t	显著性
	B	标准差	B		
常量	60.881	1.270		47.944	0.000
职业生涯考虑	2.851	1.278	0.101	2.230	0.026
能力	-3.435	1.275	-0.122	-2.694	0.007

注：R = 0.149，$R^2 = 0.022$，调整的 $R^2 = 0.018$。

表4-74　　　　分开度量契约中计件工资与计件工资职业生涯
考虑下多元回归分析（2）

	非标准化系数		标准系数	t	显著性
	B	标准差	B		
（常量）	60.833	1.275		47.710	0.000
Zscore（职业发展）	0.991	4.207	0.035	0.236	0.814
Zscore（能力）	-5.206	4.023	-0.185	-1.294	0.196
Zscore：发展×能力	2.689	5.794	0.098	0.464	0.643

注：R = 0.151，$R^2 = 0.023$，调整的 $R^2 = 0.017$。

由表4-73 和表4-74 可知，在分开度量契约中，计件工资与计件工资职业生涯考虑下，职业生涯考虑与任务2选择正向相关，即有职业生涯考虑下，任务2的选择会增加；能力与任务2的选择负向相关，即高能力者，任务2的选择会增加；而在职业生涯考虑和能力的交互作用后，职业生涯考虑、能力以及其交互作用均不显著。

3. 物质、职业生涯考虑与能力的影响

采用多元回归方法分析分开度量契约下，职业生涯考虑、物质与能力的影响，见表4-75 和表4-76。

表4-75 分开度量契约中多元回归分析（1）

	非标准化系数		标准系数	t	显著性
	B	标准差	B		
常量	53.687	0.848		63.341	0.000
职业生涯考虑	2.897	0.854	0.106	3.391	0.001
能力	-1.345	0.849	-0.049	-1.585	0.113
物质	6.475	0.855	0.236	7.577	0.000

注：$R = 0.274$，$R^2 = 0.075$，调整的 $R^2 = 0.074$。

表4-76 分开度量契约中多元回归分析（2）

	非标准化系数		标准系数	t	显著性
	B	标准差	B		
常量	53.695	0.846		63.458	0.000
职业生涯考虑	8.485	2.817	0.309	3.013	0.003
能力	-1.203	0.850	-0.044	-1.416	0.157
物质	11.792	2.693	0.430	4.379	0.000
物质×职业生涯考虑	-8.334	4.003	-0.304	-2.082	0.038

注：$R = 0.282$，$R^2 = 0.079$，调整的 $R^2 = 0.076$。

由表4-75可知，物质激励和职业生涯考虑均对任务2的选择有显著的正向影响，即在计件工资下，任务2选择更多，有职业生涯激励下，任务2的选择更多。由表4-76可知，两者的交互效应对任务2的选择却有显著的负向影响，这说明在职业生涯考虑的影响下物质激励的效应会逐步减弱。

（七）其他分析

1. 随机数的影响

通过多元回归分析研究上期随机数是否对被试任务2的选择和总产出产生影响，见表4-77和表4-78。

表 4 – 77　　　　　　　上期随机数对任务 2 选择的影响

	非标准化系数		标准系数	t	显著性
	B	标准差	B		
常量	53.799	0.910		59.100	0.000
上期随机数	0.151	0.089	0.056	1.689	0.092

注：R = 0.098，R^2 = 0.010，调整的 R^2 = 0.007。

表 4 – 78　　　　　　　上期随机数对总产出的影响

	非标准化系数		标准系数	t	显著性
	B	标准差	B		
常量	292.154	1.090		268.143	0.000
上期随机数	0.247	0.107	0.077	2.310	0.021

注：R = 0.104，R^2 = 0.011，调整的 R^2 = 0.009。

由表 4 – 77 和表 4 – 78 可知，上期随机数对任务 2 的选择没有显著的影响，但对总产出的影响是显著的，且呈正向影响，即上期随机数越大，总产出越高。

2. 竞价的影响

通过多元回归分析研究在有职业生涯考虑的市场下，认知自身为高能力者，竞价的档次（本实验中分为三个档次，0 元、0.75 元和 1.5 元）是否对被试任务 2 的选择和总产出产生影响，见表 4 – 79 和表 4 – 80。

表 4 – 79　　　　　　高能力者竞价档次对任务 2 选择的影响

	非标准化系数		标准系数	t	显著性
	B	标准差	B		
（常量）	58.366	2.529		23.080	0.000
Zscore（竞价）	− 1.710	2.544	− 0.074	− 0.672	0.503

注：R = 0.074，R^2 = 0.06，调整的 R^2 = − 0.007。

表4-80   高能力者竞价档次对总产出的影响

	非标准化系数		标准系数	t	显著性
	B	标准差	B		
（常量）	336.903	3.122		107.927	0.000
Zscore（竞价）	-6.509	3.141	-0.224	-2.073	0.041

注：$R = 0.224$，$R^2 = 0.050$，调整的 $R^2 = 0.039$。

由表4-79和表4-80可知，在有职业生涯考虑的情况下，高能力者竞价档次对任务2选择没有显著性影响，但对总产出却有显著的负向影响，即认知自身为高能力者，当委托人提高竞价的价格时，并不能提高总产出，反而导致总产出显著下降。

再进一步分析是否参与竞价对被试的选择的影响，见表4-81和表4-82。

表4-81   高能力者是否竞价对任务2选择的影响

	非标准化系数		标准系数	t	显著性
	B	标准差	B		
（常量）	57.075	1.425		40.065	0.000
是否竞价	1.164	3.444	0.015	0.338	0.736

注：$R = 0.015$，$R^2 = 0.000$，调整的 $R^2 = -0.02$。

表4-82   高能力者是否竞价对总产出的影响

	非标准化系数		标准系数	t	显著性
	B	标准差	B		
（常量）	286.107	1.393		205.366	0.000
是否竞价	50.552	3.385	0.558	14.933	0.000

注：$R = 0.558$，$R^2 = 0.311$，调整的 $R^2 = 0.310$。

由表4-81和表4-82可知，认知到自己是高能力者，在有职业生涯考虑的情景下，是否竞价对任务2的选择没有显著性的影响，但对总产出会产生显著性的影响，即有竞价总产出就会提升，结合表4-79的结论，竞价的档次（本实验中分为三个档次，0元、0.75元和1.5元）与总产出间的关系并不是正向的，这表明，高能力者仅在意是否存在竞价，有竞价就表明他们在劳动力市场上有价值，但并不在意竞价的实际价格。

四　结论及启示

通过上述实验研究得到如下假设检验结论：

（1）在固定工资激励下，代理人对两项任务的努力程度都是随机分配的，而不是按照委托人意愿平均分配工作。

（2）在计件工资的激励下，如果委托人将两项任务分开来度量，则总体上应该依据两项任务的激励权重来决定代理人在两项任务上的努力程度。同时，高能力者较低能力者在任务 2 会施加更大的努力。在任务总度量时，代理人将依据任务的可度量程度在任务 1 施加高努力、任务 2 低努力。

（3）固定工资有职业生涯考虑激励的情景下，在任务分开度量时，高能力代理人将在任务 1 上施加更多的努力，低能力的代理人会随机分配对两项任务的努力。在任务总度量时，无论是低能力还是高能力代理人都将平均分配在两项任务上的努力。

（4）计件工资有职业生涯考虑激励的情景下，在任务分开度量时，高能力者和低能力者均在任务 2 上投入更多的努力，但两类代理人在任务 2 比重上并没有显著的差异；在总度量契约中，代理人在任务 1 上施加更多的努力。

从激励工具的效应来看，在分开度量契约中，物质及职业生涯考虑均可作为重要的激励因素，正向影响被试对任务 2 的选择，但在有职业生涯考虑的激励下，物质激励的效应会逐步减弱。具体来说，四种情景下的激励效应如下：

（1）固定工资和计件工资下，物质激励对任务 2 比重的选择有显著的正向影响，而且高能力的被试更倾向于对任务 2 的选择。

（2）在固定工资与固定工资职业生涯考虑中，职业生涯考虑与任务 2 的选择比重呈正相关关系，而能力的影响则不显著。

（3）固定工资职业生涯考虑与计件工资职业生涯考虑下，物质激励对任务 2 的选择呈显著正相关关系；能力与任务 2 的选择也呈显著正相关关系，低能力者更愿意在任务 2 上多施加努力。

（4）计件工资与计件工资职业生涯考虑下，职业生涯考虑与任务 2 选择呈正相关关系；能力与任务 2 的选择呈负相关关系，即高能力者，任务 2 的选择会增加。

在总度量契约中，代理人的选择仅受到任务本身的可度量程度所影响，由于任务 1 更可度量，因此，代理人会在任务 1 上施加更多努力。

研究中还考虑了其他因素的影响：

（1）随机数的影响。上期随机数越大，总产出越高。

（2）竞价的影响。在有职业生涯考虑的情况下，竞价机会的存在会促进高能力者增加总产出。

依据上述结论，可以得到如下启示：

（1）中央政府对于落后产能的淘汰工作要出台可定量、可度量、细化的评价标准，以便促进地方政府的努力选择。

（2）对于发展 GDP 和淘汰落后产能这两项任务，中央政府委托地方政府实施时，最好分开考核其成效，总度量合约将导致激励无效，降低总体绩效水平。

（3）如果必须要总度量两个任务的总绩效，采用固定工资和有职业生涯考虑的激励方式，将得到最优激励效果，也就是将地方官员的晋升与落后产能的淘汰工作挂钩，以促进对落后产能的淘汰。

（4）在分开度量两项任务的绩效时，计件工资是最好的激励工具。无论是高能力还是低能力代理人都将努力按照委托人所赋予的激励权重平衡两项工作。因此，中央政府应建立淘汰落后产能的奖励办法，且奖励办法要与淘汰的工作量挂钩。

（5）在分开度量两项任务的绩效时，在采用计件工资的基础上，若加入职业生涯考虑激励，计件工资的激励效应依然存在但会削弱，特别是对于高能力的代理人。该结论意味着对于地方政府官员，特别是有晋升动机的官员而言，职业生涯考虑是首要的激励方式，计件工资激励还在其次，因此，将地方官员晋升与落后产能淘汰工作挂钩，再辅之以适当的计件物质激励不仅可以提高落后产能淘汰的工作积极性，还可以提高两项任务的总体水平。

第五章　落后产能淘汰的监督机制[*]

从 2010 年开始，中央政府到各级地方政府都出台了相应的淘汰落后产能的政策，对相应企业和政府责任人列出了明确的奖惩措施，以确保完成淘汰落后产能的任务。同时，工信部也开始公布当年的《工业行业淘汰落后产能企业名单》，但钢铁行业淘汰落后产能虽然取得了一定的成果，"注水名单""死灰复燃""越淘汰越过剩"等问题也屡见报端。出现这些问题的一个重要原因在于政策执行实施中缺乏完备有效的监督。因此，本章从纵向监督、同级监督和媒体监督三个方面入手，分别运用理论分析、实验法和实证研究法，探讨如何提高落后产能淘汰的监督机制的有效性，即在现有市场和政府组成的整个系统环境下，打开政策分析"黑箱"，有效地解决阻碍落后产能淘汰的不对称信息等问题的监督机制。

本章的具体内容由三个部分组成：一是通过理论模型分析纵向监督中是否应该同时存在两个监督人（专门监督人和临时监督人）；二是通过理论模型和实验，检验同级监督是否存在，以及同级监督对淘汰落后产能的影响；三是通过实证研究验证媒体监督是否对淘汰落后产能起到了一定的促进作用。

第一节　纵向监督

在委托—代理结构中构建一个高效的纵向监督机制，对于促进落后产能的淘汰是十分有必要的。为了研究这一问题，本节在梯诺尔（Tirole，1986）、考夫曼和劳拉瓦里（Kofman and Lawaree，1993）研究的基础上，

---

[*]　本章内容为课题组成员成果，已通过硕士论文答辩。

构建纵向监督理论模型。分析表明，高效的纵向监督机制应该同时包含两个监督人——专门监督人和临时监督人，在两个监督人的共同监督下，可以有效地阻止代理人与专门监督人之间的合谋，并且有效地促进地方政府对落后产能的淘汰，提升中央政府的收益。

一　文献综述

在纵向监督中，需要解决的主要问题是监管机构（监督人）和地方政府（代理人）之间的合谋问题。一直以来，学者都致力于研究如何在制度设计中解决合谋问题。陈志俊和邹恒甫（2002）指出，合谋是所有的组织和机构中普遍存在的一个现象，合谋会带来社会福利的损失，并且，合谋行为是造成一个组织激励扭曲、效率低下的根本原因。因而在政府制定落后产能淘汰中的监督政策时，完善防范合谋的机制具有十分重要的现实意义。

自格林和拉丰（Green and Laffont，1979）、拉丰和马斯金（Laffont and Maskin，1980）对公共品供应中的合谋行为进行了探索性研究之后，组织合谋成为经济学关注的热点现象。其中，格林和拉丰（1979）研究了与公共物品相关的决策的激励问题，并重点关注了"搭便车"问题；拉丰和马斯金（1980）研究了维克瑞（Vickrey）拍卖中的最优保留价格问题。但是，他们的研究仅仅只是开端。梯诺尔（1986）正式研究了合谋在科层组织中的可能性，标志着组织合谋领域研究的理论初步形成。此后，拉丰和梯诺尔等又将合谋理论引入了产业组织内研究，形成了对合谋行为在产业组织内分析的一般分析框架和研究范式。在该研究范式中（1986，1991，1992，1997，1998，2000），委托—代理关系由委托人（P）、监督人（S）和代理人（A）三层结构组成。代理人拥有私人信息，而委托人希望获得这些私人信息以达到自身利益最大化，但是，委托人无法观测到这些信息，而监督人却可以。研究的逻辑思路是：首先建立一个不存在合谋的基准模型，当信息不完全时，如何在该模型基础上建立完善的防范合谋的机制。

拉丰和马赫蒂摩（2000）划分了组织内合谋的类型，大体分为两类：第一类是代理人之间的合谋，第二类是代理人和监督人之间的合谋。而本书研究要解决的是第二类合谋，即代理人和监督人之间的合谋，这种合谋的存在是由于在激励不足的情景下，拥有信息优势的监督人和代理人结成联盟。因此，本节将重点综述关于防范代理人和监管人之间的合谋行为机制的相关研究。

　　梯诺尔（1986）构建了一个简单的三层委托—监督—代理模型，在该模型中只有一个委托人、一个监督人和一个代理人，他总结了在拥有"硬信息"的情况下，防范合谋的策略主要包括增加对监督人的激励、减少合谋收益和提高合谋交易成本三种。但是，这样可能带来较高的监督成本，如果监督人不是"自己人"，即不是属于原有的委托—代理关系中的关系人，是否能有效地避免监督人与代理人之间的合谋？考夫曼和拉瓦里（1993）在这个三层委托—代理关系中引入了外部审计师（外部监督人），考察外部监督人介入可能带来的影响。在设定了委托人将对代理人进行不定期审计的情形下，发现只有在内部审计师有"硬信息"并且经理的能力很强的时候，内部审计师才是有用的，最优合约是指定随机外部审计师。并且，由于外部审计师不存在构成合谋的环境基础，因此，较内部审计师形成合谋的可能性更低，对委托人而言，采用外部审计的方式更加合理。

　　然而，外部人会存在更多的信息不对称问题，"分权"，即引入更多的监督人分担监督的责任，是否更为有效？因为"分权"可以减少监管机构在从事社会浪费活动时的自由裁量权，无论代理人是何特点，当监管机构可以使其接受合谋提议时，监管机构之间的竞争使防范合谋约束变松弛，并且可以改善社会福利。因此，监管中的分权制可以作为应对规制俘获威胁的承诺（Laffont and Martimort，1998；1999）。较为近期的，福尔-格里莫军等（Faure - Grimaud，2003）研究了在"软信息"下的监管价值。

　　同时，梯诺尔和拉丰等（1993，2002）也开创了对于合谋理论的实践运用，大量见于公司治理（Kofman and Lawarree，1993，1996；Dessi，2005；董志强，2006）、金融监管等领域（Brundin，1996），在公共管理领域也有涉及（董志强，2006）。

　　然而，政策执行中的监督是基于政治委托—代理关系，由于交易各方地位不平等，以及政治合同的不完全性，使政策无法通过事后监督来纠偏（黄新华，2009），因此，执行过程中的监督尤为重要，再加之，外部人和内部人的监督人分类方式并不适合目前我国政策执行中的现实状况，在现实中，对落后产能的淘汰之类的带有强制性的产业规制，通常的监督人包括临时调查监督小组和长期固定的专门监督人两类。临时监

督小组是由上级部门从各部委抽调部分相关人员组建临时班子，不定期
地对各个地区淘汰落后产能情况进行抽查；长期固定的专门监督人或者
由当地的环保、土地、质检、钢铁工业协会等部门成员承担，或由地方
政府组建专班来承担。在现实状况下，最优的监督方式是两类监督人都
存在，还是只需要某类监督人，这对于落后产能淘汰的有效执行尤为重
要，为此，本章在梯诺尔（1986）构建的"硬信息"监督模型、考夫曼
和拉瓦里（1993）构建的"外部审计人"模型基础上，结合落后产能淘
汰的现实情况，考量在专门监督人和临时监督人等不同监督人情景下，
理想的最优状态，从而为政策的进一步完善提供理论上的依据。

二　理论模型

研究展示的是一个三层委托—代理层次结构，包括委托人—监督
人—代理人，在这个结构中，有四个参与者，即委托人、专门监督人、
临时监督人和代理人。其中，委托人为中央政府，专门监督人为监督机
构，临时监督人为考核组，代理人为地方政府。假设委托人缺乏监管代
理人所需的时间或知识，并且，监督人缺乏获得或者运行垂直结构所需
的资源。

（一）参数设计

代理人是生产单元。代理人活动创造的利润 x 取决于落后产能淘汰率
θ 和他投入的努力 e > 0，即：

$x = \theta + e$（以货币形式表示）

式中，落后产能淘汰率参数 θ 可以取两个值：$\underline{\theta}$ 和 $\overline{\theta}$，分别代表低效
率和高效率，显然有 $0 < \underline{\theta} < \overline{\theta}$。在淘汰落后产能的问题上，$\theta = \overline{\theta}$。同时，
假设代理人的努力 e 无法被委托人和监督人观察到，代理人努力的负效用
为 $g(e) = e^2/2$。并且代理人有一个递增、可微且严格凹性冯·诺依曼—
摩根斯坦的效用函数 U。

委托人获得利润 x，并且支付代理人工资 t，而且，当监督人向委托
人汇报代理人的低效率时，委托人可以对代理人施加惩罚 $P^m (P^m \leq P^{m*})$。
假设对委托人来说，即使没有适合的监督人时，雇用无论何种类型的代
理人都是最优的。

有两个自然状态，用 i 表示。自然状态的概率为 $p_i (\sum_{i=1}^{2} p_i = 1)$。代

理人在决定其努力之前总是会观察 θ。在接下来对两个状态的描述中，S 和 A 分别代表监督人和代理人：

状态 1：A 观察到θ，S 什么都没观察到。

状态 2：A 观察到θ，S 也观察到 $\bar{\theta}$。

对于一个给定的 θ，监督人的信号 s 可以取两个值：$\{\theta, \phi\}$，其中，φ 表示什么都没观察到。并且，临时监督人接收到与专门监督人相同的关于 θ 的信号 s。假设代理人知道监督人是否了解到真实的落后产能淘汰率，也就是说，代理人知道自然状态。

监督人的效用函数为 V，并且，专门监督人有一个递增、可微且严格凹性冯·诺依曼—摩根斯坦的效用函数，临时监督人有一个递增、线性的冯·诺依曼—摩根斯坦的效用函数。监督人给委托人的报告为 r，并且 $r \in \{\theta, \phi\}$。专门监督人从委托人处获得工资 w，临时监督人从委托人处获得工资 z，并且，$z < P^m$。如果临时监督人汇报了一个与专门监督人的报告不同的信号，那么委托人可以对专门监督人施加惩罚 $P^i(P^i \leqslant P^{i*})$，并且 $P^i > P^m$。

委托人是这个垂直结构的剩余索取者。他设计合同并将其提供给代理人和监督人。他的目标是最大化预期利润 $E(\pi) = E(x - t - w - z + P^m + P^i)$。

（二）时间线

（1）自然选择生产力状态 θ 和监督人的信号 s。

（2）代理人了解到 θ 但是还没有观察到 s。

（3）委托人提供一个合同，该合同具体说明对代理人的转移 t（它是一个关于产出和监督人报告的函数），对专门监督人的（固定的）转移 w，对临时监督人的（固定的）转移 z 以及对代理人和专门监督人的惩罚 P^m 和 P^i。

（4）委托人、代理人和监督人签署合同。代理人选择他的努力 e 和产出 x。

（5）委托人派遣专门监督人。代理人和监督人观察信号 s。

（6）代理人和专门监督人可以签署一个私下契约。

（7）专门监督人汇报的信息结构为 $\{s_1 = s_2 = \phi\}$。私下契约实现。

（8）委托人要求临时监督人汇报。临时监督人汇报的信息结构为

$\{s_1 = \phi,\ s_2 = \underline{\theta}\}$。

（9）转移实现。

（三）合谋的可能性

在上述自然状态下，令委托人的收益为 π_i，专门监督人的收益为 S_i，临时监督人的收益为 L_i，代理人的收益为 W_i。已知专门监督人的工资固定为 w，临时监督人的工资固定为 z，代理人工资为 t_i（显然有 $t_1 > t_2$），付出的努力为 e_i。显然，有 $e_1 = e_2$，令 $e_i = e_0$。因此，代理人的努力的负效用 $g(e_i) = g(e_0)$，代理人创造的利润 $x_i = \theta_i + e_i = \underline{\theta} + e_0$，令 $x_i = x_0$。

情形 1：只有专门监督人，并且其如实汇报。即如果 $s = \theta$，那么 $r = \theta$；如果 $s = \phi$，那么 $r = \phi$。可以得到：

在状态 1 中，有：

$S_1 = w$

$W_1 = t_1 - g(e_1) = t_1 - g(e_0)$

$\pi_1 = x_1 - S_1 - W_1 = x_0 - w - t_1 + g(e_0)$

式中，S_1 为专门监督人的收益，W_1 为代理人的收益，π_1 为委托人的收益。

在状态 2 中，有：

$S_2 = w$

$W_2 = t_2 - g(e_2) - P^m = t_2 - g(e_0) - P^m$

$\pi_2 = x_2 - S_2 - W_2 + P^m = x_0 - w - t_2 + g(e_0) + 2P^m$

其中，S_2 为专门监督人的收益，W_2 为代理人的收益，π_2 为委托人的收益。

委托人在情形 1 中的收益为：

$$\pi_a = p_1\pi_1 + p_2\pi_2 = p_1[x_0 - w - t_1 + g(e_0)] + p_2[x_0 - w - t_2 + g(e_0) + 2P^m] \tag{5.1}$$

在情形 1 中，代理人在两种状态下的收益差为 $W_1 - W_2 = t_1 - t_2 + P^m$，因为 $t_1 > t_2$ 且 $P^m > 0$，所以 $W_1 > W_2$。因此，对代理人而言，状态 1 比状态 2 更有利。而在状态 2 中，汇报观察到低的落后产能淘汰率和"保持沉默"（宣称自己什么都没观察到）这两个选择对专门监督人来说是无关紧要的；但是，代理人更希望专门监督人保持沉默。因此，在状态 2 的情况下，代理人有动机贿赂专门监督人，从而防止他揭露落后产能淘汰率较低的事实（在状态 2 时保持沉默）。而在状态 1 的情况下，合谋不可能发生。因此，专门监督人和代理人签订一个私下合同，代理人最多支付 P^m 给专门监督人以使其在状态 2 时保持沉默。

已知专门监督人有一个递增、可微且严格凹性冯·诺依曼—摩根斯坦的效用函数，即专门监督人是风险规避的。根据梯诺尔（1986）的研究可知，如果监督人是极端风险规避的，委托人支付固定工资给监督人，则他监督代理人的信息结构为 $\{s_1 = s_2 = \phi\}$。也就是说，在只存在专门监督人的情况下，监督人与代理人会形成合谋，将 P^m 从代理人转移到监督人；当监督人观察到低的落后产能淘汰率时，监督人会"保持沉默"，使委托人了解到的自然状态由状态 2 变为状态 1。

情形 2：只有专门监督人，并且专门监督人与代理人合谋。即如果 $s = \theta$，那么 $r = \phi$；如果 $s = \phi$，那么 $r = \phi$。可以得到：

在状态 1 中，情况与前文相同，即：

$$S_1 = w$$
$$W_1 = t_1 - g(e_1) = t_1 - g(e_0)$$
$$\pi_1 = x_1 - S_1 - W_1 = x_0 - w - t_1 + g(e_0)$$

式中，S_1 为专门监督人的收益，W_1 为代理人的收益，π_1 为委托人的收益。

在状态 2 中，有：

$$S_2' = w + P^m$$
$$W_2' = t_1 - g(e_2) - P^m = t_1 - g(e_0) - P^m$$
$$\pi_2' = x_1 - S_2 - W_2 = x_0 - w - t_1 + g(e_0)$$

式中，S_2' 为专门监督人的收益，W_2' 为代理人的收益，π_2' 为委托人的收益。

委托人在情形 2 中的收益为：

$$\begin{aligned} \pi_b &= p_1 \pi_1 + p_2 \pi_2' \\ &= p_1[x_0 - w - t_1 + g(e_0)] + p_2[x_0 - w - t_1 + g(e_0)] \end{aligned} \tag{5.2}$$

因此，在状态 2 中，与情形 1 相比，有：

$$\Delta S_2 = S_2' - S_2 = P^m > 0$$
$$\Delta W_2 = W_2' - W_2 = t_1 - t_2 > 0$$
$$\Delta \pi_2 = \pi_2' - \pi_2 = t_2 - t_1 - P^m < 0$$

由上可知，在状态 2 中，如果专门监督人和代理人合谋，那么与没有合谋的情形相比，专门监督人的收益增加 P^m，代理人的收益增加 $t_1 - t_2$，委托人的收益减少 $t_1 - t_2 + P^m$。

因此，对委托人而言，阻止专门监督人与代理人的合谋是十分必要的。因此，委托人需要一个临时监督人来审核专门监督人的信号，从而避免收益的损失。

情形3：只存在临时监督人。

已知临时监督人有一个递增、线性的冯·诺依曼—摩根斯坦的效用函数，即临时监督人是风险中性的。根据梯诺尔（1986）的研究可知，如果监督人是风险中性的，委托人的利润与无合谋情况下的利润相同，并且委托人拥有信息结构 $\{s_1 = \phi, s_2 = \underline{\theta}\}$ （监督人的信息结构）。也就是说，在只存在临时监督人的情况下，监督人与代理人不会形成合谋；当监督人观察到低的落后产能淘汰率时，监督人会如实汇报给委托人，从而保障委托人的收益。

因此，只存在临时监督人时，两个自然状态下代理人和委托人的收益与情形1中的收益相同，而临时监督人的收益固定为 z。

由于临时监督人并不能起到长期监督的作用，并且，由考夫曼和拉瓦里（1993）的研究可知，临时监督人只能作为监督专门监督人的角色而存在，并且他的报告只能作为一个参考意见。因此，临时监督人必须和专门监督人同时存在。

情形4：专门监督人和临时监督人同时存在。

当存在临时监督人时，合谋面临一些风险。如果委托人要求临时监督人的报告，他将获得关于低的落后产能淘汰率的可证实的证据。因为这两个监督人观察到同样的信号，所以，委托人肯定可以知道专门监督人和代理人是否合谋，并且将会对他们实施处罚。因此，在状态2中，专门监督人的收益为 $w + P^m - P^i$，而同样的状态中，情形1（无合谋）的收益为 $S_2 = w$，情形2（合谋）的收益为 $S_2' = w + P^m$。比较可知，此时专门监督人的收益比情形2少 P^i，比情形1少 $P^i - P^m$。已知专门监督人是风险规避的，因此，在临时监督人存在的情况下，专门监督人不会与代理人合谋。可以得到：

在状态1中，有：

$$S_1 = w$$

$$L_1 = z$$

$$W_1 = t_1 - g(e_1) = t_1 - g(e_0)$$
$$\pi_1 = x_1 - S_1 - L_1 - W_1 = x_0 - w - z - t_1 + g(e_0)$$

式中，S_1 为专门监督人的收益，L_1 为临时监督人的收益，W_1 为代理人的收益，π_1 为委托人的收益。

在状态 2 中，有：

$$S_2'' = w$$
$$L_2 = z$$
$$W_2'' = t_2 - g(e_2) - P^m = t_2 - g(e_0) - P^m$$
$$\pi_2'' = x_2 - S_2 - L_2 - W_2 + P^m = x_0 - w - z - t_2 + g(e_0) + 2P^m$$

式中，S_2'' 为专门监督人的收益，L_2 为临时监督人的收益，W_2'' 为代理人的收益，π_2'' 为委托人的收益。

委托人在情形 4 中的收益为：

$$\pi_c = p_1 \pi_1 + p_2 \pi_2''$$
$$= p_1[x_0 - w - z - t_1 + g(e_0)] + p_2(x_0 - w - z - t_2 + g(e_0) + P^m) \quad (5.3)$$

因此，在状态 2 中，与情形 2 相比，有：

$$\Delta S_2' = S_2'' - S_2' = -P^m < 0$$
$$\Delta W_2' = W_2'' - W_2' = t_2 - t_1 < 0$$
$$\Delta \pi_2' = \pi_2'' - \pi_2' = t_1 - t_2 + 2P^m - z > 0$$

综上可知，在状态 2 中，如果存在临时监督人，那么与合谋的情形相比，专门监督人的收益减少 P^m，代理人的收益减少 $t_1 - t_2$，委托人的收益增加 $t_1 - t_2 + 2P^m - z$。因此，加入临时监督人可以有效地阻止合谋，并且能够增加委托人的收益。

最后，比较情形 1、情形 2、情形 4 中委托人的收益。由式（5.1）、式（5.2）、式（5.3）可得：

$$\pi_a - \pi_b = p_2(t_1 - t_2 + 2P^m) > 0$$
$$\pi_b - \pi_c = p_1 z + p_2(t_2 - t_1 + z - 2P^m) < 0$$
$$\pi_a - \pi_c = p_1 z + p_2 z = z > 0$$

因此有：$\pi_a > \pi_c > \pi_b$。

所以，对委托人而言，理想的最优状态是只存在专门监督人，并且专门监督人与代理人不形成合谋。次优状态是专门监督人和临时监督人同时存在，这种情况与最优状态相比，只损失临时监督人的工资，并且可以很好地阻止合谋的发生，保障委托人的收益。而只存在专门监督人的情况对委托人而言是最不利的，在这种情况下，专门监督人与代理人合谋，使委托人收益减少。

三 结论

通过模型分析可知，对中央政府而言，理想的最优状态是只存在专门监督人，并且专门监督人与地方政府之间不形成合谋。而这种状态在现实中是很难实现的。因此，在存在合谋的情况下，为了阻止合谋的发生，中央政府的最优选择是设立两个监督人——临时监督人和专门监督人，让他们共同监督地方政府对落后产能的淘汰工作。而这一结论也有很大的现实意义。

表 5 - 1 展示了 1999—2010 年，我国出台的与钢铁行业落后产能淘汰相关的政策。从表 5 - 1 中可以看出，2010 年之前的政策都是只有一个监督人甚至没有监督人，由理论分析可知，只存在专门监督人时，专门监督人很有可能与代理人合谋；只存在临时监督人时，临时监督人的意见只能作为参考，并不能起到很好的监督作用。而没有监督人显然不能保证政策很好地执行，这也就解释了为什么国家从 1999 年开始就出台了一系列的政策来淘汰钢铁行业的落后产能但结果仍然不尽如人意。从 2010 年开始，我国钢铁行业淘汰落后产能的工作取得了巨大的进展，由表 5 - 1 可以发现，在 2010 年发布的《国务院关于进一步加强淘汰落后产能工作的通知》中，中央政府第一次同时设立了两个监督人，即临时考核组为临时监督人，专门设立的淘汰落后产能工作小组为专门监督人。这一举措很好地促进了政策的实施，也与本章的研究结论相一致。但在政策执行一段时间之后，仍然出现了"注水名单"等问题，主要原因就在于专门监督人仍未到位。2010 年淘汰落后产能工作部际协调小组成立，同时，各个地方也相应成立了地方淘汰落后产能工作小组。但是，这个工作小组并不是一个真正专门的部门，例如，中央的工作小组，其重点是在落后产能淘汰中各部委之间工作的衔接和协调，人员也是由来自 18 个相关部委的现任工作人员担任，是一个协调小组，无法完全承担专门监督人的职责。

因此，为了保证钢铁行业淘汰落后产能政策的执行，中央政府应该设立一个专门的监督机构来监督地方政府的淘汰工作，并且为了阻止专门监督机构与地方政府之间形成合谋，中央政府仍然要派出临时考核组来监督地方政府的工作进展。当两个监督人同时存在时，可以很好地保证地方政府按时按量的完成中央政府下达的落后产能的淘汰任务。

表 5 - 1　　　　　　　我国钢铁行业淘汰落后产能的相关政策

年份	文件	委托人	代理人	临时监督人	专门监督人
1999	关于做好钢铁工业总量控制工作的通知	中央政府	地方政府	无	国家冶金工业局
1999	淘汰落后生产能力、工艺和产品的目录（第一批）	中央政府	地方政府	无	无
2000	关于清理整顿小钢铁厂的意见	中央政府	地方政府	国家计委、财政部、建设部、环保总局、工商局、质量技监局和冶金局等有关部门	无
2000	关于对淘汰的落后生产能力、工艺、产品和重复建设项目限制或禁止贷款的通知	中央政府	地方政府	无	无
2003	关于制止钢铁行业盲目投资的若干意见	中央政府	地方政府	无	无
2004	国务院办公厅关于清理固定资产投资项目的通知	中央政府	地方政府	发改委、国土资源部、建设部、环保总局	无
2006	关于钢铁工业控制总量淘汰落后加快结构调整的通知	中央政府	地方政府	发改委、金融、土地、环保、质检、商务等行政主管部门	无
2006	国务院关于加快推进产能过剩行业结构调整的通知	中央政府	地方政府	无	无
2007	关于印发《节能减排综合性工作方案》的通知	中央政府	地方政府	无	无
2007	关于禁止落后炼铁高炉等淘汰设备转为他用有关问题的紧急通知	中央政府	地方政府	无	无
2007	关于严格禁止落后生产能力转移流动的通知	中央政府	地方政府	社会公众监督	无

续表

年份	文件	委托人	代理人	临时监督人	专门监督人
2007	淘汰落后产能中央财政奖励资金管理暂行办法	中央政府	地方政府	无	地方财政部
2007	钢铁产业调整和振兴规划	中央政府	地方政府	国务院各有关部门	无
2009	国务院批转《发展改革委等部门关于抑制部分行业产能过剩和重复建设引导产业健康发展若干意见》的通知	中央政府	地方政府	无	无
2009	工业和信息化部关于分解落实 2009 年淘汰落后产能任务的通知	中央政府	地方政府	无	无
2010	国务院办公厅关于进一步加大节能减排力度 加快钢铁工业结构调整的若干意见	中央政府	地方政府	无	行业协会商会
2010	工业和信息化部关于钢铁工业节能减排的指导意见	中央政府	地方政府	无	节能监察中心
2010	工业和信息化部关于印发《钢铁"十二五"发展规划》的通知	中央政府	地方政府	无	无
2010	国务院关于进一步加强淘汰落后产能工作的通知	中央政府	地方政府	工信部、发改委、财政部、能源局	淘汰落后产能工作小组

第二节　同级监督

政治合约的复杂性，决定了其委托—代理关系多样化（黄新华，2009），在代理人层面，通常会有多个代理人出现。长期以来，地方政府之间都存在晋升博弈，即政治锦标赛的现象，地方官员为了提高自己的政绩位次，同时降低其竞争对手的位次，会不择手段地进行恶性竞争（周黎安，2004）。而当是否淘汰了落后产能进入政绩考核体系之后（见国发〔2010〕7 号），对竞争对手的监督行为，显然是一种必然的竞争方式。

那么，同级监督能否有效改进地方政府对落后产能淘汰的效率呢？不同的激励机制对于同级监督又是否会产生影响呢？为此，本章构建同级监督的理论模型，并通过实验研究的方法进行检验。分析表明，同级监督可以有效地促进地方政府提升其总产出，并且促进地方政府完成落后产能的淘汰工作，特别是对于低效率的地方政府的促进作用更加明显。与此同时，在同级监督下，计件工资（依据淘汰绩效进行奖励的方式）比固定工资（所有淘汰了落后产能的政府，奖励是一样的）更能促进地方政府淘汰落后产能。

一 文献综述

学者已经运用代理理论解释了各种形式的监督机制是如何实施以提升公司绩效的（Alchian and Demsetz，1972；Jensen and Meckling，1976；Fama，1980；Fama and Jensen，1983；Mangel and Useem，2000；Kim，2005）。

同级监督是解决委托—代理问题的机制之一（Alchian and Demsetz，1972；Fama，1980；Fama and Jensen，1983；Arnott and Stiglitz，1991；Kandel and Lazear，1992）。当个体注意到并且回应他的同级的行为或绩效结果时，同级监督就出现了。同级监督包括制定标准、观察同级的结果以及在同级的结果低于监督标准时对其实施制裁，这样，同级之间就会相互影响并促使其从事他们喜欢或不喜欢的行为（Varian，1989；Barron and Gjerde，1997）。

关于同级监督的作用，艾森哈特（Eisenhardt，1989）指出，如果在监督系统需要雇用更多的监督人或者使用复杂的预算和成本会计系统来监督代理人，那么这样的监督系统成本就太高了，降低监控代理人行为的成本的一个方法是鼓励代理人的同级来实施监督。同级监督比纵向监督更有效，因为同级可以获得更多更好的与工作相关的问题的信息，而纵向的监督人无法获得这些信息（Fama and Jensen，1983；Arnott and Stiglitz，1991；Murphy and Cleveland，1995；Welbourne and Gomez - Mejia，1995；Nalbantian and Schotter，1997）。进一步地，维尔伯恩等（Welbourne et al.，1995）指出，同级监督通过两种方式来降低代理成本：第一，如果想要减少纵向监督，那么同级监督可以最小化直接费用。第二，同级之间可以通过交往的增加识别"懒惰"的人，并且鼓励其改善他们的绩效。与此同时，阿诺特和斯蒂格利茨（Arnott and Stiglitz，1991）以及巴伦和耶勒（Barron and Gjerde，1997）认为，同级监督与其他形式的监督和激励一样，都可以解决逆向选择和道德风险代理问题。并且，同级监督还可以减少隐藏行为，与委托人相比，同级总是有更多的关于同级的信息，他们可以观察到其他类型的监督形式可能错过的行为。拉尔森和卡拉汉（Larson and Callahan，1990）以及费林金和克里莫斯基（Frink and Klimoski，1998）指出，同级监督可以激励员工在重要的工作任务上更专注并付出更多努力。雷平和范达因（Le Pine and Van Dyne，2001）认为，同级监督可以帮助或鼓励表现不佳的成员，从而提升组织的整体绩效。马克斯和潘泽尔（Marks and Panzer，2004）认为，同级监督可以提升组织的反馈和协调过程。洛克里和托西（Loughry and Tosi，2008）指出，同级监督将员工的行为与组织利益结合到了一起（Alchian and Demsetz，1972；Fama and Jensen，1983）。总之，同级监督通过向委托人提供关于其他代理人行为和绩效结果的更好的信息，并且减少参与隐藏行动的机会来发挥监督功能。并且，同级监督也可以发挥激励功能，代理人为了获得回报或者避免负面影响，就会被激励做出对委托人有利的行为。因此，同级监督可以减少代理人不作为问题并改善绩效。

纵向监督也是解决代理问题的一个机制，那么纵向监督与同级监督的关系如何呢？现有的代理理论的文献大都表明，同级监督和纵向监督是互补的（Arnott and Stiglitz，1991；Barron and Gjerde，1997；Fama and Jensen，1983；Lin，1991）。不过，当纵向监督较强时，同级监督和工作绩效之间的正向关系会减弱，因为严格的监督限制了可接受绩效的范围和同级监督影响绩效的能力（Kerr and Jermier，1978；Goodman，et al.，1987）。被严格监视的代理人可能已经为了获得奖励并避免监督人的惩罚而积极表现（Hechter，1984）。此外，较强的纵向监督限制了隐藏行为，因而同级监督作为对机会主义的威慑的价值也就更少了。并且，当纵向监督较强时，同级监督提供的关于同级的额外信息对于改善绩效不太可能具有唯一的价值。洛克里和托西（2008）将同级监督分为直接同级监督（直接指正同级的问题）和间接同级监督（私下议论或排挤低绩效的同级），通过研究发现，当纵向监督较弱时，直接同级监督的影响力就较强。

二　理论模型

将地方政府的工作分为两类即发展 GDP 和淘汰落后产能，即地方政府要同时完成这两项工作。从短期来看，这两项工作之间是互替的，即要想快速发展 GDP 就不可能加快淘汰落后产能，而快速淘汰落后产能也会降低 GDP 的发展速度。然而，从长远来看，这两项工作之间是互补的，即淘汰落后产能有助于更好地发展 GDP；反之亦然。除此之外，第一项工作的工作成果显而易见，可以用数据直观地展现出来；而第二项工作的工作成果却难以度量，具有一定的不确定性，这也意味着中央政府（委托人）不能明确地了解地方政府（代理人）完成落后产能淘汰任务的能力，该能力为代理人的私人信息。因此，将发展 GDP 定义为工作 A，淘汰落后产能定义为工作 B，即工作 A 为能确切度量的工作，工作 B 为难以评估的工作。为此，在展现工作是否可以精确测度时，参照费尔和施米特（2004）实验中对不可衡量的度量方式，即得到：

从短期（互替）来看，代理人 A、B 两项工作的工作量分别为：

$$r(A) = 100 + q_A - 0.1q_B$$
$$r(B) = 100 + q_B - 0.1q_A + \varepsilon \tag{5.4}$$

从长期（互补）来看，代理人 A、B 两项工作的工作量分别为：

$$r(A) = 100 + q_A + 0.1q_B$$
$$r(B) = 100 + q_B + 0.1q_A + \varepsilon \tag{5.5}$$

式中，q_A 表示完成工作 A 的数量，而 q_B 表示完成工作 B 的数量，ε 为随机干扰项，表示工作 B 的不可度量性。

在现实情况中，地方政府（代理人）获得的经济激励是相同的，即为固定工资，记为 W_0。在此基础上，为了描述在存在同级监督情况下本书研究的预期，展示一个简单的理论模型，该模型是在一野和美极（Ichino and Maggi，2000）的模型基础上针对代理人完成两项任务的情景而进行了改进。

令代理人 i 选择的产出水平为 $Q_i \in [0, Q^{max}]$，显然 $Q_i = q_{iA} + q_{iB}$。假设生产 Q_i 获得的收益为 $G(Q_i, Y^e, \theta_i)$，并且有 $G_1 > 0$ 和 $G_{11} < 0$，其中，θ_i 为偏好参数（被试的"类型"），θ_i 的值越大表明被试从生产中获得的边际收益越大（这就相当于假设 $G_{13} > 0$）。Y^e 为描述被试 i 所处的当地环境 e 的特征向量。根据福尔克和一野（2006）的研究，本书将代理人所处的环境分为四种情况：（1）代理人独自工作，且不了解关于同级产出的任何信息，本章将其定义为"基准组"；（2）代理人独自工作，但是，委托人告知代理人其同级的产出很低，本章将其定义为"低产出组"；

（3）代理人独自工作，但是，委托人告知代理人其同级的产出很高，本章将其定义为"高产出组"；（4）代理人与另一个代理人一同工作，并且不了解关于其他同级的产出的任何信息，本章将其定义为"配对组"。

本章通过模拟生产的成本 $L(Q_i, \overline{Q_i^e})$ 来引入同级监督的可能性，其中 $\overline{Q_i^e}$ 是 i 所处环境中同级的平均产出。不存在同级监督时，$L_{12}=0$；相反，如果 $L_{12} \leqslant 0$，且当平均产出较高而生产 Q_i 的成本较低时，则存在同级监督。（这个说明是有意的而并不是通用的，这是因为，本章研究的目的并不是了解同级监督的决定因素，而仅仅只是了解存在同级监督时我们在所收集到的实验数据中应该看到什么。）通过假设 L 取决于 $\overline{Q_i^e}$，本章表明了一个可能性，即无论何种理由，如果代理人不与其他代理人的行为保持一致，那么他的成本将会很高。

考虑一组像 i 一样的代理人，可以得出这个博弈的纳什均衡。

在给定其他代理人的选择下，得出一个单一代理人的最优选择。每个代理人选择 Q_i 来使其生产的个人效用最大，

$$U^i = G(Q_i, Y^e, \theta_i) - L(Q_i, \overline{Q_i^e})$$

因此，最优产出水平是 $\overline{Q_i^e}$、Y^e 和 θ_i 的一个函数：

$$Q_i = g(\overline{Q_i^e}, Y^e, \theta_i) \tag{5.6}$$

根据本章的假设可以知道，如果存在同级监督，则有严格不等式 $\partial Q_i / \partial \overline{Q_i^e} \geqslant 0$，并且 $\partial Q_i / \partial \theta_i > 0$。需要注意的是，式（5.6）是一个结构状态，因为在一个真实的环境中，$\overline{Q_i^e}$ 是典型内生的。然而，在本章的假设中，$\overline{Q_i^e}$ 在配对组是内生的，而在其他组则是外生的。

令 $f^e(\theta)$ 为环境 e 中的类型的分布，结合式（5.6）有：

$$\overline{Q_i^e} = \int g(\overline{Q_i^e}, Y^e, \theta_i) \, df^e(\theta) \tag{5.7}$$

这个方程关于 $\overline{Q_i^e}$ 的解代表了均衡的平均产出水平。需要注意的是，如果 g 是线性的，那么只有一个均衡；如果 g 是非线性的，那么有多种均衡的可能。

为了接近本章的假设，考虑式（5.6）的一个线性的版本：

$$Q_i = Y + \beta \overline{Q_i^e} + \theta_i \tag{5.8}$$

此时，e 代表四个组 {b，l，h，p}，即基准组、低产出组、高产出组和配对组。需要注意的是，对于所有组别及所有代理人而言，环境是相同的，因此 $Y^e = Y$，并且令 $E\{\theta_i \mid e\} = 0$。最后，考虑到本章的假设，如果同级监督存在，那么 $\beta > 0$。

在低产出组和高产出组，$\overline{Q}_i^e$ 由委托人外生控制。因此，本书可以直接在下面命题的基础上判断同级监督的存在。

命题 1：比较低产出组和高产出组，如果存在同级监督并且 $\overline{Q}^l < \overline{Q}^h$，那么

$$E\{Q_i \mid e = l\} < E\{Q_i \mid e = h\}$$

在配对组，对每一组被试 i 和 j，分别有 $\overline{Q}_i^e = Q_j$ 和 $\overline{Q}_j^e = Q_i$。在这个情形中，同级的行为显然是内生的。然而，显而易见的是，每一组的两个被试的总产出差异为：

$$Z_k = |Q_{ki} - Q_{kj}| = |(\theta_{ki} - \theta_{kj})/(1 + \beta)| \tag{5.9}$$

式中，k 表示配对组内部的组别，Z 表示配对工作的两个被试产出的差异，简称为"总产出配对差"，而每一组的平均产出取决于式（5.4）暗含的一个可能的多重均衡。

结果，配对组的同级监督可以根据下面的命题来判断：

命题 2：在配对组中，同级监督的影响越大（β 越大），同级间的总产出水平的差异越小。

需要注意的是，在配对组中，存在同级监督并不能预测一个由式（5.2）暗含的可能的多重均衡的一个特别的产出水平。本章所有的假设只是每组的产出水平应该接近，但并不清楚是否和高产出组或低产出组一致。配对组的产出也因此可能低于或高于基准组。

除此之外，令 α 表示工作 B 的产出在总产出中所占比重，则有 $\alpha = q_B/(q_A + q_B)$。因此，在配对组，对每一组被试 i 和 j，工作 B 的比重的差异为：

$$T_k = |\alpha_{ki} - \alpha_{kj}| \tag{5.10}$$

式中，k 表示配对组内部的组别，T 表示配对工作的两个被试工作 B 比重的差异，简称为"B 比重配对差"。并且，本章提出以下预测：

预测 1：在配对组中，同级监督的影响越大，同级间的工作 B 的比重的差异越小。

代理人在完成工作时，对于 A 和 B 的比重有许多不同的选择，但是，在配对组中，代理人可以直接感知到另一个代理人的工作完成情况以及 A、B 两项工作的比重分配，因此，两个代理人不仅总产出接近，而且 B 的比重也接近。

上面的模型考查的是固定工资的情形下是否存在同级监督，以及同级监督对淘汰落后产能的影响。即使存在同级监督并且同级监督有助于落后产能的淘汰，这种助力也是十分有限的。众所周知，虽然中央政府有一定的奖惩措施来推进落后产能淘汰工作，但对于地方政府而言，在固定工资的情况下，发展 GDP 比淘汰落后产能更容易，并且见效更快，为其带来的短期收益也更多。因此，在淘汰落后产能工作实施过程中，地方政府只是为了规避中央政府的惩罚而完成"分内"的工作，在上报下一年度的淘汰名单时也出现了"注水名单"的情况，甚至地方政府为了更快地发展 GDP，反而会放任企业使用本应淘汰的设备进行生产。造成这一现象的原因有很多，本章认为，激励机制是其中很重要的一部分。固定工资下同时完成两项任务（其中一项难以度量），理性的代理人一定会选择稳定且容易度量的工作。如果改为计件工资，并且工作 B 的工资远高于工作 A 的工资，那么代理人完成工作 B 的积极性会更高，并且完成的总量也会更高。

令工作 A 的计件工资为 a，工作 B 的计件工资为 b，并且代理人完成 A、B 两项工作所得的工资为：

$$W = a[r(A) - 100] + b[r(B) - 100] \tag{5.11}$$

由此，本章提出以下预测：

预测 2：在同级监督下，代理人在计件工资下的平均总产出高于固定工资下的平均总产出。

预测 3：在配对组中，计件工资下的同级监督的影响高于固定工资下的同级监督的影响。

三 实验设计

本章想要进行一个简单的不需要任何知识和经验并且容易度量的任务，因此，实验选择了装信封的工作。被试要做的就是将调查问卷按要求装入信封。招募大学本科生作为被试，进行装信封的实验，实验于 2014 年 8 月在中南民族大学进行。在招募公告中，说明这个工作是一个简单的工作，没有任何知识和经验的要求，并且只需要连续工作两个小时就可获得 30 元左右的报酬。每个被试的工作间里都有一个桌子，桌子上摆放着完成任务所需的材料：A 和 B 两种信封、调查问卷、邮票、固体胶和圆珠笔，并且提供足量的材料。

在实验开始前，为被试详细解释实验要求、工作量的计算方法以及工资的计算方法，并给予一定时间提问及解答，等被试对实验规则确认无疑后，实验才正式开始。被试工作的具体步骤如下：（1）被试需要将调查问卷按要求折叠好并装入信封。（2）被试需要用固体胶封好信封并在相应的位置贴好邮票。（3）被试需要在信封封口处写上自己的实验编号。（4）完成两小时的工作后，被试需要填写工作自主性及风险偏好问卷，并且按实验规定领取报酬。所有组别的工作流程完全一样。需要注意的是，实验只要求两种信封都要有，但是，完成的两种信封的具体数量由被试自己决定。

实验分为两个大组——固定工资组和计件工资组，而每组又分为 AB 互替和 AB 互补。并且，在固定工资组中，互替和互补这两个组内又分别分为四个小组——基准组、低产出组、高产出组和配对组，而在计件工资组中，互替和互补这两个组内分别分为两个小组——基准组和配对组。图 5-1 展示了具体的分组情况。

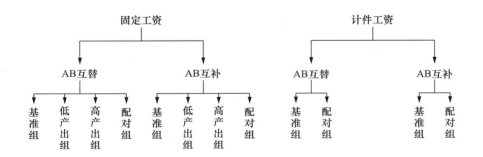

图 5-1　实验分组情况

在固定工资组，无论被试在两个小时内完成的 A 信封和 B 信封有多少个，其工资固定为 $W_0 = 30$（元）。在计件工资组，根据其完成的 A 信封和 B 信封的数量（q_A 和 q_B），其工资为 $W = 0.1[r(A) - 100] + 0.2[r(B) - 100]$［在式（5.11）中，令 $a = 0.1$（元），$b = 0.2$（元）］。两种计件方式下的工作量的计量方法相同，即互替组中工作量 $r(A)$ 和 $r(B)$ 由式（5.1）得出，互补组中工作量 r(A) 和 r(B) 由式(5.2)得出，并且将这两个公式中的 ε 设定在 -30—30，由电脑随机决定。

接下来，详细说明四个小组的情况：

第一组为基准组，该组为其他组的参照。在基准组中，每一个被试都在单独的房间工作，不能与其他被试接触，并且也没有关于其他被试工作量的信息。因此，基准组可以排除来自同级的任何潜在的同级监督。

第二组和第三组分别为低产出组和高产出组。在这两个组中，告知被试之前三个被试的工作量（包括 A 信封的产出、B 信封的产出及总产出），除此之外，其余情况与基准组相同。为了确定低产出和高产出的数量，收集了基准组中的被试的实验数据，并将基准组中最后三名的产出告知低产出组的被试，前三名的产出告知高产出组的被试。

第四组为配对组。该组同时有两个被试在同一工作间完成工作，除此之前，其余情况与基准组相同。两个被试并排工作，这样，可以让他们很容易地观察到对方的工作进度。实验中不限制被试之间的接触，他们可以自由地交流，但是，不能分工合作，必须独立完成自己的工作。并且在事前安排上尽可能地保证两个被试事前并不认识。实验总共有 148 名被试，基准组、低产出组和高产出组各 8 名被试，固定工资的配对组有 26 名（13 对）被试，计件工资的配对组有 16 名（8 对）被试。被试都是被随机分配到各组的（以此确保 $E\{\theta_i \mid e\} = 0$），并且一名被试只能选择一个组。表 5-2 展示了 4 个小组的分组设置。

表 5-2   四个小组的分组设置

分组	每个房间的被试数量	告知被试的信息
基准组	1	无
低产出组	1	之前三个被试的低产出
高产出组	1	之前三个被试的高产出
配对组	2	无

四 实验结果分析

实验一共招募 148 位本科生，被试来自市场营销、国际商务、应用心理学等 20 个专业，每个被试参与的实验耗时 120 分钟。固定工资组每人获得 30 元；计件工资组平均每人获得 33.96 元，其中，AB 互替组平均每人获得 29. 02 元，AB 互补组平均每人获得 38. 90 元。

（一）同级监督对代理人行为的影响

在固定工资组中，首先分析 AB 互替组的实验结果。图 5 - 2 展示了 AB 互替组中 4 个小组的信封的平均数量，并且可以看到个体对同级监督的反应。基准组的组员都是独立工作并且不受任何影响，其平均总产出（192 个信封）高于其他 3 个组。低产出组要面对人为控制的同级监督（之前 3 个被试的低产出），其平均总产出较低（160 个信封），而获得高产出信息的高产出组的平均总产出则为 171 个信封，高于低产出组。而当被试成对工作时，只有 160 个信封的平均总产出。

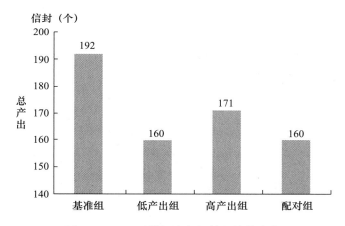

图 5 - 2 AB 互替组中各组的平均总产出

由结果可知，高产出组的平均总产出高于低产出组的平均总产出。为了进一步验证，本书对 4 组的总产出两两进行独立样本 T 检验，来判断其总体均值是否存在显著差异，概率 p 值见表 5 - 3。由表 5 - 3 可知，高产出组和低产出组之间的差异的 p 值为 0. 076，但是，考虑到小样本，仍然表明了两组之间的平均总产出有差异的可能性。由此可知，在固定工资的情况下，当 AB 互替时，高产出组的平均总产出大于低产出组的平均总产出，同级监督对代理人的行为确实有影响。

表 5 - 3   AB 互替组中各组产出的差异

	基准组	低产出组	高产出组	配对组	总产出（个）
基准组	1				192
低产出组	0. 091	1			160

	基准组	低产出组	高产出组	配对组	总产出（个）
高产出组	0.192	0.076	1		171
配对组	0.030	0.975	0.414	1	160
总产出	192	160	171	160	

接下来，分析固定工资情况下 AB 互补组的实验结果。图 5-3 展示了 AB 互补组中 4 个小组的信封的平均数量，并且我们可以看到个体对同级监督的反应。基准组的组员都是独立工作并且不受任何影响，其平均总产出（201 个信封）高于低产出组和配对组。低产出组要面对人为控制的同级监督（之前 3 个被试的低产出），其平均总产出较低（182 个信封），而获得高产出信息的高产出组的平均总产出则为 221 个信封，高于其他 3 组。而当被试成对工作时，只有 164 个信封的平均总产出。

表 5-4   AB 互替组中各组产出的差异

	基准组	低产出组	高产出组	配对组	总产出
基准组	1				201
低产出组	0.525	1			182
高产出组	0.494	0.034	1		221
配对组	0.037	0.382	0.073	1	164
总产出	201	182	221	164	

由结果可知，高产出组的平均总产出高于低产出组的平均总产出。为了进一步验证，本书对 4 组的总产出两两进行独立样本 T 检验，来判断其总体均值是否存在显著差异，概率 p 值见表 5-4。由表 5-4 可知，高产出组和低产出组之间的差异的 p 值为 0.034，表明高产出组和低产出组之间的平均总产出有显著差异。因此可知，在固定工资的情况下，当 AB 互补时，高产出组的平均总产出大于低产出组的平均总产出，同级监督对代理人的行为确实有影响。

因此可以得出：

结论 1：与命题 1 一致，在经济激励相同的情况下，无论从短期（AB 互替）还是长期（AB 互补）来看，高产出组的平均总产出均大于低产出组的平均总产出，即外源控制的同级监督的确会影响代理人的总产出。

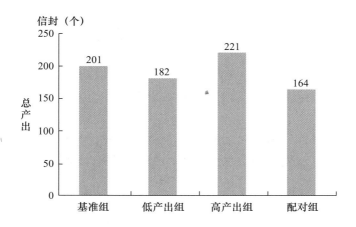

图 5 - 3　AB 互补组中各组的平均总产出

接下来，进一步分析同级监督对于不同生产率的代理人的影响是否相同。图 5 - 4 描绘了固定工资下 AB 互替组和 AB 互补组的总产出的四分位图。在图中可以看到，无论互替还是互补，最小值的变化都十分显著，并且在低产出组和高产出组之间有一个很明显的增加。更普遍的是，在产出分布上，从较低的分位点到较高的分位点，同级监督的敏感性似乎是单调递增的。

根据图 5 - 4 中展示的数据，可以得出：

结论 2：低生产率的代理人对同级的行为更敏感，即同级监督可以有效地促进低生产率的代理人提升其工作总产出。

低产出组和高产出组的比较表明，外源控制同级的行为可能对效率较低的工人做出的努力有一个实质性的影响，与此同时，配对组提供了关于内生同级监督及其影响的信息。

在固定工资情况下，AB 互替组和 AB 互补组各有 13 对被试，图 5 - 4 展示了两组中每一对被试的总产出配对差（两个被试产出的差异）。由图 5 - 5 可知，当 AB 互替时，除第 11 对被试的配对差较高（91 个信封）外，其余 12 对被试的配对差都在 60 以内，并且有 7 对被试的配对差低于 30；当 AB 互补时，13 对被试的总产出配对差都在 50 以内，并且有 10 对

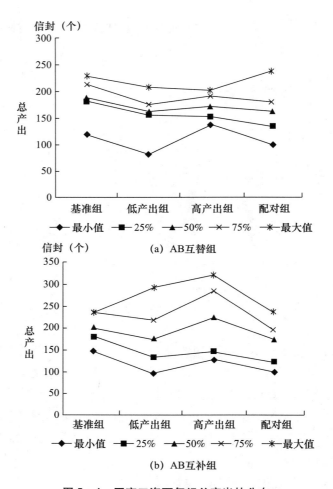

图 5 - 4 固定工资下每组总产出的分布

被试的配对差低于 30。由此可知，无论在互替组还是互补组，成对工作的被试之间的产出差异很小，并且，这一结果在统计上也是显著的。对互替组中的配对组总产出进行配对 T 检验得出的 p 值为 0.886，互补组的 p 值为 0.076，均大于 0.05，因此，在配对组中，每对被试的总产出配对差的平均值与 0 没有显著不同，即成对工作的被试之间的产出无显著差异。因此可以得到：

结论 3：与命题 2 一致，在经济激励相同的情况下，无论从短期（AB 互替）还是长期（AB 互补）来看，内生同级监督确实存在，并且会缩小同级间产出水平的差异。

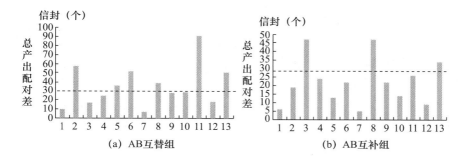

图 5-5 每对被试的总产出配对差

通过以上分析可知，在经济激励相同的情况下，内生同级监督会影响代理人的总产出水平，并且会使同级间的产出水平差异减小。那么，同级监督对代理人的工作分配会不会产生影响呢？在同时完成工作 A 和工作 B 时，理性的代理人会倾向于多完成工作 A，而在惩罚的压力下完成委托人规定的工作 B 的任务，那么在同级监督的影响下，代理人对工作分配的选择会不会受到同级行为的影响？在固定工资的情况下，AB 互替组和 AB 互补组各有 13 对被试，在统计每一个被试的工作 A 和工作 B 的数量的同时，也计算出每个被试完成的工作 B 占工作总量的比重，即 α。图 5-6 展示了两组中每一对被试 B 比重的配对差（配对工作的两个被试工作 B 比重的差异）。由图 5-6 可知，当 AB 互替时，除第 4 对被试的配对差较高（45%）外，其余 12 对被试的差异都在 25% 以内，并且有 7 对被试的配对差低于 10%；当 AB 互补时，13 对被试的配对差都在 30% 以内，并且有 7 对被试的配对差低于 10%。由此可知，无论在互替组还是互补组，成对工作的被试之间的工作 B 比重的差异很小，并且，这

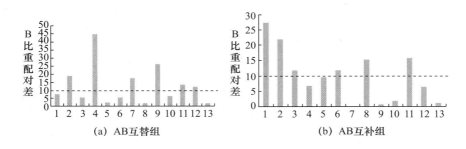

图 5-6 每对被试的 B 比重配对差

一结果在统计上也是显著的。对互替组中的配对组的工作 B 的比重进行配对 T 检验得出的 p 值为 0.290，互补组的 p 值为 0.056，均大于 0.05，因此，在配对组中，每对被试 B 比重的配对差的平均值与 0 没有显著不同，即成对工作的被试之间的工作 B 的比重无显著差异。因此得到：

结论 4：与预测 1 一致，在经济激励相同的情况下，无论从短期（AB 互替）还是长期（AB 互补）来看，内生形成的同级监督会影响同级对工作的分配，并且工作 B 的比重的差异会减小。

上述检验均通过均值分析方法得出的大致结论与前述命题和预测结论基本一致，但是，由于没有加入控制变量，无法说明被试的选择的其他原因，也无法分析被试决策的内在传导机制。接下来，研究采用线性回归对上述命题和预测进行进一步验证。分别以总产出（Q）和工作 B 的比重（α）为被解释变量，在解释变量的选择上，本章选取内生同级监督（存在取 1，否则取 0）、性别（男性为 0，女性为 1）、专业、工作自主性和风险偏好。由于工作自主性和风险偏好中包含的变量较多，因此对其进行因子分析。在 AB 互替组中，对工作自主性中的 9 个变量进行因子分析，提取出两个因子，分别命名为工作积极性和工作控制力，然后对风险偏好中的 6 个变量进行因子分析，提取出三个因子，分别命名为外在风险、娱乐与职业的风险以及健康风险；在 AB 互补组中，对工作自主性中的 9 个变量进行因子分析，提取出两个因子，分别命名为工作主动性和工作控制力，然后对风险偏好中的 6 个变量进行因子分析，提取出三个因子，分别命名为外在风险、娱乐与职业的风险以及健康风险。回归结果见表 5-5。

表 5-5　　　　　　固定工资下代理人行为的线性回归模型

AB 互替			AB 互补		
解释变量	被解释变量		解释变量	被解释变量	
	总产出	工作 B 的比重		总产出	工作 B 的比重
内生同级监督	-18.367* (0.059)	-1.448* (0.079)	内生同级监督	-29.951* (0.052)	2.796* (0.056)
性别	24.214** (0.033)	-10.100** (0.017)	性别	9.335 (0.625)	6.707* (0.078)

续表

解释变量	AB 互替		解释变量	AB 互补	
	被解释变量			被解释变量	
	总产出	工作 B 的比重		总产出	工作 B 的比重
专业	−4.072	−1.825*	专业	−7.750*	0.069
	(0.163)	(0.090)		(0.040)	(0.924)
工作积极性	10.433**	0.752	工作主动性	−3.760	−0.610
	(0.041)	(0.681)		(0.635)	(0.694)
工作控制力	9.700*	2.513	工作控制力	17.681*	−0.629
	(0.070)	(0.196)		(0.027)	(0.680)
外在风险	4.174	−0.610	外在风险	7.199	0.536
	(0.413)	(0.743)		(0.415)	(0.756)
娱乐与职业风险	0.651	0.657	娱乐与职业风险	−6.417	−0.572
	(0.894)	(0.716)		(0.440)	(0.724)
健康风险	−4.486	0.682	健康风险	−0.327	−2.374
	(0.356)	(0.701)		(0.966)	(0.1212)
样本量	50	50	样本量	50	50

注：**、*分别表示在5%、10%的显著性水平下显著，括号内为 p 值。

由表5-5可知，在固定工资的情况下，无论 A 和 B 是互替还是互补，配对组与其他三组的平均总产出之间确实存在差异，并且通过了10%的显著性检验。与此同时，配对组与其他三组的平均的工作 B 的比重也存在差异，并且也通过了10%的显著性检验。这一点也进一步支持了命题2和预测1，即内生同级监督确实会影响代理人的行为选择，这个选择包括对总产出的选择以及对工作 B 的比重的选择。也就是说，内生同级监督使同级代理人的总产出差异以及工作 B 的比重的差异减小。

除此之外，还可以发现，在 AB 互替的情况下，代理人的工作积极性以及对工作控制力都对总产出有显著的正向影响，即工作积极性越高、对工作控制能力越强的代理人，其总产出也就越多。而在 AB 互补的情况下，只有工作控制力对总产出有显著的正向影响，即对工作的控制能力越强的代理人，其总产出就越多。因此，代理人本身的工作自主性对总产出有显著的影响，而代理人的风险偏好对总产出没有显著影响。此外，代理人的工作自主性和风险偏好对工作 B 的比重均没有显著影响。

由以上分析可知：在经济激励相同的情况下，无论从短期（AB 互替）还是长期（AB 互补）来看，同级监督确实存在，并且外源控制的同级监督对代理人的总产出有积极的影响，可以有效地促进低生产率的代理人提升其工作总产出，而内生同级监督不仅可以缩小同级之间总产出水平的差异，还可以缩小同级之间工作 B 的比重的差异。

（二）激励机制对同级监督的影响

现在分析计件工资情形下被试的产出。图 5 - 7 展示了固定工资和计件工资下的平均总产出的差异。可以很直观地看到，当 AB 互替时，在基准组中，计件工资下的平均总产出高于固定工资下的平均总产出，但是差异不大，并且在统计上也不显著（p 值为 0.877），而在配对组中，计件工资下的平均总产出远高于固定工资下的平均总产出，并且这一差异在统计上也是显著的（p 值为 0.001）。同样，当 AB 互补时，在基准组中，计件工资下的平均总产出高于固定工资下的平均总产出，但是差异不大，并且在统计上也不显著（p 值为 0.405）；而在配对组中，计件工资

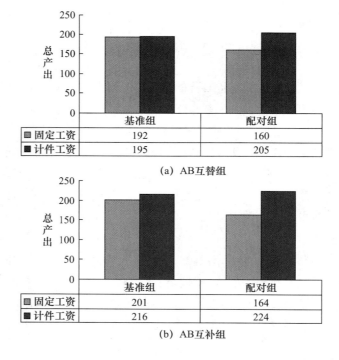

图 5 - 7　固定工资和计件工资下的总产出

下的平均总产出远高于固定工资下的平均总产出，并且这一差异在统计上也是显著的（p 值为 0.000）。由此可知，在基准组（没有同级监督）中，不同的激励机制对代理人产出的影响并没有差异，但是，在存在同级监督的情况下，计件工资下代理人的平均产出要高于固定工资下代理人的平均产出。

　　除此之外，在图 5 - 8 中，比较了固定工资和计件工资下的工作 B 的平均比重的差异。由图 5 - 8 可知，当 AB 互替时，无论是基准组还是配对组，计件工资下的工作 B 的平均比重要比固定工资下高出 10%，但是，基准组的差异在统计上并不显著（p 值为 0.096），而配对组的差异在统计上显著（p 值为 0.044）。同样，当 AB 互补时，无论是基准组还是配对组，计件工资下的工作 B 的平均比重要比固定工资下高出 10%，但是，基准组的差异在统计上并不显著（p 值为 0.122），而配对组的差异在统计上显著（p 值为 0.046）。由此可知，在基准组（没有同级监督）中，不同的激励机制对代理人的工作分配的影响并没有差异，但是，在存在同

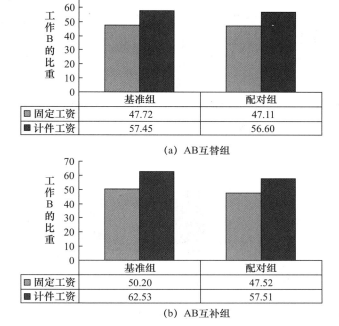

图 5 - 8　固定工资和计件工资下工作 B 的比重

级监督的情况下，计件工资下的代理人完成工作 B 的比重高于固定工资下的比重。

因此得出：

结论 5：与预测 2 一致，无论从短期（AB 互替）还是长期（AB 互补）来看，在存在同级监督的情况下，代理人在计件工资下的平均总产出高于固定工资下的平均总产出。并且，代理人在计件工资下工作 B 的平均比重高于固定工资下工作 B 的平均比重。

通过上面的分析可知，在同级监督下，计件工资比固定工资更能提高代理人的总产出以及工作 B 的比重。那么，在两种激励机制下，同级监督的影响是否相同呢？为了研究这一点，本章比较了固定工资和计件工资下的总产出配对差（配对工作的两个被试产出的差异）的均值（见图 5 - 9），以及 B 比重配对差（配对工作的两个被试工作 B 比重的差异）的均值（见图 5 - 10）。由图 5 - 9 可知，无论在 AB 互替组还是 AB 互补组，计件工资下的总产出的平均配对差都小于固定工资下的平均配对差，但是，这个差异在统计上并不显著（互替组的 p 值为 0.158，互补组的 p 值为 0.661）。由图 5 - 10 可知，无论在 AB 互替组还是 AB 互补组，计件工资下的 B 比重的平均配对差都小于固定工资下的平均配对差，但是，这个差异在统计上也不显著（互替组的 p 值为 0.131，互补组的 p 值为 0.762）。因此，可以得到：

结论 6：与预测 3 不一致，不能肯定在配对组中，计件工资下的同级监督的影响高于固定工资下的同级监督的影响。

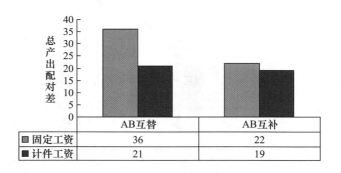

图 5 - 9　固定工资和计件工资下总产出配对差的均值

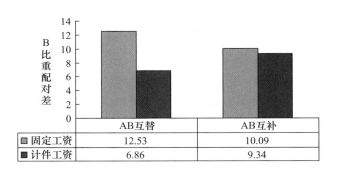

	AB互替	AB互补
■ 固定工资	12.53	10.09
■ 计件工资	6.86	9.34

图5-10　固定工资和计件工资下B比重配对差的均值

因此，通过以上分析可知，在不存在同级监督时，计件工资与固定工资对总产出和工作B的比重的影响没有差异，在同级监督存在时，无论从短期（AB互替）还是长期（AB互补）来看，相比于固定工资，计件工资对总产出和工作B的比重都有很好的促进作用。但是，两种工资下同级监督的影响却并无差异。因此，在同级监督存在时，计件工资的激励模式虽然不能提升同级监督的影响，却可以很好地提升代理人的总产出以及代理人对工作B的重视程度。

五　结论及启示

同级监督是否存在及其对代理人产出和工作比重的影响，且不同的激励机制对同级监督会带来怎样的影响？为此，本书基于一野和美极（2000）的模型通过加入被试完成两项任务的条件，建立了同级监督理论模型，并通过实验对该模型进行验证。实验结果表明：

（1）在经济激励相同的情况下，无论从短期还是长期来看，同级监督确实存在，并且外源控制的同级监督对地方政府淘汰落后产能和发展GDP的工作总量有积极的影响。

（2）在经济激励相同的情况下，无论从短期还是长期来看，低生产率的地方政府对同级的行为更敏感，即同级监督可以有效地促进低生产率的地方政府提升其淘汰落后产能和发展GDP的工作总量。

（3）在经济激励相同的情况下，无论从短期还是长期来看，内生同级监督确实存在，并且会缩小同级地方政府之间淘汰落后产能和发展GDP的工作总量之间的差异。

（4）在经济激励相同的情况下，无论从短期还是长期来看，内生同级监督会影响同级的地方政府对工作的分配，并且淘汰落后产能的比重的差异会减小。

（5）无论从短期还是长期来看，在存在同级监督的情况下，与固定奖励相比，地方政府在依据淘汰绩效进行奖励的方式下的平均工作总量有所提高，并且淘汰落后产能工作的平均比重也有所提高。

（6）不能确定依据淘汰绩效进行奖励的方式对同级监督的影响高于固定奖励对同级监督的影响。

综上可知，在固定奖励的情况下，当地方政府（代理人）同时完成两项任务——发展 GDP 和淘汰落后产能时，无论从短期还是长期来看，同级监督对地方政府的总产出和淘汰落后产能的比重都有一个积极的影响，并且同级监督可以有效地促进低效率的地方政府提升其总产出。而如果中央政府采取依据淘汰绩效进行奖励的方式，并且淘汰落后产能的"单价"高于发展 GDP 的"单价"，那么在同级监督下，地方政府的总产出和淘汰落后产能的比重相比于固定奖励下都有一个提升。

上述结论的重要启示在于：

在现有的激励机制下，同级监督不仅有助于地方政府总工作量的提升，而且有助于地方政府更好地完成落后产能的淘汰工作，与此同时，同级监督还可以促进低效率的地方政府提高工作效率，更好地完成中央政府分配的工作。因此，中央政府要充分利用同级监督的积极作用，及时通报全国各地的政府的工作进展，营造出"外源性同级监督"，并且鼓励同地区的地方政府互相通报工作进展，让彼此了解对方的工作进度，构成"内生同级监督"。这样，可以更好地促进落后产能的淘汰工作。

除此之外，中央政府要想更快更好地落实落后产能的淘汰工作，就必须加强对淘汰落后产能的重视。除出台相应的文件在政策上对地方政府进行奖惩之外，也可以在激励机制上变换方式。依据实际的淘汰绩效实施奖励，并加大淘汰落后产能工作的奖励比重，以更有效地促进落后产能的淘汰。

第三节　媒体监督

媒体监督作为外部惩戒/约束机制是内部监督机制的有效补充，被认为是效率较高的公司治理非正式的外部机制（李建标等，2010）。在公共管理领域，被视作"社会公器"，承载了代表公众行使舆论监督的职能。近年来，淘汰落后产能过剩中频现的"注水名单""死灰复燃"等现象也都是经媒体曝光后得到关注，进而得以解决的。因此，在国发〔2010〕7号文中，首次将媒体舆论监督作为一项主要的监督方式写入了落后产能淘汰的政策中。

那么，在钢铁行业淘汰落后产能乱象频生、公众对钢铁行业落后产能的淘汰情况高度关注的情况下，媒体是否起到了监督的作用？又是通过怎样的机制起作用的？这也正是本章研究的问题。

研究以自2010年来在媒体曝光的落后产能淘汰不力的事件为样本，研究了媒体在促进落后产能淘汰方面所扮演的角色。同时，还进一步探究媒体发挥监督作用中的内在形成机制，即声誉机制对促进媒体监督作用的影响。

一　理论分析与研究假设

（一）媒体监督与落后产能的淘汰

欧文（Owen，2002）认为，媒体起到了重要的信息中介的作用，能有效地缓解信息不对称。而且，在大量的研究中，媒体的"看门狗"（监督）（Serrin，2002）的作用也常常被提及。国内外众多学者都认为，媒体监督可以有效改善公司的治理。例如，媒体监督是控制的私人收益的主导因素（Dyck and Zingales，2004），促使公司改正不当行为、完善公司治理（Dyck et al.，2008），监督并揭示会计丑闻（Miller，2006），提高董事会效率，增加公司的价值与收益（Joe et al.，2009），提高对公司治理安排和管理决策的影响，实现股东价值最大化，或者作为信息中介，降低管理者和外部投资者之间信息不对称的程度（Chen et al.，2013），保护投资者权益和完善公司治理水平（李培功和沈艺峰，2010）等。而且对于代理人的个人行为，媒体监督也能予以调整和修正，例如，李焰和秦义虎（2011）以2006—2009年被媒体负面报道过的公司为样本，研究媒体监督对独立董事辞职行为的影响。研究发现，独立董事的辞职概率与媒体负面报道量呈显著正相关关系，同时，独立董事的辞职概率还与媒体的影响力呈正向相关关系。该发现意味着媒体监督发挥了积极作用，影响力较高的媒体发挥的作用越大。杨德明和赵璨（2012）的研究也发现，媒体对于我国上市公司高管薪酬中存在的"天价薪酬"与"零薪酬"等薪酬乱象起到了一定的监督作用。

在公共管理领域,媒体被视作"社会公器"(马正华和樊浩,2014;岳璐,2007)传达着弱势的、无力反抗的普通大众的声音,同时也站在强势的、掌握了话语权的当权者的对立面,履行舆论监督职责。例如,媒体对矿难事件的报道及追踪(岳璐,2007)、对落后产能淘汰过剩中地方政府提供的落后产能名单的揭露等,因此,同在公司治理领域的结论相似,媒体的监督将带来公共政策的改进(Strömberg,2004)及执行效率的提高,当然,需要更多的实证研究来支撑这个结论。

基于此,本章提出以下假设:

假设5-1:媒体监督与企业落后产能淘汰率呈显著正相关关系,即媒体对钢铁企业淘汰落后产能的负面报道数量越多,企业完成落后产能淘汰任务的可能性越大。

(二)声誉对媒体监督落后产能淘汰的作用机理

许多学者认为,在不拥有其他公司的所有权和控制权的情况下,媒体主要通过声誉机制来影响公司的治理,从而发挥其监督作用(Fama,1980;Fama and Jensen,1983;Dyck et al.,2008;李焰和秦义虎,2011)。

在落后产能淘汰的问题中,媒体监督之所以可以促进落后产能的淘汰也正是声誉机制外显的结果,在媒体监督下,地方政府为了维护政府声誉,会积极干预与介入,最终保证了淘汰落后产能任务的完成。因此,在我国特殊的制度背景下,媒体借助政府这个"路径"最易发挥其监督职能(杨德明和赵璨,2012)。一般而言,地方政府的干预主要体现在两个方面:一是事前对媒体的干预。对于负面信息,政府往往以行政命令的方式要求媒体不予报道(叶皓,2008)。二是被媒体曝光后,通过行政介入企业,落实淘汰落后产能的工作。政府声誉不仅能有助于建立委托—代理关系中信任感(King,1996),而且在面对政治市场上的激烈竞争(吴建南和马亮,2009)的情况下,政府声誉也有利于地方官员晋升。

因此,地方政府希望维持一个较好的声誉,以显示自己有能力完全淘汰落后产能,特别是在淘汰落后产能工作已经作为一项政绩考核的依据之后。在任务下达之初,中央政府无法直接判断地方政府能力的强弱,只能通过最终的淘汰落后产能目标任务完成情况的年度报告来判别,未能完全淘汰落后产能的政府就会被中央政府认为是能力较弱的政府,并且会面临惩罚。因此，地方政府为了建立良好的声誉，就必须在表面上落实中央下达的淘汰落后产能的任务。这样，在出现关于企业淘汰落后产能的负面报道时，地方政府为了维护自己的声誉，一定会积极介入，"堵住"负面报道或者真正干预以确保企业按时淘汰落后产能。

为了说明这一点，本章在KMRW声誉模型的基础上，做了简单的修改，构建一个包含中央政府、地方政府和监管机构三方的不完全信息动态博弈模型，该模型假定三方都有作为理性人的利益偏好，依照预期效用最大化原则进行决策。其中，地方政府与中央政府之间的博弈过程是研究关注的重点，旨在考察在监管机构声誉介入条件下地方政府对淘汰落后产能工作上的努力。

1. 模型假定

(1) 假定中央政府认为，地方政府有两种类型，类型空间 $b \in \{0, 1\}$，式中，$b = 0$ 代表强政府，$b = 1$ 代表弱政府。地方政府清楚自己的类型，而中央政府并不清楚。但是，中央政府可以通过媒体对当地落后产能淘汰情况的报道和监管机构提交的落后产能完成情况报告来推断政府的类型。

(2) 假定监督部门会将媒体负面报道作为重要的参考依据，对地方政府的淘汰行为进行监督检查，并制定当地淘汰目标 S，若未完成该目标或虚假上报完成目标（通过媒体报道揭露出来），则监督部门会对当地政府施以处罚 $C_1 \leq 1$，该值以地方政府不淘汰收益额的比重来体现，为各地方政府的共同知识；若被媒体曝光后地方政府积极应对，经核查后实际完成淘汰目标 S 则免除处罚 C_1。

(3) 假定强政府不用造假就可以达到标准 S，而弱政府不愿意淘汰落后产能，但通过假装强政府可以建立一个淘汰落后产能的声誉。因此，其行为选择就较为复杂，它们在两种情况下会达到标准 S：一种是通过"虚瞒报""注水"等各种造假手段达到标准 S；另一种在造假被媒体曝光之后选择介入企业并实际达到淘汰标准 S。其他的情况下或者由于企业以及地方 GDP 的压力而选择不达标，或者在媒体曝光后也选择不作为从而不达标。一旦不达标，中央政府就会认为地方政府是弱政府，随后阶段的不淘汰只会招致严惩。因此，弱政府在什么条件下达到标准 S（包括实际和造假），就是本章需要探讨的主要问题。用 π 表示完成情况与标准 S 差距的绝对值，π^e 是中央政府对 S 的期望未达成率。

（4）假定 $b=0$ 的先验概率是 p^0，$b=1$ 的先验概率是 $1-p^0$（在 $t=0$ 时中央政府认为地方政府是强政府的概率是 p^0，弱政府的概率是 $1-p^0$）。中央政府通过观察地方政府的淘汰行为，按照贝叶斯法则修正地方政府类型的先验概率。

（5）假定地方政府的单阶段效用函数如下：

$$U=-\frac{1}{2}\pi^2+b[(\pi-\pi^e)-C_1-C_2-C_3]$$

式中，C_2 为地方政府的造假成本(例如干预媒体报道)；C_3 为地方政府介入企业淘汰的成本，同 C_1 一样，也是以地方政府不淘汰收益的比重来体现，且设 $C_1-(C_2+C_3)<\frac{1}{2}$，在上述效用函数中，$C_1$、$C_2$、$C_3$ 并不一定同时存在，而是要依据政府的决策来确定。

2. 博弈过程

图 5－11 展示了地方政府的决策树，图 5－12 展示了博弈时间线。

p_0^0
$1-p_0^0$
强政府
弱政府
造假
不造假
λ
1-λ
不淘汰
淘汰p_1^0
媒体曝光 p_1^1
介入
不介入
淘汰p_2^0
不淘汰

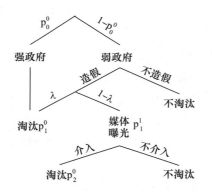

图 5－11　地方政府的决策树

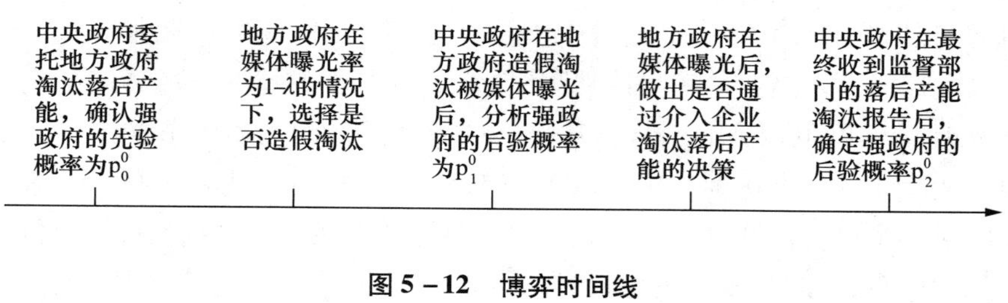

中央政府委托地方政府淘汰落后产能，确认强政府的先验概率为p_0^0
地方政府在媒体曝光率为1-λ的情况下，选择是否造假淘汰
中央政府在地方政府造假淘汰被媒体曝光后，分析强政府的后验概率为p_1^0
地方政府在媒体曝光后，做出是否通过介入企业淘汰落后产能的决策
中央政府在最终收到监督部门的落后产能淘汰报告后，确定强政府的后验概率p_2^0

图 5－12　博弈时间线

接下来，将分析单阶段博弈和在有限期 T 内的博弈。

（1）单阶段博弈：弱政府的最优选择是 $\pi^* = b = 1$（解一阶条件得出），强政府的最优选择是 $\pi^* = 0$，效用水平是 $U = 0$（给定在理性预期下，强政府的预期完成与标准一致，即 $\pi = \pi^e$，强政府既不会信息造假也不会事后干预，更不会不完成标准 S，因此不存在成本和惩罚）。

（2）在有限期 T 内的博弈：在 T 阶段（博弈的最后阶段），建立达到标准 S 的声誉已经没有意义，弱政府的最优选择是 $\pi = b = 1$，中央政府对地方政府不达标的预期为 $\pi_T^e = 1 - p_T$，弱政府的效用水平是：

$$U_T = -\frac{1}{2}\pi_T^2 + (\pi_T - \pi_T^e) - C_1$$

$$= -\frac{1}{2} + [1 - (1 - p_T)] - C_1 = p_T - \frac{1}{2} - C_1$$

因为 $\partial U_T / \partial p_T = 1 > 0$，弱政府的效用是"强政府"声誉的增函数，这也是弱政府有积极性建立"强政府"声誉的原因。

令 δ 为地方政府的贴现因子，该参数反映了地方政府的耐心程度。令 y_t 为 t 阶段弱政府选择达到标准 S 的概率（假装强政府的概率），x_t 为中央政府认为弱政府达到标准 S 的概率；在均衡情况下，$x_t = y_t$。

命题 1：纯战略条件下（$y_t = 0$、1 的情况），中央政府对弱政府的信任程度越高，即 p_t 越大，弱政府越倾向于通过干预媒体负面报道或在报道后行政介入企业淘汰落后产能，以达到中央政府对强政府的设定标准 S。

证明：假定弱政府在 T－1 选择不达标（$y_{T-1} = 0$，$\pi_{T-1} = 1$），那么，$p_T = 0$（在 T－1 期中央政府观测到地方政府不达标后，地方政府不可能是强政府）。给定中央政府的预期 π_{T-1}^e，弱政府的总效用为：

$$U_{T-1}(1) + \delta U_T(1) = -\frac{1}{2} + (1 - \pi_{T-1}^e) + \delta\left(-\frac{1}{2} - C_1\right)$$

$$= \frac{1}{2} - \pi_{T-1}^e - \frac{\delta}{2} - (1 + \delta)C_1$$

如果弱政府在 T－1 选择达标（$y_{T-1} = 1$，$\pi_{T-1} = 0$），那么，弱政府的总效用为：

$$U_{T-1}(0) + \delta U_T(1) = -\pi_{T-1}^e - C_2 - C_3 + \delta\left(p_T - \frac{1}{2} - C_1\right)$$

因此，如果

$$-\pi_{T-1}^{e} - C_2 - C_3 + \delta\left(p_T - \frac{1}{2} - C_1\right) \geqslant \frac{1}{2} - \pi_{T-1}^{e} - \frac{\delta}{2} - (1+\delta)C_1 \Rightarrow p_T$$

$$\geqslant \frac{1 - 2(C_1 - C_2 - C_3)}{2\delta}$$

则 $\pi_{T-1} = 0$ 优于 $\pi_{T-1} = 1$。因为在均衡情况下，中央政府的预期 x_{T-1} 等于地方政府的选择 y_{T-1}，因此，如果 $y_{T-1} = 1$ 构成弱政府的均衡战略，那么 $x_{T-1} = 1$，从而 $p_T = p_{T-1}$。因此，上述条件意味着：

$$p_{T-1} \geqslant \frac{1 - 2(C_1 - C_2 - C_3)}{2\delta}$$

也就是说，如果中央政府在 T−1 期认为，地方政府是强政府的概率 $\geqslant \dfrac{1 - 2(C_1 - C_2 - C_3)}{2\delta}$，弱政府就会假装强政府采取或者干预媒体或者介入企业淘汰等方式达到标准 S。且如果在 T−1 期，弱政府的最优选择是假装强政府，那么在 t < T−1 的各期也都是如此。

上述结果表明，只要中央政府认为地方政府是强政府的概率 $\geqslant \dfrac{1 - 2(C_1 - C_2 - C_3)}{2\delta}$，弱政府就有动机或者干预媒体或者介入企业淘汰等方式达到监督部门设定的标准 S。

命题 2：混合战略条件下（$y_{T-1} \in [0, 1]$ 的情况），中央政府对弱政府的信任程度越高，即 p_t 越大，弱政府越有动机通过干预媒体或者介入企业淘汰落后产能等方式达到监督部门设定的标准 S。

证明：如果 $p_T = \dfrac{1 - 2(C_1 - C_2 - C_3)}{2\delta}$，那么任何 $y_{T-1} \in [0, 1]$ 都是最优的。

但是，因为均衡要求 $y_{T-1} = x_{T-1}$，将 $p_T = \dfrac{1 - 2(C_1 - C_2 - C_3)}{2\delta}$ 代入贝叶斯法则 $p_T = \dfrac{p_{T-1}}{p_{T-1} + (1 - p_{T-1})y_{T-1}}$，得到：

$$y_{T-1} = x_{T-1} = \frac{[(2\delta - 1) + 2(C_1 - C_2 - C_3)]p_{T-1}}{[1 - 2(C_1 - C_2 - C_3)](1 - p_{T-1})}$$

若设 $\delta > 1/2$，那么当 $p_{T-1} \rightarrow \dfrac{1 - 2(C_1 - C_2 - C_3)}{2\delta}$ 时，$y_{T-1} \rightarrow 1$，也就意味着中央政府越是认为地方政府是强政府，那么弱政府越是有动机通

过干预媒体或者介入企业淘汰落后产能等方式达到监督部门设定的标准 S。

综上所述，无论是在纯战略还是混合战略均衡中，中央政府对地方政府的信任程度越高，地方政府以干预媒体或者介入企业淘汰等方式达到监督部门设定的标准的概率就越大。

进一步可得到，当 $p_0 \geqslant \dfrac{1 - 2\ (C_1 - C_2 - C_3)}{2\delta}$ 时，有如下精炼贝叶斯均衡（混同均衡）：

强政府选择：$\pi_0 = \pi_1 = \cdots = \pi_{T-1} = \pi_T = 0$

弱政府选择：$\pi_0 = \pi_1 = \cdots = \pi_{T-1} = 0$；$\pi_T = 1$

即如果政府在 T－1 期选择不达标是最优的，那么，在所有的 t＜T－1 期选择不达标都是最优的。

当 $p_0 < \dfrac{1 - 2\ (C_1 - C_2 - C_3)}{2\delta}$ 时，唯一的精炼贝叶斯均衡（分离均衡）是：

强政府选择：$\pi_0 = \pi_1 = \cdots = \pi_{T-1} = \pi_T = 0$

弱政府选择：$\pi_0 = \pi_1 = \cdots = \pi_{T-1} = \pi_T = 1$

即如果弱政府在一开始就选择不达标（因为不达标可以获得既得利益），就不会获得日后来自落后产能淘汰中的长期利益（如果弱政府在 T－1 期没有积极性维持自己的声誉，在任何 t＜T－1 期也没有积极性维持声誉）。

（三）地方政府的干预和介入对淘汰落后产能的影响

由上述模型，地方政府为了保持一个"强政府"的声誉才会积极地干预和介入落后产能的淘汰工作。

1. 政府干预媒体报道的负面影响

各国政府对媒体的报道通常会有所控制，因为媒体可以利用其强大的舆论导向功能发挥监督的作用，给社会经济环境带来影响。贝斯利和普拉特（Besley and Prat，2006）指出，被政府控制的媒体更容易与政府形成合谋，一旦合谋形成，媒体的公信力就会受损。而对于那些不受政府控制的媒体，政府会通过补贴或者颁布相关法律来实现寻租目的。然而，政府的这种行为会在很大程度上影响媒体的独立性，进而影响新闻报道的客观性和准确性。这也在一定程度上加重了信息不对称。

政府干预媒体报道的情况在我国也时有发生，并且其严重程度受到诸多因素的影响。樊纲等（2010）指出，由于地理位置、资源、政策和文化等方面的差异，中国不同地区在政府干预程度和市场化程度方面存在较大的差异，并且地区的市场化程度与地方政府干预程度之间呈负相关关系。现实也的确如此，在市场化程度较低的地区，钢铁企业通常都是当地的经济支柱，为了保证当地 GDP 的增长，地方政府在出现相应的负面报道时会更积极、迫切地干预媒体报道。而地方政府的这种行为则在很大程度了削弱甚至扭曲了媒体监督的职能，这是因为，当媒体在政府干预下不得不弱化甚至消除对钢铁企业的关注时，企业不按时完成落后产能淘汰任务的可能性就会增加。这样，媒体的负面报道对企业管理者没有任何的约束力和督促效用。基于此，提出如下假设：

假设 5 - 2：政府对媒体报道的干预会对媒体监督的效果产生负面影响，即地方政府干预越严重，媒体监督促进钢铁企业淘汰落后产能的效果越弱；反之则相反。

2. 地方政府的行政介入对落后产能淘汰的推动作用

除媒体报道的干预之外，声誉机制发生作用的另一个外显表现，就是在媒体曝光后，地方政府为了挽回声誉对企业落后产能淘汰工作的直接介入。关于媒体监督下行政介入所带来的效应，格莱泽等（Glaeser et al.，2001）以及皮斯托和徐（Pistor and Xu，2005）的研究表明，在经济转型期，由于缺乏法制，行政管理可以作为一种替代机制，以保护投资者的利益。并且格莱泽和施莱费尔（Glaeser and Shleifer，2001）还认为，在一定场合下，行政治理甚至比正式的法律治理更加有效。李培功和沈艺峰（2010）也指出，在经济转型期的国家，发挥媒体的监督作用是通过引起行政机构的介入来实现的，行政机构的介入可以有效地促使违规公司改正其侵害投资者利益的行为。对于国有企业的管理者而言，如果媒体的负面报道引起了地方政府的行政介入，那么他们的政治前途就会受到一定的影响，而对于民营企业的管理者而言，企业的发展往往需要政府的支持，一旦媒体的负面报道曝光，地方政府通常在声誉的作用下采取行政介入的方式敦促企业对落后产能的淘汰，因此，无论对国有企业还是民营企业而言，媒体监督都可以通过引发地方政府的行政介入来达到其效果。基于此，提出以下假设：

假设 5 - 3a：媒体的负面报道数量与地方政府的行政介入的可能性呈

显著的正相关关系，即媒体负面报道数量越多，地方政府对落后产能企业行政介入的可能性越大。

假设 5－3b：地方政府行政介入与企业落后产能淘汰率之间呈显著的正相关关系，即地方政府行政介入的企业淘汰落后产能的可能性越大。

二　研究设计

（一）样本公司的选择

本章以 2010—2012 年媒体负面报道过（未完成落后产能淘汰要求）的钢铁企业为样本，研究媒体监督对企业落后产能淘汰情况的影响。选择上述日期是因为工信部从 2010 年才开始提供淘汰落后产能的目录，并且到第二年的目录公布时，才能知道企业是否完成了淘汰要求。因此，本章选取在 2010—2012 年因为未完成落后产能淘汰要求而被媒体负面报道的钢铁企业。关于钢铁企业落后产能淘汰率的数据筛选原则是：根据收集的媒体负面报道的钢铁企业，查询该企业第二年是否完成了该项工作，从而得出被媒体负面报道后的企业的落后产能的淘汰情况。所以，钢铁企业落后产能淘汰情况的筛选时间为 2011—2013 年。本章用 Obsolete 表示钢铁企业落后产能淘汰情况，如果钢铁企业在第二年完成了淘汰工作取 1，否则取 0。

（二）变量的界定

1. 媒体的选择

研究选取了报纸、电视和网络三种类型的媒体，收集 2010 年 1 月至 2012 年 12 月的媒体负面报道的数据，数据收集方式为手工。报刊数据主要从中国知网中的"中国重要报纸全文数据库"中搜索完成，电视新闻的数据主要搜索央视的新闻报道，而网络新闻的数据从谷歌搜索得出。负面报道主要是指针对钢铁企业没有完成落后产能的淘汰工作而被媒体披露的事件。研究用 Media 表示媒体负面报道的数量。

此外，本书还分别度量了三种媒体报道的影响力。报纸和网络的影响力指数均来自喻国明（2012）编制的《中国传媒发展指数报告》中的媒体的影响力指数。由于本书只选择了央视的新闻的报道，并且此类数据很少，一个企业的报道最多只有一个，因此，有电视报道的企业记为 1，否则为 0。

2. 地方政府对媒体的干预

研究选取樊纲等（2011）编著的《中国市场化指数——各地区市场

化相对进程 2011 年报告》中的"减少政府对企业的干预"指数来衡量各地方政府对媒体干预严重程度。在李焰和秦义虎（2011）和戴亦一等（2011）的研究中均采用该指数来反映各地政府对企业的干预程度。

3. 地方政府的行政介入

本书所指的"地方政府的行政介入"是指可以被观测的硬性介入，比如公开通报批评、罚款、降级等。数据来源与媒体负面报道的来源相同，存在行政机构介入的取 1，否则取 0。

4. 控制变量

除媒体的负面报道之外，其他因素也可能影响钢铁企业的落后产能淘汰情况。工信部每年公布的工业行业淘汰落后产能企业的名单对每个地方政府及企业而言都是十分有影响力的，而上榜次数对于企业的淘汰率也有一定的影响，上榜次数越多，地方政府及媒体的关注度也就越高，企业的压力也就越大。并且，企业的性质也有影响。国有企业受到的舆论压力必然大于民营企业。同理，上市公司受到的关注度必然高于非上市公司。此外，本章还控制了企业的成立时间、规模、产品品种及所属的省份。其中，企业规模是根据《国家统计局关于印发统计上大中小微型企业划分办法的通知》中的相关要求进行划分的。

上述变量界定见表 5－6。

表 5－6   变量界定

变量类型	变量名称	变量符号	变量描述
因变量	淘汰落后产能	Obsolete	企业完成落后产能淘汰工作取 1，否则取 0
解释变量	负面报道	lnMedia	ln（1＋企业负面报道次数）
	报纸影响力	Media1	各个报纸的影响力指数之和
	网络影响力	Media2	各个网络的影响力指数之和
	电视影响力	Media3	有央视新闻报道取 1，否则取 0
	地方政府对媒体报道的干预	Intervene	企业所在地区地方政府的干预程度
	地方政府的行政介入	Interpose	企业受到地方政府的行政介入取 1，否则取 0
	媒体引起的行政机构介入	Interpose1	由媒体的负面报道引起的行政机构介入取 1，否则取 0

续表

变量类型	变量名称	变量符号	变量描述
控制变量	上榜次数	Frequency	企业出现在工业行业淘汰落后产能企业名单上的次数
	企业性质	Type	国有企业取 1，否则取 0
	是否上市	Market	上市公司取 1，否则取 0
	企业规模	Scale	大中小微企业分别记为 1、2、3、4
	产品品种	Product	企业产品品种总数
	成立时间	Year	企业成立的时间
	省份	Province	企业所在的省份

（三）模型设计

1. 检验媒体监督的作用

通过构建以下模型来检验媒体监督的作用：

$$Obsolete = \alpha_0 + \alpha_1 \ln Media + \alpha_2 Frequency + \alpha_3 Type + \alpha_4 Market +$$
$$\alpha_5 Scale + \alpha_6 Product + \alpha_7 Year + \alpha_8 Province + \varepsilon \qquad (5.12)$$

通过构建以下模型，进一步研究不同的媒体对淘汰落后产能的影响：

$$Obsolete = \alpha_0 + \alpha_1 Media1 + \alpha_2 Media2 + \alpha_3 Media3 + \alpha_4 Frequency +$$
$$\alpha_5 Type + \alpha_6 Market + \alpha_7 Scale + \alpha_8 Product + \alpha_9 Year +$$
$$\alpha_{10} Province + \varepsilon \qquad (5.13)$$

2. 检验政府干预报道对媒体监督的影响

通过构建以下模型来检验政府干预对媒体监督的影响：

$$Obsolete = \alpha_0 + \alpha_1 \ln Media + \alpha_2 \ln Media \times Intervene + \alpha_3 Frequency +$$
$$\alpha_4 Type + \alpha_5 Market + \alpha_6 Scale + \alpha_7 Product + \alpha_8 Year +$$
$$\alpha_9 Province + \alpha_{10} Intervene + \varepsilon \qquad (5.14)$$

3. 验证媒体发挥监督作用的机制

（1）通过构建以下模型来检验媒体监督对地方政府行政介入的影响：

$$Interpose = \alpha_0 + \alpha_1 \ln Media + \alpha_2 Frequency + \alpha_3 Type + \alpha_4 Market +$$
$$\alpha_5 Scale + \alpha_6 Product + \alpha_7 Year + \alpha_8 Province + \varepsilon \qquad (5.15)$$

（2）通过构建以下模型来检验地方政府的行政介入对淘汰落后产能的影响：

$$Obsolete = \alpha_0 + \alpha_1 Interpose + \alpha_2 Frequency + \alpha_3 Type + \alpha_4 Market +$$

$$\alpha_5 Scale + \alpha_6 Product + \alpha_7 Year + \alpha_8 Province + \varepsilon \qquad (5.16)$$

（3）关于内生性问题的处理。若式（5.15）的结果显著，表明媒体监督与地方政府的行政介入有显著的相关关系，当然并不一定存在因果关系。即媒体监督是导致地方政府行政介入的原因。也有可能是地方政府行政介入之后，媒体才加大了对未完成落后产能淘汰任务企业的负面报道，这也会导致媒体监督与行政介入之间存在很高的相关性，但此时，行政介入是"因"、媒体监督是"果"。

因此，需要进一步证明地方政府的行政介入的确是由媒体的负面报道引起的。由于地方政府在介入时并不会公告"本次介入是（不是）由媒体的负面报道引起的"，因此，本书研究从地方政府介入的时间上进行分析，设定那些媒体的负面报道时间早于行政机构介入时间的企业，将地方政府对这些企业的行政介入归因为媒体的负面报道。据此，构造虚拟变量"媒体引起的地方政府的行政介入"，当该企业的行政机构介入是由媒体的负面报道所引起的时候取 1，否则取 0。

因此，通过构建以下模型来检验媒体引起的行政介入对淘汰落后产能的影响：

$$Obsolete = \alpha_0 + \alpha_1 Interpose1 + \alpha_2 Frequency + \alpha_3 Type + \alpha_4 Market +$$
$$\alpha_5 Scale + \alpha_6 Product + \alpha_7 Year + \alpha_8 Province + \varepsilon \qquad (5.17)$$

（四）描述性统计

本章最终确定了 550 家样本企业，表 5-7 提供了主要变量的描述性统计。由表 5-7 可知，样本公司负面报道数量最大值为 10，最小值为 0，标准差为 0.991，意味着对钢铁企业落后产能淘汰负面报道的次数差异较大。并且，550 家企业中，有负面报道的企业为 57 家，占 10.4%；有行政介入的企业为 48 家，占 8.7%。

表 5-7　　　　　　　　　变量的描述性统计

变量	均值	中位数	标准差	最小值	最大值	样本量
Obsolete	0.960	1	0.196	0	1	550
Media	0.216	0	0.991	0	10	550
lnMedia	0.095	0	0.343	0	2.398	550
Media1	3.558	0	21.933	0	316	550

变量	均值	中位数	标准差	最小值	最大值	样本量
Media2	15.211	0	75.305	0	891.196	550
Media3	0.004	0	0.060	0	1	550
Intervene	3.822	3.93	2.445	0	9.890	550
Interpose	0.087	0	0.282	0	1	550
Frequency	1.036	1	0.187	1	2	550
Type	1.962	2	0.192	1	2	550
Market	0.005	0	0.074	0	1	550
Scale	2.565	3	0.791	1	4	550
Product	2.262	1	2.000	1	12	550
Year	15.842	12	12.126	3	124	550
Province	14.331	15	8.108	1	27	550

三 实证检验与分析

（一）媒体监督对淘汰落后产能的影响

研究使用媒体的负面报道量来衡量媒体监督的效果，并对媒体的负面报道数量进行了对数转换。表5-8报告了式（5.12）的检验结果，由表5-7中结果发现，在媒体监督下，企业淘汰落后产能的概率有显著的提高，媒体监督作用显著。与假设5-1的预期相同。

除此之外，本书进一步研究了不同类型的媒体对淘汰落后产能的影响，由表5-8中的式（5.13）可知，网络对淘汰落后产能有显著的影响力，而报纸和电视的影响力并不明显。这是因为，随着网络不断普及与发展的今天，人们更多的是通过网络来了解信息，因此，相比其他媒体来说，网络的影响力更大、影响范围更广，对淘汰落后产能的影响也就更大。

接下来进行稳健性检验，见表5-8最后两列。稳健性检验的样本只取了中小微企业作为样本，这较符合落后产能淘汰的实际情况，因为中小微企业是存在落后产能的主体，采用该样本进行稳健性分析，结论更具有现实意义。从表5-8结果可知，稳健性分析结果与先前回归模型结果基本一致，意味着结论具有相当的稳健性。

表 5 – 8　　　　　　　　媒体监督对淘汰落后产能的影响

变量	逻辑斯蒂回归		稳健性检验	
	模型（1）	模型（2）	模型（1）	模型（2）
lnMedia	1.465 ***		1.889 ***	
	(0.000)		(0.000)	
Media1		2.549		0.610
		(0.110)		(0.435)
Media2		0.022 ***		0.017 **
		(0.000)		(0.040)
Media3		0.170		0.544
		(0.680)		(0.461)
Frequency	0.409	0.323	0.380	0.311
	(0.522)	(0.570)	(0.538)	(0.577)
Type	−2.056 ***	−1.868 ***	−3.098 **	−3.257 ***
	(0.001)	(0.008)	(0.011)	(0.008)
Market	0.287	0.910	—	—
	(0.592)	(0.340)		
Scale	5.702	5.092	3.448	3.273
	(0.127)	(0.165)	(0.178)	(0.195)
Product	0.913	1.266	−0.226 *	−3.497
	(0.339)	(0.261)	(0.055)	(0.048)
Year	1.458	0.001	0.010	0.000
	(0.227)	(0.975)	(0.919)	(0.987)
Province	控制	控制	控制	控制
观测样本量	550	550	465	465

注：*** 、** 、* 分别表示在1%、5%、10%的显著性水平下显著，括号内为 p 值。

（二）政府干预对媒体监督的影响

假设 5 – 1 的检验结果已经证实了媒体的负面报道对于企业淘汰落后产能有促进作用，进一步对利用式（5.13）验证政府干预报道对于媒体监督作用的影响。表 5 – 9 第 1 列为回归结果。

结果显示，媒体的负面报道（lnMedia）为正向显著，媒体负面报道与政府干预变量的交互项也为正向显著。该结果表明，在地方政府对媒体报道干预越多，媒体监督在促进企业淘汰落后产能方面的作用就会越弱。假设5-2得到支持，即政府干预报道会对媒体监督产生负面影响，政府干预越严重，媒体监督的效果越差。

表5-9　　　　　　　政府干预报道对媒体监督的影响

	1	2
lnMedia	1.465*** （0.000）	1.697*** （0.002）
lnMedia × Intervene	3.622* （0.057）	1.910* （0.067）
Intervene	0.273** （0.012）	0.394** （0.017）
Frequency	0.409 （0.552）	0.359 （0.549）
Type	−2.056*** （0.001）	−3.547*** （0.006）
Market	0.287 （0.592）	—
Scale	5.702 （0.127）	5.006 （0.082）
Product	0.913 （0.339）	2.301 （0.129）
Year	1.458 （0.227）	0.000 （0.992）
Province	控制	控制
观测样本量	550	465

注：***、**、*分别表示1%、5%、10%的显著性水平下显著，括号内为p值。

稳健性检验见表5-9第2列。同式（5.1）一样，只取了中小微企业作为样本。由表5-9第2列可知，回归结果与原样本相比，没有明显差异，假设5-2检验结论具有稳健性。

（三）媒体发挥监督作用的机制

本书将检验媒体是否可以通过引发地方政府的行政介入来实现其监督作用。

首先，通过式（5.15）来检验媒体监督能否引起地方政府的行政介入。本章考察了媒体负面报道的对数与地方政府的行政介入之间的关系，因变量为行政机构是否介入的二值变量，表5-10第1列为回归结果，结果表明，媒体负面报道的数量与行政介入的可能性之间呈正相关关系，并且通过1%的显著性水平检验。这一点与假设5-3a的预期相同，即媒体的负面报道数量与行政机构介入之间呈显著正相关关系，媒体的负面报道越多，行政机构介入的可能性越大。稳健性检验见表5-10第2

列。同式（5.12）一样，只取了中小微企业作为样本。稳健性检验结果与原样本结果相比并没有发生明显变化，假设检验结果具有相当的稳健性。

表 5 – 10　　　　　　　媒体监督对地方政府行政介入的影响

	1	2
lnMedia	5.230 ***	11.851 ***
	(0.000)	(0.000)
Frequency	1.146	0.043
	(0.284)	(0.836)
Type	0.334	0.000
	(0.563)	(0.993)
Market	1.748	—
	(0.186)	
Scale	7.354 *	10.527 ***
	(0.061)	(0.005)
Product	0.111	3.961 **
	(0.739)	(0.047)
Year	1.730	3.406 *
	(0.188)	(0.065)
省份	控制	控制
观测样本量	550	465

注：***、**、*分别表示在1%、5%、10%的显著性水平下显著，括号内为 p 值。

　　其次，通过式（5.16）来检验行政机构的介入是否可以促进企业落后产能的淘汰。本章考察了地方政府的行政介入与淘汰落后产能两者之间的关系。表5–11第1列报告了回归结果，由于因变量采用企业是否淘汰落后产能的二值变量，所以，使用逻辑斯蒂回归模型。回归结果表明，行政机构的介入能够有效提高企业淘汰落后产能的概率，两者的回归系数为2.927，并且通过1%的显著性水平检验。这一点与假设5–3b的预期相同，即行政机构的介入与企业落后产能淘汰率之间呈显著的正相关关系，有行政机构介入的企业淘汰落后产能的可能性越大。稳健性检验见表 5 – 11 第 2 列。同式（5.12）一样，只取了中小微企业作为样本。稳健性回归结果与原样本结果基本一致，结论具有相当的稳健性。

最后，通过式（5.14）来处理内生性问题。按照要求，确定了 36 家"因果关系明确"的企业，将地方政府对这些企业的行政介入归因为媒体的负面报道。回归结果见表 5 – 11 第 3 列所示，研究发现，媒体的负面报道引起的行政机构的介入能够显著提高企业淘汰落后产能的可能性。即在控制内生性问题后，媒体对企业监督作用的发挥的确是通过引起地方政府的行政介入来实现的。

表 5 – 11 地方政府行政介入对淘汰落后产能的影响

	1	2	3
Interpose	2.927 ***	2.868 ***	
	（0.000）	（0.000）	
Interpose1			2.438 ***
			（0.000）
Frequency	0.715	0.415	0.497
	（0.398）	（0.520）	（0.483）
Type	− 1.985 ***	− 3.374 ***	− 2.016 ***
	（0.004）	（0.007）	（0.001）
Market	0.422	—	0.446
	（0.516）		（0.504）
Scale	4.212	3.130	5.097
	（0.239）	（0.209）	（0.165）
Product	0.862	− 0.025 **	1.398
	（0.353）	（0.042）	（0.237）
Year	0.126	0.000	0.457
	（0.723）	（0.998）	（0.499）
Province	控制	控制	控制
观测样本量	550	465	550

注：***、**、*分别表示在 1%、5%、10% 的显著性水平下显著，括号内为 p 值。

四 研究结论及启示

研究选择企业淘汰落后产能这一独特视角，以 2010—2012 年媒体负面报道过（未完成落后产能淘汰要求）的钢铁企业为样本，研究媒体监督对企业落后产能淘汰情况的影响。与此同时，本章还研究了媒体发挥监督作用的机制，通过证明可得，声誉机制是媒体发挥监督作用的原因，即媒体通过引起地方政府的干预与介入来促进落后产能的淘汰，但是，地方政府的干预包括对媒体报道的干预和对企业淘汰落后产能工作的行政介入。在此基础上，本章进一步考察了政府干预媒体报道对媒体监督的负面影响，以及政府积极的行政介入对落后产能淘汰的推动作用。本章的主要研究结论如下：

（1）媒体的负面报道可以有效地促进企业落后产能的淘汰，显著提高企业的落后产能淘汰率。并且，本章进一步研究了报纸、网络和电视这三种媒体对淘汰落后产能的影响。本书研究发现，网络对淘汰落后产能有显著的影响力，而报纸和电视的影响力并不明显。

（2）媒体的负面报道会引起地方政府积极地干预和介入，而地方政府的干预和介入则是由于声誉机制的影响。地方政府希望维持一个较好的声誉，以显示自己有能力完全淘汰落后产能，而这个良好的声誉可以为地方政府带来资金和政策上的倾斜。因此，在出现关于企业淘汰落后产能的负面报道时，地方政府为了维护自己的声誉，一定会通过干预媒体报道或者行政介入企业淘汰落后产能的工作等方式来维持自己"强政府"的声誉。

（3）地方政府对媒体负面报道的干预会在一定程度上抵消了媒体的监督作用，即地方政府干预媒体报道的程度越低，媒体对企业淘汰落后产能的监督作用越明显，而当地方政府干预程度较高时，媒体的监督作用则被削弱。

（4）媒体的负面报道能够显著提高地方政府行政介入的可能性，而地方政府的行政介入企业淘汰落后产能的概率呈显著正向相关关系。且该结论在控制内生性问题后保持不变：媒体的负面报道引发的地方政府的行政介入能够显著提高企业淘汰落后产能的概率。

上述实证研究的结论对落后产能淘汰的实践具有重要的启示：

中国正处于转型阶段，虽然市场竞争环境和法律保护环境都不够完善，但媒体监督作为一种有效的外部治理机制扮演着积极的角色。它在一定程度上起到了保障政策能有效落实和实施的作用。为了使媒体监督更好地发挥作用，地方政府应该减少对媒体的干预，以积极的心态应对媒体的负面报道，更好地解决问题而不是掩盖问题。与此同时，为了维持声誉机制所促使的行政机构的积极介入，中央政府应该更加重视对地方政府的审核，出台更具体的奖励和惩罚措施，使地方政府更有动力维护自己的声誉，从而更积极地介入企业的违规行为，促使其更快更好地完成落后产能的淘汰工作。

第六章　落后产能淘汰的国际经验借鉴

在面临产业中出现的各种问题时，各国所采用的政策措施从手段上看有很多相似之处，但结果却大相径庭，产业政策是在怎样的政治、经济环境中制定的？大体相似的产业政策是否仍然存在本质上的差异？怎样才能最终将产业政策贯彻实施下去？是否还存在许多机制、体制等因素？如何从这些国家的淘汰经验或产业发展经验中解析这些因素，是本章进一步探讨的问题。

第一节　日本结构性萧条行业落后产能治理

日本20世纪60年代后半期成了一个重化工业国家，形成了资源能源高消费、原材料部门庞大、技术革新缓慢的产业结构。

1971年尼克松政策冲击，1972年流动性过剩导致的通货膨胀以及1973年第一次石油危机都使日本经济陷入了长期萧条。日本政府虽然通过扩大出口和增加公共支出提高了经济增长率，但是，国内需求依然薄弱，导致经济恢复困难。内需薄弱的基本原因就是设备过剩，这是高速增长时期设备投资累计的结果。

此阶段日本经济的萧条形式为结构性萧条，即汽车、家用电器等的加工、装配产业生产收益情况相对良好，而基础原材料业、纤维产业等的生产停滞不前，产业结构出现了两极分化现象。

对结构性萧条行业的定义：不能指望仅仅凭借一般性的经济振兴方案，短期性的生产、价格调整等来扭转企业状况，即使情况暂时有所好转，在中长期，由于设备能力显著过剩等原因，供求平衡，成本价格平衡也难以恢复的产业或行业，并依据这些产业陷入萧条的原因，将其划分为三类，其中，钢铁行业中的平电炉为A类，即在石油冲击前曾积极进行设备投资，在需求剧减后设备过剩；铁合金为 C 类，即由于原材料费用增加，导致产品国际竞争力下降，出口减少、进口增加。平炉在1980年实施了以处理大约330万吨过剩设备为目的的结构政策。铁合金制造业受到电力费用的影响，电力费用占全部费用的1/3，电力涨价，国际竞争力剧减，开工率在1976年下降到54%。

除相关的财政和金融等综合经济对策之外，针对结构性萧条行业也有一系列具体政策。

一　政策目的

对于长期持有过剩生产设备的平电炉，按照企业情况，根据《禁止垄断法》或《中小企业团体法》调整生产、价格的同时，废弃过剩设备、推进事业转换。

二　具体措施

成立结构性萧条对策本部，该部于1977年9月7日举行的部务会议上决定设置，对被指定为结构性萧条行业进行长期供求预测、制订改善结构计划、探讨设备处理问题等，并拟定对策、试行调整等。

就有关工商业者为废弃设备而捐出的合作金采取税税优惠政策。

有效利用萧条企业卡特尔，根据《中小企业团体法》，组织卡特尔，在必要情况下，行使限制法外同业者的命令。

对平电炉业实行处理过剩设备废弃目标，在为实现这些目标实行国家指导的同时，通过有效利用中小企业振兴事业团的共同废弃设备事业贷款制度，废弃两成左右的设备。

设立商品担保贷款、债务保证基金等为实行减产和废弃设备而采取的金融对策，该对策在1977年9月20日的"萧条对策等"中公布的措施具体化。

关于"债务保证基金等"，对于平电炉业，决定由改善平电炉业结构促进协会对其向金融机构借贷的处理过剩设备所需要的资金实行债务保证，并就其所需资金给予该协会部分补助。

减轻政府有关金融机构过去贷款利息的措施等。对属于具备规定必要条件的萧条产业，虽然努力经营但仍亏损的，从1977年11月1日起1年期间实行减轻政府有关金融机构过去贷款利息的措施。对于平电炉业，预定利用商工公会中央金库对全国小型条型钢工业公会迅速实行收购钢坯等的贷款。

雇佣对策，从 1977 年 10 月 1 日起，对平电炉等 17 个行业，转换事业、景气变动以及离职人员雇佣津贴等实施有针对性的雇佣方案。

推进结构改善计划的制订，平电炉等行业由产构审预测需求，迅速推进结构改善计划的制订。

其他措施等，包括对于小型条型钢等，寻求经济合作，并有效利用商品援助。

三 《特定萧条产业安定临时措施法》

（一）背景

结构性萧条行业在景气恢复后仍然存在大量的设备过剩，过剩设备是妨碍克服结构性萧条产业的最重要因素，处理这种设备，谋求改善整个产业结构，是当务之急。

在处理过剩设备中存在的困难有：（1）由于过剩设备处理中涉及企业的固定资产，单靠企业家的自主努力来确保处理改善整个产业结构所必需的数量存在许多困难。（2）依靠萧条企业卡特尔在顺利完成过剩设备的处理上难以做到充分协调。（3）成为处理对象的设备一般都有担保，而过剩设备的处理必须解除担保，实行债务保证。

（二）时间

从 1977 年 5 月开始，采取有关结构性萧条产业的新的立法措施。1978 年 3 月 15 日由众议院商工委员会说明形成提案的理由，5 月 15 日公布。1983 年 6 月 30 日废止，《特定萧条产业安定临时措施法》（1983 年 5 月 24 日）以对特安法的部分修改形式而出现。

（三）主要内容

主管大臣应针对各萧条行业的实际情况，制订"安定基本计划"，明确对这些行业所应采取行动的基准。

将平电炉业、炼铝业、合成纤维制造业、船舶制造业作为对象候补行业（不将其固定化），被列入对象行业的必要条件是设备过剩严重，且该状态长期持续存在将会对产业发展带来危险，通过处理过剩设备能改善行业发展局面，促进经济发展。

主管大臣在安定基本计划中所认定的事项包括三点：一是对应进行处理的设备种类及生产能力合计，对该设备的处理方法与时间及其他设备处理的相关事项；二是有关设备的新增改造的限制或禁止事项；三是有关设备处理与应同时进行的企业的转换及其他措施。

在安定基本计划的实施不是仅靠企业自身努力所能改进的情况下，主管大臣可以作出共同行为的指示。

经营者必须自主努力，按照计划涉及的设备进行相应处理。

在依靠经营者自主的努力，计划不能顺利实施的情况下，主管大臣对经营者的设备处理和新建等的限制或禁止，可发出共同行为实施的指示。

确保资金、稳定雇佣等。

特定萧条产业信用基金的债务保证。特定萧条产业信用基金的原始资金，从日本开发银行出资80亿日元，民间出资20亿日元，形成100亿日元的启动总额，债务保证1000亿日元，用于特定萧条产业计划中设备处理的必要资金。

（四）施行结果

1. 设备处理

截至1982年8月，大体上达成了处理目标，平均处理率23%，平均处理目标达成率95%。特安法指定14种行业，由主管大臣指示而实施共同行为的有8种行业。对实施企业卡特尔的行业，实行各企业按比重分配的方式，对设备按处理总量的比重进行处理。作为处理设备的对象，基本参照点是设备的老化度，核算其他成本情况等项予以选定。平电炉业在安定基本计划变更之际，对停用和搁置的设备在到处理期限时，已全部废弃。同时，特安法指定行业在计划实施期间都未进行设备的新增，平电炉等行业仅进行了设备改良。

2. 设备处理同时推行的其他措施

其他措施，包括降低成本策略，如平电炉的废热利用、硅铁的高效率精炼炉的开发等；企业的集约化，一部分行业进行合并，平电炉业进行营业转让，铁合金业接受生产委托等活动。

3. 特定萧条产业信用基金的利用

债务保证合计100宗，保证金额232亿日元，其中，解除资金的有27宗，保证金额84亿日元，退职资金73宗，保证金额148亿日元。企业事业转换，日本开发银行设置的低息融资7件，33亿日元。1979年4月1日至1981年3月31日，企业转换过程中的机械、设备，可采取措施，减去相当于其借款的10%，从法人税中扣除。同时，建立了特定萧条行业的《离职者临时措施法》。

4. 施行中存在的问题

（1）基础原材料共性问题。出现了精致陶瓷、生物工程等与原材料密切相关的、可替代性的技术；基础原材料依赖进口，不仅会造成供给不稳定，还有可能会被强制性地接受国际资本的不利交易条件；牵涉到与基础原材料发生密切关系的中小企业所在地区的整体经济。

（2）平电炉业的问题。到1982年6月，平电炉业由于整体经济的不景气，以建设用小棒材为基础的需求低迷，加上电力价格上扬，企业财务状况更加恶化。

世界性需求停滞以及发展中国家的冲击，导致出口形势也非常严峻。

过剩设备按照特安法的处理，到1982年6月末是272万吨，接近目标值285万吨。另外，由于推行了助燃装置和废铁预燃装置等，生产能力增加了，设备能力仍然超过预期。

企业利润在1978—1980年增加，但1981年第二次石油危机后再次转负。

（3）铁合金制造业。第二次石油危机的影响下，钢铁增长停滞，电力成本上升，进口激增，收益恶化。

电力消耗高，从海外进口的硅铁和铬铁价格提高，企业生产形势严峻。

硅铁制造业中，依据特安法1978年10月到1979年2月将处理20%（约10万吨）的设备，但是，随着企业形势进一步恶化，过剩设备量更多。

铁合金部门利润，1980年勉强增加，1981年转为负。

（4）1981年12月产业结构审议会对于未来策略整理出《论基础原材料产业对策的应有状态》上呈。其中特别强调基础原材料产业有6个前提和3点关注事项。6个前提是：产业严格的自助努力；坚持开放经济体制；对策的时限性；按照中长期远景规划有计划地实施；缓和对雇佣的影响；相关中小企业、地域经济的稳定。3点关注事项是：选择使效果最大化、成本最小化的合理而又有效益的政策手段；确保透明度与协商一致原则的形成；密切注视国际动向（《日本通产省产业政策史》第14卷，1996年）。

第二节　韩国钢铁行业在金融危机后的相关政策

　　韩国钢铁行业从 20 世纪 70 年代中期开始发展，在韩国政府《钢铁工业育成法》的指导下，浦项钢铁集团（以下简称浦项）不仅在国内拥有高达 60% 的市场占有率，2014 年还蝉联世界钢铁企业竞争力排名第一的荣誉［依据美国钢铁行业分析机构世界钢动态公司（WSD）2014 年 6 月发布的世界级钢铁企业竞争力排名］，并连续 30 年都占据着世界最大钢铁企业的国际地位。

　　在钢铁行业的成长和发展过程中，韩国政府起到了举足轻重的作用，无论是在宏观环境的营造还是涉及产业发展的各方面政策，包括进出口贸易政策、融资及信贷政策、税收政策、劳动保障政策等都可以看到政府"有形的手"。

　　《钢铁工业育成法》自 1970 年 1 月 1 日生效，通过立法的方式推动引领产业的发展，原版本的废止时间是 10 年，在即将废止之前的 1979 年 12 月 28 日再次更改生效，将该法有效时间延长至 20 年，即 1989 年 12 月 31 日失效。法律内容涉及钢铁生产的设备条件、企业准入、设备改造、政府补贴、原材料供应、公共费用优惠、融资、技术研究、行业交流、信息管理等各个方面。在第二版中，还对生产设备、处罚规定等做了修订。可以认为，在韩国钢铁行业起步到发展的 20 年间，该法真正起到了"育成"的作用，为韩国钢铁行业的发展奠定了基础。

　　1990 年《钢铁工业育成法》正式失效，此时的韩国粗钢产量已达到了 2313 万吨，进入了基本成熟时期。在行业结构上，形成了高集中度的市场结构，浦项 1990 年的产量为 1600 万吨，占国内总产量的 69%；在钢铁生产能力上，不仅是浦项，其他的中小钢铁企业也在积极扩增产能，1990 年的粗钢产量已经是 1980 年 1.5 倍；在技术发展水平上，浦项分为四期建设，1983 年完工，在建设设计之初就是集中全国之力，技术水平起点高，最小的高炉容积为 330 立方米（1 座），最大的高炉达到了 3800 立方米（2 座），1985 年建设光阳钢厂时，更是注重技术水平，且以大批量生产为目标，四期建设仅用了 8 年时间，建有 3800 立方米高炉 4 座，与浦项形成了差异互补的生产模式；在进出口管理上，优先满足出口市场，并不断提高出口产品的附加值，使其在国际市场上更具有竞争力；在需求管理上，在浦项建成之后，国内需求达到基本满足，政府按照持续性发展计划，将发展重心转向消费钢材的其他行业，包括造船业、汽车业等，以保障钢铁的持续性需求；在供应管理上，废钢及铁矿石等原材料短缺一直是制约钢铁行业发展的"瓶颈"，发动全民集废钢，努力保持铁矿石进口价量的稳定并在海外合资开矿；在体制管理上，重点培育"财阀"管理下的大型企业集团，通过宽松的信贷政策予以支持，在获得初步成功之后，再给予更多的政策优惠，这样滚雪球式的发展，打造具有国际竞争力和影响力的企业；在此情况下，20 世纪 90 年代以后，韩国政府放松对钢铁行业的管理，让其自由发展。

然而，1997 年的亚洲金融危机，韩国钢铁行业也受到了冲击。1997年，粗钢产量为 4253 万吨，较上年增长 9.3%，但是，到 1998 年，粗钢产量仅为 3990 万吨，较上年下降了 6.2%，是多年持续上升中最大的一次下降。1999 年需求有所回升，产量反弹到 4104 万吨。虽然此次冲击对韩国钢铁行业整体没有带来太大的影响，但是，仍有韩宝、三美特钢、丸永钢铁、韩国制钢和起亚特钢等企业相继倒闭破产。在危机中及危机后，韩国政府积极介入，与钢铁企业一起，采取各种措施，缓解危机[①]。

一 政府政策

（一）扩大出口

面对危机，韩国钢铁行业及时调整战略。改变对国际市场的出口策略，以提供高品质、低价格的中间加工类产品为主，并扩大出口量，将出口市场作为在国内需求疲软时，韩国钢铁企业需求的缓冲区。

刺激出口的方式包括：一是降低汇率。危机过后的韩元贬值发挥了重要作用，由于韩国钢材的主要竞争对手是日本，对于出口商来说韩币对日元的汇率尤为重要，韩币下降，意味着钢材价格下跌，在国际市场上具备了竞争优势，韩国钢铁企业借此扩大自己的市场份额。二是出口补贴，或其他出口激励制度。例如，财政或货币政策，给予出口企业的特殊奖励等方式。

（二）推动私有化

浦项建立之初是完全国有化的企业，1987 年之后开始私有化，1998

---

① 韩国钢铁行业产量及高炉数据均来源于 www.mysteel.com。

年危机以后加速了私有化的进程，2000 年彻底完成私有化（川端望，
2008）。浦项提出的私有化的方针正是基于政府的大力支持，私有化以
后，国有资本通过置换退出企业，而韩国发展银行持有的 6.84% 的股票
也准予售出，私人资本、海外资本等在市场机制下进入，例如，新日铁
和浦项通过相互持股扩大在激烈竞争的全球市场上合作，2000 年新日铁
在浦项的所有权已达到 2.3%。私有化不仅使浦项更具有经营的独立性和
应对市场变化的灵活性，也有助于增加韩国在海外的信用度，吸引更多
的外资。

（三）政府补贴

危机中，韩国政府提供了多种方式的政府补贴以帮助企业渡过危机，
包括政策性优先贷款，基础设施的建设和带补贴的投入，削减钢铁企业
公共事业费用、出口补贴等，而且政府补贴不仅作为一项危机中的政策，
在韩国钢铁企业的成长及发展的各个时期，各种形式的政府补贴都一直
存在，成为美韩钢铁贸易摩擦中的一个焦点问题。

二　企业举措

（一）放弃新项目的建设

1998 年是危机影响最深刻的一年，韩国钢铁企业也寻求缓解产能过
剩的问题的办法，浦项将企业的经营方针由"以最大生产量追求最大利
润"改为"以适当的产量追求最大利润"，停止光阳厂 2 号短流程钢厂的
建设；推迟已建成光阳厂 5 号高炉的投产；对海外合资钢厂的建设也都
暂缓；对附属公司和多种经营公司进行压缩；对世界各地的出口办事处
进行了整顿以积极开拓海外市场。韩国第二大钢铁企业，韩宝钢铁于
1997 年宣布破产，也暂停了所有建设项目；东国钢铁厂也被关闭。在放
弃新项目建设的同时，韩国逐步削减了大量的劳动力，并在政府的帮助
下，通过限制钢铁工会的权利和家长式的劳工管理方式，保持劳动力长
期在较为低廉的工资水平，节约了企业成本。

（二）并购重组

韩国企业还利用并购、战略联盟、外国投资等手段以重组其业务。
包括 INI 钢铁收购江原道产业和三美钢铁，于 2000 年形成了世界上第二
大电弧炉生产商；韩宝钢铁公司被出售给 AK 资本进行重组；1997 年浦
项购并三美特钢，改为昌源特钢公司；东国制钢和日本川崎制铁实现了
垂直联合；仁川制铁和江原工业于 2000 年宣布联合，成为仅次于浦项的

第二大钢铁企业。

第三节　美国钢铁行业产能管理

第二次世界大战后，美国成为世界上最大的钢铁生产国，全球钢产量一半以上来自美国，产能达到了 9500 万吨，20 世纪 50 年代早期，美国钢厂的平均产能已达到 280 万吨，而同时期的英国和法国钢厂平均产能为 110 万吨，日本仅 80 万吨（Barnett and Schorsch，1983）。美国从钢铁行业中获得了巨大的利润和国际影响力，可以认为，这个时期是美国钢铁行业的全盛时期。

然而，战争结束后各国都进入了国家重建以及工业化发展时期，都大力发展本国的钢铁产业，日本和欧洲钢铁行业相继崛起，美国对世界钢铁行业的影响力逐步下降。

第一，从技术上看，欧洲改进了钢铁厂的化学过程，发现一个更有效的方法精炼生铁的基本氧过程，能获得更高品质的钢材。该技术是通过从高炉顶端吹入高纯度的氧，而不是先前底部的设计，基本氧高炉（BOF）精炼生铁节省了一个小时，由原来的平炉炼铁 8 个小时节省到高炉的 7 个小时，废钢用量减少了一半，还减少了加热时间及劳动力。这项技术突破极大地改进了钢铁行业的生产效率。随后，高炉技术得到了更进一步的提升，在 20 世纪 60 年代，铸铁这一流程被取消了，形成了"连铸"工艺，即在持续的铸造过程中，熔融的钢铁泼入槽中，再流入被水冷却的模具中，然后直接变成半成品。这样，通过删除了熔融、冷却、再加热和压延的过程，最大限度地节约了钢铁生产中的能耗和劳动力。然而，由于在 20 世纪 30 年代后期及战后初期美国对平炉的投资巨大，导致很难快速更新到高炉，设备陈旧、技术落后阻碍了钢铁行业的发展。

第二，从成本上看，日本成为世界钢铁生产成本控制的标杆。日本吨钢生产时间最短，再加上日本钢铁行业是在战后才逐步发展起来，在生产合理化上引领钢铁行业潮流，设备大型化优势十分明显，在基本满足了国内市场之后，低廉的日本钢铁将眼光扫向了世界市场，威胁着美国钢铁市场。

第三，从对原材料供应的控制上看，第二次世界大战后，世界铁矿石市场开始改变。美国担心国内矿石供应迅速被采空，美国的矿主，主要是一些钢铁公司，急剧地提高了矿石的价格。与之同时，开始在北美和南美及澳大利亚寻找新的矿藏，而且新技术过程对矿石的品位要求下降了。在新矿最终被发现后，美国钢铁公司失去了其矿石廉价、高品质的传统优势，也失去了对矿石的控制权。

第四，在出口信用保险机构（ECA）的帮助下，欧洲煤钢联盟（EC-SC）接受了从美国经济恢复项目获得的援助，欧洲钢铁产业开始重建、兴起、有序地推进合理化，并形成卡特尔，美国钢铁行业再次被迫与欧洲卡特尔开展竞争。然而，此时，卡特尔化能够引导欧洲钢厂形成成本优势，并禁止美国钢材销售到欧洲市场，而且也促使美国钢厂在美国市场上与廉价的进口欧洲商品竞争。

除上述因素之外，钢铁行业特征、替代品竞争等其他因素也影响了美国钢铁行业的发展。

例如，经济周期的影响，钢铁企业几乎从来不会满负荷和稳定地运行，未来的市场需求总是不确定的。的确，当第二次世界大战结束后，美国钢铁企业被迫取消了上千份合同，裁减上万个工人之后，又因为战后新的巨大的钢铁需求，迫切需要加大产能，但是，美国钢铁行业基于在第一次世界大战之后的经验，认为战后需求加大只是短期的繁荣，很快就会平息，而不愿意增加产能，因为产能的增加常常会给他们带来损失惨重和产能过剩，这样，空白的市场很快被新兴的欧洲和日本所占领。

替代产品的影响、产品设计的改变和社会偏好也促使新材料进入市场，威胁着那些曾经被基础钢材所独占的市场。如建筑中的预应力混凝土、管道中的铜和塑料、集装箱中的铝、汽车中的轻重量钢等，都威胁了联合钢厂的市场份额。

早在20世纪60年代，美国钢铁企业就已经意识到这些情况。然而，产业对上述问题基本没有调整，企业陷入了保守、风险最小化的经营中，而摒弃了有效的调整战略，导致美国公司无法维持竞争优势，到20世纪70年代，美国钢铁行业陷入致命的境况，形成了进口产品不断增加、产量不断减少、成本不断增加和利润不断下降的恶性循环。最后只好通过关闭无效率的产能、投资大型设备、充分运用经济规模等方式来调整产业。然而，产业的调整是一个缓慢的、痛苦的、高成本的过程，常常伴随着销量下降、惊人的损失和经营失败。正如奥布赖恩（O'Brien，

1994）所描述的，"淘汰陈旧设备，投资新技术"这些重振日本钢铁行业的政策，对于美国钢铁行业就无异于自杀。到 1973 年，美国钢材在世界市场上的份额已经下降到 20.1%，在 1983 年以后的 30 年间，钢铁产量基本保持在 8000 万—1 亿吨的水平，基本上满足国内 75% 的市场需求，出口量仅占 5%。不过，经过多年的痛苦的产业调整，2007 年以后，美国钢铁行业成为"再工业化"的主力军，焕发出新的活力（杨晓龙等，2012）。

一　寡头垄断

在早期的美国钢铁市场上，市场竞争类似于完全竞争市场，企业之间相互压价，厂家基本上通过残酷的价格战开展竞争，争夺市场。进入 19 世纪 80 年代以后，钢铁企业发现，钢铁生产极具周期性，激烈的价格战只能导致企业无法获得相对丰厚的利润，在周期中不景气状况时，将会面临破产倒闭的困境。因此，一个基本稳定的市场对于确保公司能够享受资金的偿付和增长是必需的。钢铁行业的这种特征也正是资本密集和周期性需求行业的基本特征，那种扼住咽喉的竞争是资本和稳定性，而不是短期价格优势。

因此，像在其他资金密集产业一样，钢铁企业开始尝试去改变这种治理状况，以掌握这种关键的竞争条件。最初，企业试图通过非正式的安排来形成联盟，包括"绅士协议"和共谋，这些不会被美国反托拉斯法律所制裁。但是，这些非正式联盟只获得了有限的成功，价格战仍在延续。之后，钢铁企业转向水平并购。水平并购能形成更大规模的产能，控制更多的市场，并形成生产合理化，提高企业总效率。同时，钢铁企业也发现，确保钢厂在一个稳定、持续物质流的最优方式是每一个工厂都有能力去从事钢铁生产过程的全部三个阶段（Chadler，1977）。这样，美国钢铁企业开始进行垂直并购——以拥有那些从事上一阶段或下一阶段流程的企业。垂直并购也是一个避免让其他制造商破坏或主导市场的防御性战略。

通过一系列并购，1901 年美国钢铁公司成立，这个巨大的公司就是水平并购和垂直并购的结果，美国钢铁公司的资本达到了 1.4 亿美元，产能几乎达到了全国总产量的 2/3。这样美国钢铁行业已经拥有较高的市场集中度，形成了寡头垄断的产业结构，尽管在产业结构中也还包括一些小的公司，但是，从一个完全竞争的产业结构转变到寡头产业结构，对于钢铁行业而言，是自然选择的结果，也长期持续了下来。

寡头垄断的结构，当然不能完全阻止需求低落时的价格战。而且产业中公司间明确的价格合作被美国反垄断法严格禁止。因此，产业建立了一个"默认"隐性的定价方式。首先，美国钢铁公布它的价格，而且不管需求是否波动，这个价格都会执行，而且它的所有子公司都会执行这个价格。其次，其他公司将对这个价格采取跟随的策略。U.S 钢铁公司的公开价格相比于其他的主要钢铁生产商来说，在经济衰退时相对较高，在经济繁荣时相对较低，但能在较大程度上保护行业的总利润，坏了规矩的企业被称为"不熟练的业余选手"。

第二次世界大战结束时，美国钢铁行业寡头垄断的治理体系也确立了。大部分钢铁企业认为，它们是相互依存的，相互砍价或者其他的令市场不稳定的行为是完全徒劳的。同时，联邦政府严格禁止公司寻找明确联合的方案来限制竞争或者稳定市场。政府认识到自己保持市场机制要比促进产业适应特殊的经济或者竞争条件好。因此，公司在寡头垄断的钢铁市场上的相互依赖的管理，通过一个默认的、不明确的协调、风险最小化的战略来维持较高程度的市场稳定性。

二　政府政策

（一）反倾销法案

进入 20 世纪 70 年代以后，随着市场形势逐渐恶化，国内稳定的市场已被大量低廉的欧洲和日本进口钢材所冲击，在经过缓慢而痛苦无效的调整过程之后，美国钢铁行业得出这样的结论：这个市场没有单独的钢铁公司能有效应对困扰该行业的诸多问题。美国钢铁企业转向政治解决方案，开始寻求保护本国钢铁企业，限制外国钢材进口。著名的"201"条款就出自《1974 年美国贸易法案》，多年来，美国钢铁行业利用该条款多次采取进口配额、提高关税、反倾销诉讼等方式限制国外低价钢材进入美国市场。但同时，欧洲市场也同样限制美国钢铁，美国钢铁基本被限制在了国内市场。可以认为，"201"条款虽然广受诟病，特别是欧洲，以及亚洲钢铁行业都深受其害，但是，该法案通过限制国外钢铁大量涌入美国，在一定程度上保护了美国钢铁企业利益，维持了企业的生存和适度发展，为美国钢铁行业调整以应对国际市场赢得了宝贵的时间。

（二）政府补贴

美国政府对于钢铁行业的政府补贴方式多种多样，而且自从 20 世

70 年代以来，补贴措施从来就没有退出过钢铁行业。政府补贴，既包括直接补贴，也包括间接补贴。在直接补贴中，例如，美国政府在 1999 年 1 月，曾经对经营困难的钢铁企业进行减税，总额高达 3 亿美元，同时延长企业免税期，由 2 年延长到 5 年。此外，还有研发拨款、免征环保费、联邦政府补贴性贷款等。间接补贴主要用于与钢铁行业相关行业和地区的补贴，如能源行业中的能源补贴、对特定地区免除雇佣税等，这些措施虽然不是直接针对钢铁行业的，但钢铁行业也能从中获益。

三 行业结构调整

（一）兼并重组

企业经营困难的时期，钢铁行业的兼并重组工作也在有序地开展。在 2000 年以后，钢铁行业由六家综合性钢铁公司演变成四家，即美国钢铁公司、纽柯钢铁公司及 AK 钢铁公司和钢动力公司。美国钢铁公司粗钢产能在 2500 万吨以上，是美国第一大钢铁企业；纽柯钢铁公司产能在 1800 万吨以上；AK 钢铁公司粗钢产量在 600 万吨左右；钢动力公司的产能也在 600 万吨左右。四家公司的产能占全美钢铁总产能的 50% 以上，集中度大大提高，并形成了具有世界级水平的钢铁集团，在世界钢动态公司（WSD）2014 年 6 月发布的"世界级钢铁企业竞争力排名"中，纽柯钢铁公司仅次于韩国浦项，排在第二名。钢动力公司规模虽然小，但竞争力依然很强。

（二）以短流程炼钢技术为代表的技术创新

在 2012 年第一季度美国四大钢铁公司经营业绩报表中，尽管美国钢铁公司亏损高达 2.19 亿美元，但纽柯钢铁公司和钢动力公司却保持了良好的经营业绩，分别盈利 1.63 亿美元和 4178 万美元。企业保持活力的主要原因是对产品结构的调整以及短流程工艺炼钢技术的运用。

美国是一个废钢资源丰富的国家，短流程电炉炼钢与传统铁矿石高炉炼钢流程相比，由于减少了高炉还原铁工序，投资只有长流程 1/4，具有非常明显的成本和节能优势，且钢材品质容易控制。在纽柯钢铁的倡导下，美国电炉钢的比重在 2009 年已经达到了 58% 以上[1]，多个品种都保持了竞争优势。

---

① 上述美国行业结构调整中的数据来源于 http://www.csteelnews.com。

第四节 欧共体对钢铁行业产能过剩管理

欧洲的钢铁行业在第二次世界大战后成为世界钢铁行业的主力军，欧洲煤钢联营（ECSC）成员国钢铁产量一度占世界钢铁总量 40%—50%，钢铁贸易占世界钢铁贸易总量的 80%（Tsoukalis and Ferreira，1980）。然而，欧洲的钢铁生产存在以下三个问题。

第一，欧洲的钢铁生产主要仅集中在从萨尔地区到鲁尔地区，以及法国和比利时边境，包括德国、法国以及与比荷卢三国的相对非常小的区域，却依然存在参与国之间的进出口贸易关税。

第二，各国钢铁企业存在于不同的制度背景下，如何开展无扭曲的、公平的市场竞争？

第三，在钢铁生产的主要集中地，经历了两次世界大战，劳动力极为短缺，如何提高生产率使钢铁生产合理化？

为解决上述问题，欧洲煤钢联营（ECSC）应运而生。1952—2002 年，在 ECSC 管理的 50 年中，欧洲钢铁行业曾经历过三次较大的产能过剩危机。第一次危机在 20 世纪 60 年代，影响不大，第二次和第三次危机给欧洲钢铁行业带来了巨大的影响，产能大规模下降，失业率大幅度提升。在第二次产能过剩中，在一向崇尚自由主义的市场经济下，作为一个超国家组织 ECSC 却采取了大量的政治、经济措施来调控钢铁行业出现的问题，而各成员国内部也通过给予本国钢铁企业补贴的方式来提高其竞争力。虽然各种干预方式广受诟病，仍然取得了一定的成效，但在第三次危机中（20 世纪 90 年代），ECSC 试图通过类似的方式来减少产能过剩，结果却失败了。本部分首先介绍第二次危机的背景和情况，接下来介绍在危机中 ECSC 和各国主要采取的干预方式，最后通过简要分析第三次危机中产业政策失败的原因，从而得出结论和启示。

1976 年，是欧盟历史上最糟糕的一年。钢铁行业出现了前所未有的困境。

第一，出口量锐减。两年前共同体的钢材出口能达到进口量的 495.4%，但是，1976 年出口量占总产量的 16.8%，出口量只是进口量的 186.9%。

第二，随着技术进步和钢铁生产率的提高，落后产能问题严重。在技术进步的影响下，20世纪60年代以后，钢铁企业的最佳生产规模逐步由百万吨提高到千万吨水平，一些大型钢铁企业已经发展成为包括钢铁生产全部三个阶段的联合钢铁企业。同时，低海运成本逐渐削减了从本地市场购进原材料的优势，钢铁企业向沿海转移。欧洲企业对这些国际钢铁行业发展的新趋势应对不及时，落后产能和低效工厂问题严重。表6－1列举了与日本相比欧洲钢铁主要生产国在吨钢时间上的差异。

表6－1　　　　　　　　　各国吨钢生产时间

国家	工作时间（小时/吨）	差异（与日本比较,%）
比利时/卢森堡	7	19
法国	11.2	90
德国（联邦德国）	7.9	34
英国	13	120
意大利	7.1	20
荷兰	6.6	12
美国	7.3	24
日本	5.9	—

资料来源：转引自 Tsoukalis, L. and Ferreira, A. S., "Management of Industrial Surplus Capacity in the European Community" [J] . *International Organization*, 1980, 34 (03): 355–376。

第三，受宏观经济影响，钢铁需求下降、成本上升，工人失业率提高。1974年以后，由于石油价格和工资上涨，钢铁行业进入了一个价格迅速下降而成本持续上升的低迷期。1979年，英国钢铁公司净亏损800美元，1976—1979年，税后损失2.4亿美元。由于经济危机的影响，从1975年至1978年上半年，超过12%的劳动力（约95000人）被解雇，同时有超过10万工人的工作时间大大减少。1977年欧洲钢铁行业的产能利用率，生铁为61.5%、粗钢为62.8%、轧钢为57.7%，均不足65%。与此同时，在前期持续投资的影响下，钢铁行业的规模仍在不断扩大，直到1981年。

针对上述严重的产业困境，欧洲煤钢联营（ECSC）试图将自由竞争与保护主义相结合，通过提高劳动生产率、调整产业结构来阻止产业衰退，以及应对钢铁行业规模的扩大。"达维尼翁（Davignon）反危机计划"是第二次钢铁产能过剩危机的主要政策。

一　合理化及并购重组

ECSC 内部的第一次跨国并购出现在 20 世纪 60 年代末，德国和比荷卢钢铁企业并购。危机发生后，由于各国都存在"国家冠军企业"（Vernon，1974），尽管存在共同的钢铁市场，各国仍有冲动给本国企业补贴，帮助它们渡过难关，补贴将给共同市场带来扭曲的竞争，为此，德国在 1976 年扩大了现有的"合理化集团"，丹鲁克斯（Denelux）吸纳了卢森堡的阿尔贝德钢铁公司和北方的英荷钢铁工业，并在此后进一步扩大，形成了以德国为主导的类似卡特尔，命名为欧洲钢铁工业联合会，产量占 9 个国家产量总和的 95%。该联合会的成立，在危机时期，有助于形成统一的声音，也是 ECSC 政策的有效执行者，保障了"达维尼翁反危机计划"的顺利实施。

不过，"达维尼翁反危机计划"的中期目标是实施合理化计划和共同体重组，该目标在推行中，一方面需要面对共同市场中各成员国政府及企业压力，另一方面长期的经济衰退和高失业率导致德国、荷兰、意大利钢铁工业都非常萧条，致使合理化计划实施困难。同时，英国旨在通过推行削减产能并提升生产率计划来恢复景气，只有法国的合理化方案得到了推行。

二　"达维尼翁反危机计划"

在第二次危机中，"达维尼翁反危机计划"得到了部长理事会和钢铁行业代表的认可。这个计划的目的是要给欧洲钢铁行业提供一个喘息的空间，并且促进钢铁行业的合理化和重组等。合理化和重组是作为由委员会提出的中期政策的主要目标出现，并且这也被认为是"达维尼翁反危机计划"的一个组成部分（本书研究介绍的反危机计划并不包括该政策）。

反危机计划，包括对内的措施和对外的措施。

（一）对内的措施：最低价格的推行

通过对最敏感的产品，包括钢筋在内的十种钢产品在共同体内部贸易制定最低价格，来稳定市场。最低价格是强制性的，该价格的制定得到了 ECSC 和欧洲钢铁工业联合会代表的一致同意。直到 1980 年，钢筋最低价格才暂停，而其他钢产品如热卷，依然在"达维尼翁反危机计划"中。

（二）对内的措施：生产配额

反危机计划也包括一个 ECSC 和钢铁企业之间的生产配额自愿协议。ECSC 按照巴黎条约声明"显性危机"后，实施了配额制度，配额都保持自愿原则，但是，在具体的实施中，自愿的生产配额只在纯粹理论范围内存在，作为寡头垄断市场，配额实际上是按照市场力的强弱果瓜分了，这也带来了是否会创造卡特尔的诟病。

（三）对外的措施：在基本价格基础上的反倾销措施

依据 ECSC 公布的进口数据，与国外供应商进行双边谈判，"自愿"限制进口量，如果谈判失败，共同体将采取反倾销措施。在 1979 年年底，随着世界钢铁市场局势日益恶化，美国钢铁行业对欧洲进口钢材采取了进一步措施，造成了欧洲市场有来自美国生产者越来越大的压力。最终，欧洲和日本达成了通过价格控制和协商国际贸易市场份额的"组织性贸易"协定。

（四）对外的措施：开放各国政府补贴

ECSC 最终被迫批准了开放补贴，如英国和意大利政府对钢铁行业的补贴，这意味着即将废弃的工厂将重新焕发生机，削减的产能又回来了。有评论认为，在第二次钢铁产能过剩危机中，补贴政策的实施可能是欧洲钢铁市场竞争的最大扭曲，在其他实施补贴的国家的影响下，德国钢铁生产商在欧洲钢铁产品的份额从 1960 年 46.7% 下降到 1993 年的28.5%（Conrad，2005）。

三　第三次危机中的问题

20 世纪 90 年代以后，ECSC 力图恢复自由化经济政策。1989—1991年，欧洲钢铁企业的平均收益下降了 65%，整个欧洲市场萎靡不振，强烈要求 ECSC 实施干预。具体手段包括：加强钢铁统计管理和市场分析预测能力，增加市场数据透明度；根据《欧洲煤钢共同体条约》实施贸易保护，进行进口限制，特别是针对来自东欧以及亚洲的国家；通过兼并重组减少产能，协调联合企业间的产量分配，以维持企业最低的生存，避免破产；通过对成员国补贴实施限制的方式迫使其接受减产或私有化等条件。但是，此时的干预却没有取得预期效果。

（一）补贴问题

在第二次危机中，来自成员国对本国钢铁行业的补贴最受诟病。在第三次危机中，ECSC 提出，除非成员国接受减产或私有化等条件，才能考虑批准其补贴申请。一方面，ECSC 在部分公司未履行义务前同意发放补贴而失去了可信度；另一方面，部分国家，如意大利和西班牙政府等，不断地给予国有钢铁厂补贴，而私营企业则不享受补贴，私营企业为此提出抗议，认为此举加大了不公平竞争，从而抵制减产。

（二）重组计划失败

为了达成减产的目的，ECSC 提出重组，1993 年支持 29 个公司间的协作和兼并，并给予大量的资金支持，但是，资金花费出去了，重组计划却失败了，减产的目的却并没有达成。

第五节　结论和启示

日本较为典型的过剩设备淘汰出现在 1973 年第一次石油危机之后，是由政府主导并强力推行的产业政策；韩国是在 1997 年亚洲金融危机之后，政府在放松了管制后重新积极介入，并以企业为主导的调整策略；美国不是经历了短暂的危机，而是长达 30 年的调整期，在此期间，崇尚自由市场的美国政府高举"反倾销"大棒，帮助企业渡过危机；欧洲是在一个超国家的组织 ECSC 下实施调整战略的，在组织和协调上，面临更多困难，"达维尼翁反危机计划"提供了一个在共同体框架内来共同解决产能过剩问题的思路，该计划通过直接控制价格和进口来稳定市场。因此得到了"自由主义的言论经常伴随着现实的配额、卡特尔协议、对国内企业的补贴，以及对发展中生产商的歧视"（Tsoukalis and Ferreira，1980）这样的评价。但是，无论如何，上述政府的各项措施都是为了避免大量的钢铁公司破产，以及紧随而来的高失业率。但这种解决方案只是暂时的，日本在第二次石油危机中再次陷入困境，韩国在实施了 20 年的《钢铁育成法》后，终于还钢铁行业自由，并对浦项进行了彻底的私有化改革；美国"201 法案"被认为妨碍了自由竞争市场的发展，保护了落后；欧洲在第三次危机中规制政策失效都印证了这一点。由上述国家和机构对钢铁行业在特殊时期的治理，研究得到如下启示。

一　市场机制

在发挥市场机制有效性方面，有三点启示：

（一）发挥企业的自主性和自助能力

在日本缓解结构性萧条相关政策和特安法中，都强调了尽管仅仅依靠企业自主无法解决产业的过剩产能问题，需要政府的干预和管理，但是，仍然要充分发挥企业的自主性和自助能力。通过企业技术创新、降低成本等自主性的行动，提高经营效率和竞争力，从而解决钢铁生产中的需求波动问题。浦项在 1998 年之后的私有化改革也是为了让企业更具有经营的独立性和应对市场变化的灵活性。现有的激励机制尽管考虑了资金奖励、税收优惠、兼并重组以及企业升级改造等，但是，对于在景气周期中，如何发挥企业的自主性和自助能力，提高企业对于市场的应变能力却较少提及；尽管钢铁行业对于国民经济发展具有重要的作用，但是，企业置身市场经济环境中，其经营、发展仍然需要依靠自身的实力，政府的干预和调控并不能解决根本性的问题。

（二）产业调整需要依靠市场力量

如果产能过剩仅仅是周期性作用的结果，那它应该经得起需求管理的安排和调节（O'Brien，1994）。市场的力量应该足以调整产业发展，只有在产能过剩是由于一个更基本的长期作用力所导致的情况下，才需要政府的干预，其中包括需求量长期下降，或因重大的技术变革带来生产能力的大量增加以及相对于外国企业缺乏优势等导致的产能过剩。这些问题的解决，根本措施是把劳动力和资本转移到更加有效的产业中去。这样的调整当然不是单个企业所能解决的，需要政府干预。除此之外的一般性的产能过剩应该更多地依靠市场力量和企业的需求管理来调节。

（三）政府需要提供更多的信息支持

钢铁行业的根本问题还是在产能过剩，无论是目前的国内钢铁行业还是出现危机的国外钢铁市场，全球性的过剩拖累了行业的整体发展，落后产能的淘汰也是在这个背景下提出的。要实现落后产能的淘汰工作，在强制性措施之外，从市场的角度，目前大量存在的落后产能基本上都是在 2000 年钢铁行业盲目投资高速发展时的产物，淘汰的难度非常大，要从根本上淘汰，需要政府提供更多的信息支持，帮助企业了解市场供求信息，判断市场发展趋势，并寻找到更好的投资和发展机会，自愿退出市场。

二 政府规制

产业政策实际上意味着政府在微观层面干预。这种干预要么是采取旨在消除对竞争扭曲的政策，要么提出规划说明国家从这些可能导致市场力量的相互作用的事项中选取的目标和优先要解决的问题。落后产能的淘汰就是在当前阶段产业发展中急需解决的问题，国外钢铁产业调整的经验和教训对落后产能淘汰工作中相关政府规制的承诺机制、激励机制和监督机制方面提供的启示如下：

（一）承诺机制

1. 通过立法的方式，保障落后产能的淘汰

日本特安法是一项专门保障过剩产能淘汰的法律。韩国的《钢铁育成法》是在战后初期，专门扶持培育钢铁行业发展的法律。在我国落后产能淘汰的政策法规体系中，虽然也有一些法律法规，例如，《中华人民共和国环境保护法》《中华人民共和国大气污染防治法》等，但是，在行业层面，专门针对行业结构调整问题制定的法律法规，还未曾有过。

特安法的制定历时一年，实施时期长达五年，特安法中的三大项主要内容"制订安定基本计划""共同行为指示"和"特定萧条产业信用基金的债务保证"基本上涵盖了过剩产能淘汰的主要内容，该法律也经过在野党、相关社团的质疑、建议以及国会的审议，再三修订后出台。韩国的《钢铁育成法》也经过了修订，实施时间长达20年，有力地培育和促进了韩国钢铁行业的发展。法令的制定能够最大限度地提高政策的承诺性，表明政府治理过剩产能的决心，也最大限度地体现了政策的公允性，而且通过立法能够确定行政机关、管理相对人以及相关各方的权利义务，赋予行政机关更强有力的行政管理职责，细化行政处罚程序、处罚范围幅度，有利于行政机关有法可依、依法行政（李荣建，2007）。因此，在落后产能淘汰的工作中，对于需要规范或强制推行的问题，可以考虑通过立法的方式，保障顺利实施。

2. 淘汰落后产能的政策不仅是产业结构调整、产业政策中有机的组成部分，且应具有时间性和阶段性

产业政策的制定应该是一个体系，日本的过剩设备淘汰政策不仅仅是一项产业内部的政策，而且是宏观产业结构调整政策中的一个组成部分，在第一次石油危机后的萧条期，为了将宏观经济从萧条局面中扭转过来，改变结构性萧条的状况，日本政府既制定了国家层面上的财政、金融等综合性经济政策，也制定了在行业层面上针对各个行业的具体政策，过剩设备的淘汰政策就是行业政策中的一个部分。而且针对不同行

业的过剩产能，淘汰的目标和方式还存在差异。这是我国在落后产能政策制定和实施中需要学习和借鉴的。然而，从实施结果来看，该项政策有效地提高了企业的生产效率，改善了企业的经营状况，但是，随着宏观经济的变化，1981 年第二次石油危机的到来，企业又陷入了困境。这充分表明，尽管淘汰了过剩的产能，但是造成企业危机的根本原因并没有消除，这个原因既有企业自身的因素，在很大程度上也意味着产业政策的制定尽管注重了宏观为行业的结合、短期与长期的结合，但是仍然存在前瞻性不足，没有预料到未来的需求波动给行业冲击并提出系统的应对方案，总是在问题发生后再寻找解决方案的问题。因此，在制定产业政策时，应该具有前瞻性，考虑到政策适应的时间和阶段，提高政策的有效性。

（二）激励机制

1. 落后产能的退出保障机制

产能淘汰必然涉及退出保障工作，日本将雇佣对策分为转换事业、景气变动和离职人员雇佣津贴三个方面分别实施有针对性的雇佣方案，以特别保障中小企业发展及该区域的经济稳定。退出保障机制也是我国落后产能淘汰中的重点和难点，而且由于牵涉到地方政府的利益和地方经济发展和稳定，应该借鉴日本措施，不单是对退出企业给予奖励，还应该鼓励企业特别是中小企业遵循经济发展规律和发挥当地的资源、环境等优势，转变发展的思路，开拓新的产品和市场，从而完善落后产能的退出保障机制。

2. 政府补贴

在钢铁产业发展危机时期，政府补贴是不同类型国家的共同选择，日本通过建立产业信用基金、低息贷款等方式补贴；韩国的补贴措施包括政策性优先贷款、基础设施的建设和带补贴的投入、削减钢铁企业公共事业费用、出口补贴等；美国政府补贴包括减税、延长免税期、研发拨款、免征环保费、联邦政府补贴性贷款等，即使是欧洲各国政府也为了给本国钢铁企业补贴而与 ECSC 发生矛盾。因此，在落后产能淘汰的过程中，政府补贴是非常必要的，但是，利用来政府补贴来抵御市场环境的恶化获得竞争优势，并不是一项长期措施，因为补贴费用非常巨大，长期使用是不可行的。如何结合政治和经济现实情况不断地做出调整，是一个关键的问题。

3. 鼓励技术创新

技术创新是产业发展的原动力，浦项成功得益于高起点。从建设之初就将目标定位于世界一流钢铁企业，并且一贯特别重视研发和技术创新，低碳炼铁的 FINEX 工艺代表着炼铁节能技术最高水平。日本在 20 世纪 70 年代在第一次石油危机之后的产能过剩，在很大程度上也是由于技术革新缓慢。美国长达 30 年的钢铁行业调整，也是由于在高炉替代平炉等设备更新时期，固定资产沉淀太大，无法跟上技术变革的步伐而导致的。欧洲的连铸技术也大大降低了成本，在美国市场获得了竞争力。因此技术创新对于行业的发展和竞争力的形成起到了至关重要的作用。淘汰陈旧设备、投资新技术帮助日本走出危机，美国的纽柯公司也是依靠短流程钢铁冶炼技术从调整中的钢铁行业中脱颖而出、创造活力的。因此，在淘汰落后产能的过程中，在关注落后产能淘汰的同时，还应该加大鼓励技术创新、投资新技术设备的力度。

4. 适当的进出口管理政策

在行业危机的时候，国外的主要钢铁企业都选择了增加出口、控制进口的措施。在扩大出口方面，日本和韩国表现突出；在控制进口方面欧洲和美国都实施了各项反倾销措施，尤其是美国。目前，我国钢材产品遭受到的反倾销起诉逐年递增，在国发〔2013〕41 号文中提出了鼓励将落后产能转移到境外的新思路，但是，仍然需要出台更详细的方案，粗钢、中厚板、螺纹钢等产品品种的大量出口转移，实际上，只会增加国内环境、资源的成本和代价，高附加值钢材的出口以及落后设备的转移才是重点。在进口限制方面，还比较宽松，主要通过税收调节。在国内钢铁产能已经严重过剩的情况下，对进口加强限制是非常必要的。

5. 兼并重组提高集中度

兼并重组是各国普遍采取的措施。各国钢铁行业通过危机调整都大大提高了集中度，而且近年来的全球钢铁行业兼并重组依然活跃，韩国浦项产能占国内总产能的 60% 以上，日本两大钢铁企业集团的产量也占全国总产量的 75%，欧洲的欧洲钢铁工业联合会，产量占 9 个国家产量总和的 95%，美国的四大钢铁企业产能也达到国内总产能的 50% 以上。高集中度有助于企业形成资本、技术上的合力和规模效应，在多年来的兼并重组中，面临着许多实际困难，也形成了大型企业集团，但整体的竞争力仍然不足，还需要进一步加快兼并重组的步伐。

（三）监督机制

1. 成立专门的部门来计划、制定和实施政策

日本改善结构性萧条问题的一个重要事项就是成立"结构性萧条对策本部"，该部于 1977 年 9 月 7 日举行的部务会议上决定设置，主要工作职责是：对结构性萧条行业进行长期供求预测，制订改善结构计划，探讨设备处理问题，拟订对策、试行调整等。我国落后产能的淘汰工作也成立了专门的负责部门"淘汰落后产能工作部际协调小组"，并于 2010 年 5 月 7 日召开了成立暨第一次会议，该部门承担的具体工作包括分解淘汰目标，对地方落后产能淘汰工作进行监督考核，落实完善支持落后产能退出、限制落后产能生产的政策措施，加强部门之间的协调配合等。虽然两国的淘汰产能专门部门的职责存在较大差异，但是，专门部门的成立有利于落后产能淘汰政策的落实、监督以及各地执行工作的反馈，从 2011 年以后公布的淘汰名单及淘汰执行情况来看，落后产能的淘汰工作基本实现了淘汰目标。

2. 增加透明度和确保政策的协商一致原则

日本的结构性萧条措施以及特安法都是在特殊时期带有强制性的产业政策，即使如此，特安法的出台也经历了在野党的不断质疑以及国会的多次审议，而在此之前的 1963 年拟出台的《特定产业振兴临时措施法案》，曾引起企业界的强烈反对，三次被国会否决成为废案（江飞涛和李晓萍，2010），因此，强制性政策不应该是产业政策的常态，应发挥行业协会的作用，做到上情下达，下情上传，增加政策制定者与企业、协会及相关部门之间的透明度，协商一致，才能保证政策制定的合理性和执行中的顺畅。

第七章　落后产能淘汰的对策建议

第一节　研究结论

一　落后产能的界定

对于落后产能的界定，学术界和业界一般都从技术、能耗环境质量和规模三个方面来考察。在对落后产能界定的研究部分，本书分为三个部分。

第一部分通过对中国钢铁行业主要生产设备情况（主要以炼铁高炉和炼钢电炉为例）及产能状况（规模特征）、主要技术经济指标、能耗及排放（技术及能耗环保特征）以及经济性（经济特征）三个方面的分析，发现大型高炉在能耗环保和质量上都具有较为明显的优势，同时考虑到钢铁行业目前的高炉产能分布结构中，2013 年以后，已经以 1000 立方米以上的中大型高炉为主体；且钢铁行业整体产能利用率偏低，2013 年还不足 75% 的现状，虽然在实际工作中可能存在针对小企业，有"规模"论等诟病和许多实际的淘汰难度，研究仍认为目前依据两个方面的要求（朱宏任，2010），即环保、节能、安全和质量等方面的行业标准或强制性要求、行业特征及可操作性要求来界定的落后产能标准在原则上是科学合理的。

第二部分对 2010—2013 年工信部公示落后产能名单后的淘汰情况进行分析。工信部公示的落后产能完成情况都非常好，炼铁行业和炼钢行业除少数省份没有完成淘汰计划之外，大部分都完成或超额完成了淘汰计划，炼铁炼钢行业在四年内共计淘汰了 14840.79 万吨的钢铁产能，淘汰工作取得了较大的进展。从各省份炼铁淘汰量情况来看，位列前三的是河北、山西、山东三省，特别是河北省，占 26.28%。从各省份炼钢淘汰量情况来看，位列前三的是河北、河南、山西三省，河北省也远远超出了其他省份，占 35.23%。但是，从各省淘汰钢铁产能总量占总产量比重情况来看，山西的淘汰量占总产量的 14.21%，总量控制工作完成较好；而钢铁大省河北所淘汰的产能占总产量的比重仅为 6.52%，可见，淘汰工作的任务仍然非常艰巨。

第三部分研究在淘汰了 1.4 亿吨产能之后，钢铁行业的技术效率是否有了显著改进，即淘汰落后产能的政策效应分析。研究采用 DEA 和 SFA 两种度量行业技术效率的方法测度了在 2010—2013 年落后产能相关政策实施期间各省份钢铁行业的技术效率。结果表明，在这四年期间，DEA 技术效率并没有提升，反而下降，下降的主要原因是高人类发展指数省份的效率下降了；SFA 技术效率在 2013 年有了较大的提升，其他年份的变化不大。从反映落后产能淘汰相关指标的落后产能淘汰率、产能增长率等与两类技术效率的回归结果分析显示，两个指标均不显著，也就是说，现有的落后产能淘汰政策并没有给钢铁行业的技术效率提升带来显著影响，而真正影响 DEA 技术效率的是企业规模数。该研究结果意味着目前的产业结构调整还并没有到从量变转变到质变的阶段，落后产能淘汰政策对钢铁行业整体技术效率的提升作用不明显，真正能带来技术效率较大改进的是行业的集中度。因此，抓紧时机兼并重组是钢铁行业优化产业结构的重要举措。

二　承诺机制

事前承诺是控制事后机会主义的方法，如果承诺要取得预期效果，它必须是可信的，声誉是提高可信度的重要途径（迪克西特，2004），在政治承诺中也是如此。在承诺机制的研究部分，本书分为两个部分：

第一部分从政府如何建立要用"铁的手腕""鹰"式政府这样强势的方式来淘汰落后产能的声誉及其作用机制研究入手，分有限期和无限期两个不同的博弈时期，分析了中央政府和地方政府的动态博弈及决策。在有限期博弈中，依据中央政府的折现因子大小，设定四种情形，在每种情形下，地方政府将依据之前中央政府的行为来判断中央政府是"鸽"还是"鹰"的概率，当鹰的概率高的时候，地方政府倾向于淘汰落后产能，博弈推导结果表明，在有限期决策中，只要中央政府建立起"鹰"政府的声誉，地方政府就会淘汰落后产能。反之，则没有地方政府会淘汰落后产能。在无限期博弈中，地方政府有更长的时期，更多参考依据来判断中央政府是"鸽"还是"鹰"的概率。依据中央政府的折现因子大小，分为两种情形，当折现因子较大时，中央政府将会继续采取惩罚措施，基于长期的威慑，地方政府将会淘汰落后产能；而当折现因子较小时，由于中央政府的长期妥协，地方政府会选择不淘汰策略，因此，在无限期博弈中，中央政府应不要只顾眼前利益，而要保持政策相对稳定性，尽量降低妥协的占优，才能促进落后产能的淘汰。

第二部分采用实证研究的方法，以工信部 2010—2013 年公布的落后产能的淘汰企业和地区为样本，在结构化了这些样本所在地区自省级到县级的所有相关政策、法规、政府工作报告、内部文件及相关新闻报道共计 1800 余篇文献的基础上，分别分析了政策式承诺的可信度，以及在加入了"军令状"式承诺及其交互项之后，对落后产能淘汰的影响。研究结果表明，单独的政策式承诺的可信度对落后产能的淘汰工作没有显著影响，地方 GDP 对落后产能的淘汰的阻碍依然很大；而在加入了"军令状"式承诺之后，政策式承诺可信度对落后产能的淘汰呈负向影响；在加入了两类承诺的交互项之后，即考虑了基层地方对上级政策的回应之后，研究结果发生了可喜的变化，虽然落后产能的淘汰工作仍受地方GDP 增长的显著负向影响，但是，在提高政策式承诺可信度的情况下，"军令状"式承诺对落后产能的淘汰工作的影响会加大，两类承诺对落后产能淘汰起到正向的交互效应。

三　激励机制

在落后产能淘汰的委托—代理关系中，地方政府作为代理人，既要追求任期内或短期的经济增长，又必须淘汰落后产能，在多任务的情景下，如何能保证落后产能任务的淘汰。本书将激励机制的研究划分为两个部分：

第一部分在拉丰和马赫蒂摩（2002）多任务激励模型的基础上构建关于任务冲突的多任务委托—代理模型，从理论上分析两种情形下的激励效应和中央政府的选择：一是短期情形下，地方政府发展 GDP 和淘汰落后产能两项任务是不对称的、相互冲突的且具有互替性的；二是长期情形下，两项任务是不对称的、互相冲突的但具有互补性。模型推导后发现，在第一种情形下，即中央政府与地方政府的短期激励问题中，由于发展 GDP 和淘汰落后产能之间的任务互替关系，中央政府会只对其中一种任务提供激励，又由于任务间的不对称性，淘汰落后产能的效果往往无法直接估算，这促使地方政府往往会选择能更好地传递成果信息的工作，如发展 GDP，而不是淘汰落后产能这样无法度量、噪声大的工作。这也是多年来落后产能淘汰工作难以开展的主要原因。在第二种情形下，如果发展 GDP 和淘汰落后产能是两个强互补的任务，虽然中央政府最优选择是在两个任务上都对地方政府提供激励。但是，由于任务的不对称性，淘汰落后产能的任务不仅成果难以度量，而且获得收益的可能性也较发展 GDP 工作要少，特别是地方政府如果在该项工作上增加努力也难以显现，中央政府应对淘汰落后产能工作加大激励成本。

第二部分是在第一部分的基础上，采用实验研究的方法，分析在上述两种情景下考虑职业晋升和物质奖励等具体的激励措施之后，不同的任务度量方式对地方政府多任务选择的影响。依据实验研究的结论，得到以下在现实情况下的结果：

（1）在固定工资激励下，地方政府对发展 GDP 和淘汰落后产能两项任务的努力程度是随机分配的，而不是按照中央政府的意愿平均分配工作。

（2）在计件工资的激励下，如果中央政府将发展 GDP 和淘汰落后产能两项任务分开来度量，则总体上应该依据两项任务的激励权重来决定代理人在两项任务上的努力程度。同时，高能力代理人和较低能力代理人在淘汰落后产能上会施加更大的努力。如果将发展 GDP 和淘汰落后产能两项任务总度量，代理人将依据任务的可度量程度在发展 GDP 上施加高努力、在淘汰落后产能上低努力。

（3）在固定工资有职业生涯考虑激励的情景下，在任务分开度量时，高能力代理人将在发展 GDP 上施加更多的努力，低能力的代理人，随机分配对两项任务的努力。在任务总度量时，无论是低能力代理人还是高能力代理人都会平均分配在两项任务上的努力。

（4）在计件工资有职业生涯考虑激励的情景下，在任务分开度量时，高能力代理人和低能力代理人均在淘汰落后产能上投入更多的努力，但两类代理人在淘汰落后产能工作的比重上并没有显著的差异；在总度量契约中，代理人在发展 GDP 上施加更多的努力。

物质激励以及职业生涯考虑等激励工具的效应：

在分开度量的契约中，物质及职业生涯考虑均可作为重要的激励因素，正向影响地方政府对淘汰落后产能工作的选择，但在有职业生涯考虑的激励下，物质激励的效应会逐步减弱。具体在以下四种情景下的激励效应如下：

（1）在固定工资和计件工资下，物质激励对落后产能淘汰工作比重的选择有显著的正向影响，而且高能力的被试更倾向于增加落后产能淘汰工作的比重。

（2）在固定工资与固定工资职业生涯考虑中，职业生涯考虑与落后产能淘汰工作的选择比重呈正向相关关系，而能力的影响则不显著。

（3）在固定工资职业生涯考虑与计件工资职业生涯考虑下，物质激励对落后产能淘汰工作的选择呈显著正相关关系；能力也与落后产能淘汰工作的选择呈显著正相关关系，低能力代理人更愿意在落后产能淘汰工作上多作出努力。

（4）在计件工资与计件工资职业生涯考虑下，职业生涯考虑与落后产能淘汰工作的选择呈正相关关系，能力与落后产能淘汰工作的选择呈负相关关系，即高能力代理人对落后产能淘汰工作的选择会增加。

在总度量契约中，代理人的选择仅受到任务本身的可度量程度所影响，由于发展 GDP 更可度量，因此，代理人会在发展 GDP 上作出更多的努力。

四　监督机制

一个完整高效的监督机制应该包括纵向监督、同级监督和媒体监督，本书研究的监督机制，分别研究了三个监督对落后产能淘汰的影响。

第一部分，纵向监督。在委托人—监督人—代理人三层委托—代理关系的内部结构中分析怎样的监督人设置能有效防止合谋，理论模型研究表明，为了有效促进地方政府淘汰落后产能的效率，中央政府应该设立一个专门监督人，而为了阻止地方政府与专门监督人之间形成合谋，中央政府应该同时设立两个监督人——专门监督人和临时监督人。进一步通过对近年来的落后产能淘汰政策中的委托人、监督人和代理人结构的分析，发现在现有的纵向监督机制下，专门监督人缺位，因此，中央政府应该在保留临时考核组的同时增设专门的监督机构，来监督地方政府淘汰落后产能工作的进展。

第二部分，同级监督。同级监督和纵向监督之间是互补的，都是属于委托—代理结构中的内部监督，同级监督可以很好地弥补纵向监督的不足，并减低纵向监督的成本。通过研究可知，在现有的激励机制下，同级监督不仅有助于地方政府总的工作量的提升，而且有助于地方政府更好地完成落后产能的淘汰工作。与此同时，同级监督还可以促进低效率的地方政府提高工作效率，更好地完成中央政府分配的工作。因此，中央政府要充分利用同级监督的积极作用，及时通报全国各地的政府工作进展，营造出"外源性同级监督"，并且鼓励同地区的地方政府互相通报工作进展，让彼此了解对方的工作进度，构成"内生同级监督"。这样，可以更好地促进落后产能的淘汰工作。

除此之外，在同级监督存在的情况下，与固定奖励相比，依据淘汰绩效实施奖励的方式更能有效提升地方政府的总工作量和对淘汰落后产能的重视。因此，中央政府要想更快更好地落实落后产能的淘汰工作，除出台相应的文件在政策上对地方政府进行奖惩之外，也可以在激励机制上变换方式，将固定奖励改为依据淘汰绩效实施奖励，并加大淘汰落后产能工作的奖励比重，从而更有效地促进落后产能的淘汰。

第三部分，媒体监督。媒体监督是外部监督，是内部监督中纵向监督和同级监督的补充。研究结果表明，媒体的负面报道可以有效地促进企业落后产能的淘汰，显著提高企业的落后产能淘汰率。这一现象是由于声誉效应的作用，地方政府在声誉机制影响下，在负面报道被媒体曝光前介入媒体报道，避免负面消息出炉；而在无法介入的情况下，一旦被媒体曝光，又会对企业进行行政干预，挽回声誉损失。研究表明，地方政府对媒体报道的介入会削弱媒体的监督作用，但地方政府对企业的行政干预则显著提高了企业淘汰落后产能的可能性。

第二节　落后产能淘汰的对策建议

一　缩减产能，实现行业结构调整

2010 年国发〔2010〕7 号文，明确了 2011 年年底需要淘汰的产能目标之后，再没有相关的政策具体制定更新的淘汰标准，后续的国发〔2013〕41 号文中只提到五年时间内要保证产能规模基本合理，以及在 2015 年年底前，炼铁再需要淘汰 1500 万吨，炼钢再需要淘汰 1500 万吨产能的阶段目标。因此，在钢铁行业界的理解中，认为未来的淘汰工作是以能耗、环保为硬约束，企业以上"白名单"为追求目标，上不了

"白名单"的企业都有可能被淘汰，不会再划定某个具体的标准，这是落后产能淘汰工作和思路上的重大改进，也更有利于钢铁企业通过不断地改进在环保、能耗、质量方面的技术水平达到行业规范的生产标准，从而提高钢铁行业整体技术水平。

2014 年，我国粗钢产量达到 8.2 亿吨，较上年增长 0.9%，体量仍非常大，产能过剩严重。国发〔2013〕41 号文指出，"向境外转移过剩产能的企业，其出口设备及产品可按现行规定享受出口退税政策"，将出口作为化解产能严重过剩的渠道之一。依据海关总署的进出口数据，2014 年，钢材出口总量 9392.6 万吨，进口钢材 1451.02 万吨，净出口 7941.58 万吨，折合粗钢，同比增长 65.7%。2014 年，出口量大增的原因之一，是 2015 年 1 月 1 日起实施的取消含硼钢出口退税政策，促使钢铁企业在 2014 年 12 月加大出货，拉高了全年的总出口量。另外，国内严重的产能过剩也迫使钢铁企业重新选择增加出口，维持收益。尽管出口量得到了快速提升，但是，出口品种结构却没有根本性的改变，棒线材和板材仍是主流，占出口总量的 79.4%；依然是以低附加值的初级钢产品为主，进出口钢材差价一再拉大，全年出口钢材均价 755.21 美元/吨，同比下降 98.77 美元/吨，进口钢材均价 1241.29 美元/吨，同比下降 30.21 美元/吨，进出口差价达到了 486.08 美元/吨，进入国外市场完全依靠成本优势，而这些优势的取得是建立在利用国内各种税收优惠（包括出口退税）以及低环境保护成本等基础上的，在国际竞争中处于劣势。

在 2014 年的总出口钢材量中，含硼钢占近五成，其中，出口棒材中，含硼钢占 72.2%；线材中，含硼钢占 90.5%，这些"三高一低"的产品，早在 2004 年前已经取消了出口退税，但是，通过加入少量的硼，变身为合金类产品，就可以享受出口退税优惠，产品的品质却没有根本改变，引起多个进口国的抵制和反对，取消含硼钢的出口退税，对中小企业影响较大，但有利于出口结构的调整和优化。

综上所述，钢铁行业的现实状况使落后产能淘汰工作进入了一个新的阶段，在淘汰了一批"过时"的高耗能、高排放设备之后，今后的淘汰工作以环保和能耗为硬指标，但是，淘汰落后产能并不能从根本上解决过剩产能问题，产能严重过剩依然是钢铁行业的重负，也会阻碍钢铁行业整体技术水平的提升，从而产生更多的落后产能，而依靠向国外市场出口"三高一低"产品并不是可持续的、有利于行业健康发展的路径，因此，今后应将落后产能淘汰与过剩产能化解的工作结合起来，以企业生产经营是否达到"行业规范条件"为标准逐步实施淘汰工作，达到缩减产能、由大变强的行业结构调整目的。

二 充分发挥市场机制的调节作用

从长期来看，钢铁行业结构的调整仍要靠市场机制的作用，更多地需要依靠市场力量的调节。钢铁行业是周期性非常强的行业。1997 年亚洲金融风暴之后，钢铁行业跌入低谷；2000 年之后，随着国家整体经济向好，行业逐步景气，2004 年以后迎来了投资和产能的大幅提升；2008 年之后，受美国次贷危机影响，钢铁行业又再次陷入经营发展困境，期间虽有缓和，但仍在微利和亏损中徘徊。

从世界钢铁行业发展的情况来看，在经济周期作用下，钢铁行业的产能过剩是极为普遍的现象，钢铁企业应该具备在周期中自我调整产能、安排需求的能力，市场的力量也应该足以帮助企业调整行业的发展，在自由市场的观念中，只有在产能过剩是由于一个更基本的长期作用力所导致的情况下，才需要政府的干预，其中包括需求量长期下降，或因重大的技术变革带来生产能力的大量增加以及相对于外国企业缺乏优势等导致的产能过剩。解决这些问题的根本措施是将劳动力和资本转移到更加有效的产业中去。这样的调整当然不是单个企业所能解决的，需要政府干预。除此之外的一般性产能过剩应该更多地依靠市场力量和企业的需求管理来调节。但是，由于在转轨时期，市场竞争不完全，导致企业并没有在一个公平的竞争环境中生存、发展，自我调整能力较低，不能完全发挥市场的调节作用，因此，政府应该从打造公平的经营和竞争环境入手，推动行业的结构调整和健康发展。但是，在现有的政策体系中，对于理顺价格体系、深化改革、创造公平竞争环境等有利于创造促使市场机制发挥作用的政策措施依然不够明确。为此，应该从政策措施上做以下改进：

（一）突破理顺要素价格的"瓶颈"

在理顺价格体系方面，对水、电、气等资源品的价格改革措施明确，阶梯电价和水价已经在落后产能行业实施，并且在部分行业还有更为严厉的方案尚待实施，目前已成为提高落后产能企业成本、促进落后产能加快退出市场的方式之一。但是，即使实施了阶梯电价、水价对落后产能的生产形成了一定的制约，电、水的价格仍然处于低价格水平，若将原油、天然气等资源品的资源税由从量征收改为按市场价格波动的从价征收后，落后产能生产企业的资源成本就会大大提升，进一步压缩利润，最终被迫退出市场。通过价、税、财联动促进落后产能淘汰的改革措施面临着许多实际的困难，例如，资源品市场价格的波动会较为频繁，而税收要保持相对稳定，如何平衡波动和稳定等问题，一方面价税财联动改革是突破资源品等要素价格扭曲"瓶颈"的有力举措，势在必行（贾康，2013）；另一方面对于其他对落后产能淘汰意义重大的要素价格，包括土地价格、资金价格等还有待于进一步的市场化改革。

（二）打破所有制制约和规模歧视，创造公平的竞争环境

依据中国经济与社会发展数据库资料，2011 年，黑色压延加工业，大中型企业 1331 个，工业总产值 52499.82 亿元；国有及国有控股企业312 个，工业总产值 23652.24 亿元；私营企业 4246 个，工业总产值16469.26 亿元。可见，在钢铁行业中，国有企业以及大中型企业虽然企业数量不多，但是，总体实力占有优势。落后产能所在的企业大部分是中小私营企业，因此，有学者评价落后产能标准有唯"规模论"倾向，且在钢铁产业相关政策中存在"所有制歧视"和"规模歧视"。实际上，从现有的生产经营效率来看，大中型钢铁企业以及国有钢铁企业的生产效率、规模经济性以及在环保治理、节能排污上都要好于中小私营企业，但是，中国钢铁行业整体经营效率和技术水平都还有待于提高，而且大中型钢铁企业以及国有企业大都是凭借政府政策倾斜、补贴和扶持下发展起来的，在未来的竞争中已经具备了先发优势，因此，在未来的市场竞争中，应该打破所有制制约和规模歧视，创造公平的竞争环境，让企业在同等公平的经营环境下，依靠自身力量参与市场竞争，才能更有效地提高经营效率和技术水平。

（三）政府需要提供更多的信息支持

钢铁行业的根本问题还是在产能过剩，无论是目前的国内钢铁行业还是出现危机的国外钢铁市场，全球性产能过剩拖累了钢铁行业的整体发展，落后产能的淘汰也是在这个背景下提出的，要实现落后产能的淘汰工作，在强制性措施之外，从市场的角度看，目前大量存在的落后产能基本上都是在 2000 年以后钢铁行业盲目投资、高速发展下的产物，淘汰的难度非常大，要从根本上淘汰，需要政府拥有更多的信息支持，一方面可以帮助企业了解市场供求信息，判断市场发展趋势，并寻找到更

好的投资和发展机会，自愿退出市场；另一方面政府也可以通过这些信息充分了解市场及企业的动态生产和经营状况，以便于更好地加以指导。在信息支持方面，特别需要强调的是建立以下数据库：

1. 建立生产设备动态变更信息库

在现有政策体系中，钢铁工业协会具有信息收集、处理和发布的职能，对于落后产能的存量和流动状况的掌握是今后落后产能淘汰治理工作的重点，只有在掌握了现有设备存量的基础上，才能对未来的落后产能淘汰措施进行规划，建议建立生产设备动态变更信息库。目前，对于高炉等大型设备有项目建设备案管理制度，但是，对于小型设备的管理控制，特别是对于已经淘汰的设备流向，是销毁、流入了二手市场，还是转移到了其他国家和地区等，以及目前并不是落后产能的设备流转情况等都应该备案在册，并实时更新。

2. 实时跟踪发布国内外钢材产品、设备等需求信息

扩大内需、拓展海外市场是淘汰落后产能、化解严重过剩产能的重要措施之一。国发〔2013〕41号文提出了开拓国内外市场的多种途径，对于国内市场要努力开拓，扩大有效需求，在工业化和城镇化深入推进的同时，挖掘市场潜力，并推动建材下乡，通过加快淘汰更新下游工业设备，例如，船舶等，推动钢材消费；对于国际市场，在巩固扩大的同时还要拓展新空间，鼓励企业积极参加各种贸易促进活动、创新国际贸易方式、积极对外承包工程项目和参与国外基础设施建设，并在此提升技术水平、对外投资、开展全球价值链整合以及建设境外生产基地等。

但从实际经营状况来看，2014年钢铁行业粗钢国内市场表观消费量较2013年下降3.4%，表观消费量反映了国内的实际消费，该数据表明，2014年国内钢材消费略有下降。在库存方面，钢材库存平均每月维持在3000万吨以上，其中企业库存（仅包括钢铁工业协会会员企业数据）各月基本在1400万吨左右，较上年增长11%；社会库存1000万吨以上，但有去库存的趋势，年末社会库存急剧下降，社会库存反映了钢材在流通中的库存量，该库存量在2014年前10个月在正常范围内，年末降到新低点，社会库存下降意味着钢贸经销商对于钢材产品销售没有信心，作为"蓄水池"功能已经丧失，经销商只想尽快将库存商品脱手，逃离市场，总库存中企业库存占50%，意味着企业经营压力异常大，是库存的主要压力所在。在钢材价格方面，2014年，中国钢铁协会的CSPI钢材综

合价格指数一路下降，环比下降 2.2%，同比下降 16.05%。建材下乡主要用钢三级螺纹钢，平均价格跌到了 2791 元/吨，已经是十年前的价格水平。上述表观消费量、库存和价格数据都表明，钢铁企业 2014 年经营困难，拓展国内市场方面困难重重。同样，在国际市场上的情形也不容乐观，进出口价格差在 2013 年仅为 357.1 美元/吨，2014 年达到了 486.08 美元/吨，增大的幅度达到了 36.1%，意味着国内钢材在国际市场上走的依然是低端低价"大路货"路线。从出口钢材产品品种及流向来看，棒材、盘条等低附加值产品主要出口亚洲、非洲和个别发达国家，热轧板等大路货出口以南美、欧洲为主，冷轧及涂镀类高附加值产品出口区域分散，各地都有，但比重不足 5%。好在 2014 年铁矿石、废钢的原材料价格大跌，跌幅分别达到了 48% 和 21%，在产品降价的情况下，企业仍有所盈利。2014 年，企业经营以及进出口数据表明，尽管出台了相关政策，但是，钢铁企业在国内外两个市场上的拓展还有待于进一步深入。同时，在国内市场上，"一带一路"建设刚刚开始，钢铁行业还有很多发展机遇，国际市场上，也有许多新的出口目的国和新的投资领域尚待开发。这些都需要政府提供有效的信息支持来帮助企业拓展市场，包括实时跟踪国内外钢材销售动态、供求信息、推荐参与大型项目建设、设备需求等各类有关信息。

3. 发挥企业的自主性和自助能力

在日本缓解结构性萧条相关政策和特安法中，都强调了尽管仅仅依靠企业自主无法解决产业的过剩产能问题，需要政府的干预和管理，但是，仍然要充分发挥企业的自主性和自助能力。通过企业技术创新、降低成本等自主性行动，提高经营效率和竞争力，从而解决钢铁生产中的需求波动问题。浦项在 1998 年之后的私有化改革也是为了让企业更具有经营的独立性和应对市场变化的灵活性。美国和欧洲更是崇尚自由贸易的国家，一贯坚持在行业危机时，应首先发挥企业的自主性和自助能力。

目前，落后产能淘汰政策的激励机制中尽管考虑了资金奖励、税收优惠、兼并重组以及企业升级改造等各种促进落后产能淘汰及行业结构调整的措施，但是，对于在景气周期中，如何发挥企业的自主性和自助能力，提高企业对于市场的应变能力却较少提及，尽管钢铁行业对于国民经济发展具有重要的作用，但是，企业置身于市场经济环境中，其经营、发展仍然需要依靠自身的实力，政府的干预和调控只是短期的、临时性的，在企业自身无法实现调整的情况下才能采取的措施，解决问题的根本措施还是要靠激发企业的自主性和自助能力，在市场竞争中实现"优胜劣汰"。

三　政府规制

（一）承诺机制

1. 在短期的规制中，可以通过立法的方式，提高承诺的可信度

日本特安法是一项专门保障过剩产能淘汰的法律。韩国的《钢铁育成法》是在战后初期专门扶持培育钢铁行业发展的法律。在我国落后产能淘汰的政策法规体系中，虽然也有一些法律法规，例如，《中华人民共和国环境保护法》《中华人民共和国大气污染防治法》《中华人民共和国土地管理法》等，但是，在行业层面，专门针对行业结构调整问题制定的法律法规，还未曾有过。

特安法的制定历时一年，实施时期长达五年，特安法中的三大项主要内容"制订安定基本计划""共同行为指示"和"特定萧条产业信用基金的债务保证"基本上涵盖了过剩产能淘汰的主要内容，该法律也经过了在野党、相关社团的质疑、建议以及国会的审议，再三修订后出台。《钢铁育成法》也经过了修订，实施时间长达 20 年，有力地培育和促进了韩国钢铁行业的发展。法令的制定能够最大限度地提高政策的承诺性，表明政府治理过剩产能的决心，也能最大限度地体现政策的公允性，而且通过立法能够确定行政机关、管理相对人以及相关各方的权利义务，赋予行政机关更强有力的行政管理职责，细化行政处罚程序、处罚范围幅度，有利于行政机关有法可依、依法行政。因此，在落后产能淘汰的工作中，尽管对于政府干预产业发展存在"政府失灵"的质疑（陈剩勇和陈晓玲，2014），但是，对于较为长期的行业发展停滞以及涉及国计民生的重大问题，政府在综合各方意见的基础上，实时干预是必要的，特别是对于需要规范或强制推行的问题，可以考虑通过立法的方式，提高政府承诺的可信度，保障顺利实施。

2. 在短期规制政策的实施中，要加强地方政府对政策的"自下而上"的承诺

在工信部连续公示四年落后产能淘汰的情况下，名单上的落后产能基本上已经被淘汰完毕，但是，未进入"白名单"（符合企业规范要求）的企业仍面临淘汰的风险，淘汰工作进入异常艰难的阶段。地方政府作

为政府规制的代理人，在多层代理的体系中，需要通过建立承诺的可信度来提升淘汰的效率，而承诺可信度的提升路径既包括自上而下政策式承诺，也包括自下而上的"军令状"式承诺，从承诺机制的实证研究中，可以看到，尽管省级及以下地方政府制定了大量的关于落后产能淘汰方面的政策，而且对政策重要性的强调一再加重语气，但是，自上而下的"政策"式承诺效果并不显著，实施的结果也不尽如人意，其中缺乏基层地方政府的回应是主要原因。自下而上的"军令状"式承诺是有效的，而且只有在基层政府真正下定决心，立下"军令状"式承诺，并与政策承诺相互呼应之后，落后产能的淘汰工作才能得到更有效的开展。当然，这种依赖基层地方政府"一把手"的个人行为来落实政府规制的方式，依然是政策管理和行政管理的老思路，在短期规制中是必需的，并且是有效的，但在长期产业政策的实施中还应该采用更多其他的去行政化的方式。

3. 加强问责制和一票否决制的执行

国发〔2009〕38 号文首先提出对于违反土地、环保等法律法规、信贷政策、产业政策规定等工作严重失职失误并产生恶劣影响的，要按照中办发〔2009〕25 号文有关要求和相关规定进行问责，予以严肃处理。发改产业〔2013〕892 号文再次规定，在核准、备案新增产能项目，向违规项目发放贷款、供应土地、通过环评审批中违反土地、环保等法律法规、信贷政策、产业政策规定以及发改产业〔2013〕892 号的，按照中办发〔2009〕25 号规定问责有关机构和责任人，这两项政策从中央政策层面将落后产能淘汰工作与干部问责制挂钩。中办发〔2009〕25 号文明确规定了对领导干部问责的情形、方式、适用和程序等。国发〔2009〕38 号文提到问责制之后，各地也纷纷将淘汰落后产能工作与行政问责制，甚至一票否决制联系起来，例如，浙江绍兴明确规定，下辖各区、县政府对于落后产能工作实施"一把手"工作责任制，如果不能完成落后产能淘汰目标任务，或对淘汰工作有瞒报和谎报行为，就受到严格问责，情节严重的会被一票否决；山西省若发现未关停、未拆除的落后产能，将立即采取停电等强制性措施，并问责市、县长和相关责任人；甘肃将落后产能淘汰工作为未评价指标纳入各级政府目标考核内容，实行问责；福建的问责制明确了具体的问责方式，实行年度考核问责制，没有达标的地区，省长谈话、通报，加大处罚力度。可见，无论是中央还是地方

316 落后产能淘汰机制研究

都强调了要将落后产能的淘汰与地区主要负责人的责任、考核甚至升迁联系起来，但是，对于问责制实施的情况，出现被媒体曝光后未淘汰的落后产能、瞒报、漏报落后产能情况、未达标排放等问题之后，责任人的处理究竟如何，却基本未见诸报端，政策的威慑作用大于实际执行，不利于政策承诺可信度的提高，因此建议，加强问责制的执行力度，强化体现中央政府淘汰落后产能的决心。

4. 淘汰落后产能的政策不仅是产业结构调整、产业政策中有机的组成部分，且应具有时间性和阶段性

产业政策的制定是一个体系，应急式的短期规制应该是这个体系中的有机组成部分。以日本的过剩设备淘汰政策为例，该政策虽然是在行业危机中出台的，但它不仅仅是一项产业内部的政策，而是宏观产业结构调整政策中的一个组成部分。在第一次石油危机后的萧条期，为了将宏观经济从萧条局面中扭转过来，改变结构性萧条的状况，日本政府既制定了国家层面的财政、金融等综合性经济政策，也制定了在行业层面针对各个行业的具体政策，过剩设备的淘汰政策就是行业政策带来的中的一个部分。而且针对不同行业的过剩产能，在淘汰的目标和方式上都存在差异。这是我国在落后产能政策制定和实施中需要学习和借鉴的。

从实施结果来看，日本过剩设备淘汰政策有效地提高了企业的生产效率，改善了企业的经营状况，但是，随着宏观经济的变化，1981 年第二次石油危机的到来，企业又陷入了困境。这充分表明，尽管淘汰了过剩的产能，但是造成企业危机的根本原因并没有消除，这个原因既有企业自身的因素，在很大程度上也意味着产业政策的制定尽管注重了宏观为行业的结合、短期与长期的结合，但仍然只是一个阶段性政策，不具有前瞻性，不能预料未来的需求波动给行业冲击并提出系统的应对方案。因此，在制定短期应急式的行业规制政策时，要具有一项政策只能解决一个时期问题的政策着眼点，考虑到政策适应的时间和阶段，提高政策的有效性。

（二）激励机制

1. 完善落后产能淘汰的财政奖励办法，给予完成任务优秀的地方政府负责人在职位升迁方面的正向激励

在现有的政策中，并没有明确地将地方官员的职位晋升与落后产能的淘汰工作联系起来，但是，从激励实验的结果却可以看到，将地方官

员的晋升与落后产能的淘汰工作挂钩，对促进对落后产能的淘汰是有利的。此外，在目前的财政引导措施中，多次强调了要加大对落后产能淘汰工作的奖励力度，但是，奖励办法的细节不明确，总体来看，财政奖励和职位升迁的期望都有助于落后产能淘汰工作的顺利开展，因此，要完善落后产能淘汰的奖励办法，且奖励办法要与淘汰的工作量挂钩的同时，不仅要对领导干部实施问责制和一票否决制这样的职位上的负向激励，还应该给予职位升迁方面的，例如任职考核评优、晋级等正向激励。

2. 要量化落后产能淘汰的标准，并且将落后产能淘汰工作与 GDP 发展工作分开考核

一方面，中央政府对于落后产能的淘汰工作要出台可定量、可度量、细化的评价标准，以便促进地方政府的努力选择。对于落后产能淘汰的工作组织安排，目前的程序是各地上报未达标的落后产能，工信部据此提出年度淘汰目标，各地制订具体的实施方案，分解落实到基层地方政府。这个组织程序表明，目前淘汰工作从任务的分配上已经实现了定量化，但在任务完成的考核上也要有更明晰的评价标准，才有利于地方政府对淘汰工作努力程度的选择。

另一方面，对于发展 GDP 和淘汰落后产能两项任务，中央政府委托地方政府实施时，最好分开考核其绩效，总度量考核将导致激励无效，降低总体绩效水平。

当然，如果现实情况不能够实现分开考核，在必须总度量两项任务的总绩效时，采用固定工资和给予职位晋升期望的激励方式，会将得到在这种情况下的最优激励效果，但这个激励效果无论从总绩效上还是从各个任务完成的单项绩效上都不如分开考核两项工作的绩效水平高。

在分开考核两项任务的绩效时，依据淘汰工作和 GDP 的实际完成情况实施的财政奖励是最好的激励工具，无论是高能力还是低能力地方政府官员都将努力按照中央政府所赋予的激励权重平衡好两项工作的安排。如果在按实际完成情况进行财政奖励的基础上，加入官员晋升期望的奖励，那么财政奖励的激励效应依然存在，但会减弱，特别是对于高能力的地方政府官员。因为对于高能力的地方官员而言，特别是那些有晋升动机的官员来说，晋升期望是首要的激励方式，资金奖励还在其次。

综上所述，将地方官员晋升与落后产能淘汰工作挂钩，再辅之以适当的财政资金激励，不仅可以提高落后产能淘汰的工作积极性，还可以

提高两项任务的总体绩效水平。

3. 进一步完善落后产能的退出保障机制

产能淘汰必然需要考虑到退出保障的工作，退出保障分为至少分为两个方面：一是职工安置。日本在淘汰过剩产能中，考虑到其特殊的雇佣方式，将雇佣对策分为转换事业、景气变动以及离职人员雇佣津贴三个方面分别实施有针对性的雇佣方案，以保障中小企业发展以及淘汰产能所在区域的经济稳定。退出保障机制也是我国落后产能淘汰中的重点和难点，现有政策在职工安置、再培训、社保等都有较为详细的规定，而且对于防范群体性失业、地区发展稳定等方面也有所强调。二是对被淘汰的企业的后续安排。目前，对于规范淘汰落后产能企业破产程序和政策、企业退出的补偿等政策方面还不够明确。由于落后产能的淘汰工作牵涉地方政府的利益和地方经济发展与稳定，很多落后产能的生产企业在当地经济中还是支柱产业，不仅牵涉职工安置也包括对当地有一定影响力的中小企业的安置，因此应该借鉴日本措施。对退出企业给予奖励，并鼓励企业特别是中小企业遵循经济发展规律和发挥当地的资源、环境等优势，转变发展的思路，开拓新的产品和市场，从而完善落后产能的退出保障机制。

4. 科技扶持，鼓励中小企业通过技术创新淘汰落后产能

在 2000—2008 年经济快速增长期间，钢铁行业经历了大规模设备、建设投资，整体技术水平得到了较大的提升，但是，很多中小企业在钢铁行业景气时期建设，并得以扩大发展，并不具备技术创新能力。尽管国家公布了《产业结构调整指导目录》，但大部分中小企业没有技术能力转产，特别是低附加值产品，比如棒材、线材、热轧板材等在工业化、城镇化的发展中仍有较大的市场需求的情况下，中小企业没有转产、淘汰落后产能的动力，因此，政府应提高产品质量标准，例如在 2013 年禁产一、二级螺纹钢，以及在国发〔2013〕41 号文中提到的要实施绿色建材工程等方式推动中小企业通过技术改造适应新的规范要求，实现落后产能的淘汰；同时，也需要制定相关科技扶持政策，特别是借助大企业的技术能力，采取合作生产、技术指导、技术合作甚至兼并重组等方式，帮助鼓励中小企业实现产品结构的调整，逐步实现产品品种结构升级。

5. 适当的进出口管理政策

在钢铁行业陷入危机的时候，国外的主要钢铁生产国政府都选择了

增加出口、控制进口的措施。在扩大出口方面，日本和韩国表现突出；在控制进口方面，欧洲和美国都实施了各项反倾销措施，尤其是美国。目前我国钢材产品遭受到的反倾销起诉逐年递增，贸易摩擦有加剧的趋势，但是，在严重的产能过剩情况下，国外市场仍是需要进一步拓展和开发的。国发〔2013〕41 号文提出鼓励将落后产能转移到境外的新思路，并给予一定的政策优惠，但是，具体的实施细则并未出台，不过，在目前的出口钢材产品结构中仍然以棒线材、热轧中厚板等低附加值产品品种为主。2014 年，低附加值产品品种高达 70% 以上，这些低附加值的"三高一低"产品的大量出口转移，实际上，只会增加国内环境、资源的成本和代价，对钢铁行业的发展并没有实质上的好处，高附加值钢材的出口以及落后设备的转移才是重点。

在进口限制方面，目前的政策还比较宽松，主要是通过税收调节的方式，2013 年取消了完全可以在国内生产的 78 个税号的进口钢材产品在加工贸易项下的进口保税，只能说是保证了国内高附加值产品与国外进口产品在税收上的公平竞争，离对国外进口钢材限制还差得很远，在国内钢铁产能已经严重过剩的情况下，对进口加强限制是非常有必要的。

6. 兼并重组的工作仍需加快步伐

兼并重组是各国普遍采取的措施，各国钢铁行业通过危机调整都大大提高了集中度，而且近年来的全球钢铁行业兼并重组依然非常活跃，韩国浦项产能占国内总产能的 60% 以上，前三家公司占韩国钢铁总产量将近 90%；日本两大钢铁企业集团产量占总产量的 75%，欧洲在 1976 年成立了以德国为主导的欧洲钢铁工业联合会，产量占 9 个国家产量总和的 95%，2007 年欧盟四大钢铁企业产量占 15 国钢铁总产量的 90.73%；美国的四大钢铁企业产能也达到国内总产能的 50% 以上，高集中度有助于企业形成资本、技术上的合力和生产上的规模效应，本书对钢铁行业技术效率的研究也发现，真正对技术效率起到重要推动作用的是行业集中度的下降，但是，在多年来的兼并重组中，面临着许多实际困难，包括所有制障碍、地方保护主义障碍、税收障碍等，目前在政府的多方引导下也形成了多个大型企业集团，但重组之后要真正形成合力，需要较长的磨合期，合力的效应还未显现；另外，很多弱弱联合的兼并重组，也未必能提升企业的整体竞争力。2013 年，钢铁行业的企业法人数量在淘汰落后产能以及行业景气状况不佳的情况下，仍出现了小幅增加，特别是产钢量较大的辽宁省和江苏省，分别较 2012 年增加了 5.7% 和 11.96%，而且 2013 年粗钢产量前十位的总产量仅占全国总产量的 39.4%，较 2012 年下降了 6.5 个百分点，2014 年这种下降的趋势进一步延续，仅占全国总产量的 36.6%，出现逆集中化，表明行业竞争加剧、市场环境恶化，兼并重组的工作还有待加强。此外，在目前的兼并重组中，横向兼并占了大多数，横向兼并虽然能形成规模效应，但是无助于产业链整合，因此，下一步在兼并重组的工作中，还应该对推进产业链的延伸的纵向兼并还有待进一步探索。

（三）监督机制

1. 可以成立专门的部门来计划、制定和实施短期规制政策

在对纵向监督机制的研究中发现，专门的监督机构和临时监督小组共同负责落后产能的监督工作，有助于规避地方政府与监督部门之间的合谋，同时在对激励机制的研究中，也发现最优促进落后产能淘汰的组织结构选择是分权，即地方政府只负责发展地方经济，GDP 增长，而另设专门部门淘汰落后产能，该部门不受地方政府管理，直接对中央负责。在实践中，日本改善结构性萧条问题的一个重要的事项就是成立"结构性萧条对策本部"，可见，对于短期政府规制，要保障政策的有效实施，成立专门的部门无论在理论上还是实践中都得到了支持。

我国落后产能的淘汰工作也成立了专门的负责部门"淘汰落后产能工作部际协调小组"，并于 2010 年 5 月 7 日召开了成立暨第一次会议，与日本的"结构性萧条对策本部"（该部于 1977 年 9 月 7 日举行的部务会议上决定设置）相比，两个部门在职能上，都有调整完善政策措施、对淘汰设备处理方式计划等的安排，但是，日本的对策本部还有长期供求预测的职能和进行调整的职能，而我国的部际协调小组侧重在监督考核以及部门之间的协调配合上。两国的淘汰产能专门部门的职责存在较大差异。从部际协调工作小组的职能来看，其主要的工作仍是协调在落后产能实施中各部门之间出现的问题，而且其主要成员也来自不同的部委，因此不能算是一个专门的部门，虽然从 2010 年以后公布的淘汰名单及淘汰执行情况来看，落后产能的淘汰工作基本实现了淘汰目标，但是，专门部门的成立更有利于落后产能淘汰政策的落实、监督以及各地执行工作的反馈。

2. 有效利用同行监督提升监督效率

同行监督在现有政策体系中并没有提到，但在实际的工作中是必然存在的。在同行监督实验中，在同伴效应的影响下，被试效率得到显著的提升。这种现象实际上是地方官员"晋升锦标赛"中的常态，在竞赛中赛制的标准由上级机关来决定，曾经 GDP 增长率是最好的量化指标，一旦落后产能淘汰工作实现量化并与官员升迁、问责等挂钩，落后产能淘汰的工作也可以成为地方政府竞逐的目标。当然，现有的"晋升锦标赛"制存在很多的弊端，但是，在短期的规制中，在中央集权的条件下，锦标赛的存在能够实现强大的执行力，有效地落实和保障政策实施。

3. 增加透明度和确保政策的协商一致原则

政府规制政策的出台是一项对行业未来发展具有较为深刻影响的重大事项，日本的结构性萧条措施以及特安法虽然都只是在特殊时期带有强制性的短期产业政策，但即使如此，特安法的出台也经历了在野党的不断质疑以及国会的多次审议，而在此之前的 1963 年拟出台的《特定产业振兴临时措施法案》，曾引起企业界的强烈反对，三次被国会否决成为废案（江飞涛和李晓萍，2010），因此，在行业危机时出台的强制性政策虽然不是产业政策的常态，但由于影响深远，也应充分发挥行业协会的作用，做到上情下达、下情上传，增加政策制定者与企业、协会及相关部门之间的透明度，协商一致，才能保证政策制定的合理性和执行中的顺畅。

4. 更好地发挥媒体监督的作用

媒体监督是外部监督的主要方式，在媒体监督效应的实证研究中发现，地方政府基于声誉作用会加速落后产能淘汰工作。在互联网时代，媒体监督的作用和影响力更强大，但是仍然有地方政府采用各种方式干扰媒体对负面新闻的报道，特别是地方重大环境影响事件、污染物重度排放、落后产能的瞒报、漏报、注水名单、食品安全事件等涉及地方经济生活负面新闻的报道。为此，政府一方面应出台相关的措施，对于此类重大事件，一旦出现干预报道的事件发生，要追究领导人的责任。另一方面，对于出现上述事件但没有隐瞒不报、干预媒体报道行为，而是积极及时处理的有关负责人在惩处时要做到赏罚分明。

除媒体监督之外，举报制度也是外部监督的有效方式，保持举报渠道的畅通，做到"有报必查，有查必果"，才能更有效地促进落后产能的淘汰。

参考文献

[1] Acemoglu, Daron, "A Simple Model of Inefficient Institutions" [J]. *Scandinavian Journal of Economics*, 2006, 108 (04): 515 – 546.

[2] Acemoglu, Daron, "Why Not a Political Coase Theorem? Social Conflict, Commitment, and Politics" [J]. *Journal of Comparative Economics*, 2003, 31 (04): 620 – 652.

[3] Alchian, A. and Demsetz, H., "Production, Information Costs, and Economic Organization" [J]. *The American Economic Review*, 1972, 62 (December): 777 – 795.

[4] Alfred D. Chandler Jr., *The Visible Hand: The Managerial Revolution in American Business* [M]. Cambridge, Mass: Harvard University Press, 1977, 258 – 272.

[5] Andersson, F., "Career Concerns, Contracts and Effort Distortions" [J]. *Journal of Labor Economics*, 2002, 20 (01): 42 – 58.

[6] Arnott, R. and Stiglitz, J. E., "Moral Hazard and Nonmarket Institutions: Dysfunctional Crowding out of Peer Monitoring?" [J]. *The American Economic Review*, 1991, 81 (01): 179 – 190.

[7] Autrey, R. L. and Dikolli, S. S. and Newman, D. P., "Performance Measure Aggregation, Career Incentives, and Explicit Incentives" [J]. *Journal of Management Accounting Research*, 2010, 22 (01): 115 – 131.

[8] Autrey, R. L., Dikolli, S. S. and Newman, P., "The Effect of Career Concerns on the Contracting Use of Public and Private Performance Measures", *Working Paper*, Harvard Business School, 2006.

[9] Avinash K. Dixit and Barry J. Nalebuff, *Thinking Strategically: The Competitive Edge in Business, Politics, and Everyday Life* [M]. New York: W. W. Norton & Company, 1991.

[10] Banker, R. D. , Charnes, A. and Cooper, W. W. , "Some Models for Estimating Technical and Scale Inefficiencies in Data Envelopment Analysis" [J]. *Management Science*, 1984, 30 (09): 1078 – 1092.

[11] Barnett, D. F. and Schorsch, L. , *Steel: Upheaval in a Basic Industry* [M]. Cambridge: Ballinger Pub. Co. , 1983.

[12] Barron, J. M. and Gjerde, K. P. , "Peer Pressure in an Agency Relationship" [J]. *Journal of Labor Economics*, 1997, 15 (02): 234 – 254.

[13] Battese, G. E. and Coelli, T. J. , "A Model for Technical Inefficiency Effects in a Stochastic Frontier Production Function for Panel Data" [J]. *Empirical Economics*, 1995, 20 (02): 325 – 332.

[14] Besley, T. , and Prat, A. , "Handcuffs for the Grabbing Hand? Media Capture and Government Accountability" [J]. *The American Economic Review*, 2006, 96 (03): 720 – 736.

[15] Brander, J. A. and Spencer, B. J. , "Export Subsidies and International Market Share Rivalry" [J]. *Journal of International Economics*, 1985, 18 (02): 83 – 100.

[16] Bruggen, A. , "Ability, Career Concerns, and Financial Incentives in a Multi – Task" [J]. *Journal of Management Accounting Research*, 2011, 23 (01): 211 – 229.

[17] Bruggen, A. and Moers, F. , "The Role of Financial Incentives and Social Incentives in Multi – Task Settings" [J]. *Journal of Management Accounting Research*, 2007, 19 (01): 25 – 50.

[18] Carles, B. and Svolik, Milan W. , "The Foundations of Limited Authoritarian Government: Institutions and Power – sharing in Dictatorships" [J]. *Journal of Politics*, 2013, 75 (02): 300 – 316.

[19] Chao, C. C. , Chou, W. L. and W. L. , Yu, E. S. H. , "Export Duty Rebates and Export Performance: Theory and China's Experience" [J]. *Journal of Comparative Economic*, 2001, 29 (02): 314 – 326.

[20] Chao, C. C. , Yu, E. S. H. and Yu, W. , "China's Import Duty Drawback and VAT Rebate Policies: A General Equilibrium Analysis" [J]. *China Economic Review*, 2006, 17 (04): 432 – 448.

[21] Chen, C. W. , Pantzalis, C. and Park, J. C. , "Press Coverage and

Stock Prices' Deviation from Fundamental Value" [J]. *Journal of Financial Research*, 2013, 36 (02): 175 –214.

[22] Chen, C. H., Ma, I. C. C. and Yu, H. C., "The Effect of Export Tax Rebates on Export Performance: Theory and Evidence from China" [J]. *China Economic Review*, 2006, 17 (02): 226 –235.

[23] Conrad, Christian A., "Taking Stock: The History of European Steel Crisis Policy" [J]. *The Journal of European Economic History*, 2005, 34 (01): 283 –306.

[24] Datar, S., Kulp, S. C. and Lambert, R. A., "Balancing Performance Measures" [J]. *Journal of Accounting Research*, 2001, 39 (01): 75 –92.

[25] Dessi, R., "Start – Up Finance, Monitoring, and Collusion" [J]. *Rand Journal of Economics*, 2005, 36 (02): 255 –274.

[26] Dixit, A. K., *The Making of Economic Policy: A Transaction – Cost Politics Perspective* [M]. Cambridge: MIT Press, 1998.

[27] Dutta, S., "Managerial Expertise, Private Information, and Pay – Performance Sensitivity" [J]. *Management Science*, 2008, 54 (03): 429 –442.

[28] Dyck, A., Volchkova, N. and Zingales, L., "The Corporate Governance Role of the Media: Evidence from Russia" [J]. *The Journal of Finance*, 2008, 63 (03): 1093 –1135.

[29] Dyck, A. and Zingales, L., "Private Benefits of Control: An International Comparison" [J]. *The Journal of Finance*, 2004, 59 (02): 537 –600.

[30] Eisenhardt, K. M., "Agency Theory: An Assessment and Review" [J]. *Academy of Management Review*, 1989, 14 (01): 57 –74.

[31] Elbaum B. A. Long, "Contingent Path to Comparative Advantage: Industrial Policy and the Japanese Iron and Steel Industry, 1900 – 1973" [R]. *SSRN Working Paper*, 2006.

[32] Falk, A. and Ichino, A., "Clean Evidence on Peer Pressure" [J]. *Journal of Labor Economics*, 2006, 24 (01): 39 –57.

[33] Fama, E. F., "Agency Problems and the Theory of the Firm" [J]. *The Journal of Political Economy*, 1980, 88 (02): 288 –307.

[34] Fama, E. F. and Jensen, M. C. , "Agency Problems and Residual Claims" [J]. *Journal of Law and Economics*, 1983, 26 (02): 327 –349.

[35] Fama, E. F. and Jensen, M. C. , "Separation of Ownership and Control" [J]. *Journal of Law and Economics*, 1983, 26 (02): 301 – 325.

[36] Farber, H. , "Millions for Credit: Peace with Algiers and the Establishment of America's Commercial Reputation Overseas, 1795 – 1996", [J]. *Journal of the Early Republic*, 2014, 34 (02): 187 –217.

[37] Farla, J. C. M. and Blok, K. , "The Quality of Energy Intensity Indicators for International Comparison in the Iron and Steel Industry" [J]. *Energy Policy*, 2001, 29 (07): 523 –543.

[38] Faure – Grimaud, A. , Laffont, J. J. and Martimort, D. , "Collusion, Delegation and Supervision with Soft Information" [J]. *The Review of Economic Studies*, 2003, 70 (02): 253 –279.

[39] Fehr, E. and Schmidt, K. M. , "Fairness and Incentives in a Multi – task Principal – Agent Model" [J]. *The Scandinavian Journal of Economics*, 2004, 106 (03): 453 –474.

[40] Fine, B. , Petropoulosa, A. and Satoa, H. , "Beyond Brenner's Investment Overhang Hypothesis: The Case of the Steel Industry" [J]. *New Political Economy*, 2005, 10 (01): 43 –64.

[41] Fisher, J. , Maines, L. , Peffer, S. A. and Sprinkle, G. , "Using Budgets for Performance Evaluation: Effects of Resource Allocation and Horizontal Information Asymmetry on Budget Proposals, Budget Slack, and Performance" [J]. *The Accounting Review*, 2002, 77 (04): 847 – 865.

[42] Frink, D. D. and Klimoski, R. J. , "Toward a Theory of Accountability in Organizations and Human Resource Management" [J]. *Research in Personnel and Human Resources Management: A Research Annual*, 1998, 16: 1 –51.

[43] Fudenberg, D. and Kreps, D. M. , "Reputation in the Simulation Play of Multiple Opponents" [D] . *Working Papers* No. 466, Massachusetts Institute of Technology (MIT), Department of Economics, 1987.

[44] Gerald, A. F. and Xie, J., "Performance Measure Congruity and Diversity in Multi – Task Principal/Agent Relations" [J]. *The Accounting Review*, 1994, 69 (03): 429 – 453.

[45] Gibbons, R. and Murphy, K. J., "Optimal Incentive Contracts in the Presence of Career Concerns: Theory and Evidence" [J]. *Journal of Political Economy*, 1992, 100 (03): 468 – 505.

[46] Glaeser, E., Johnson, S. and Shleifer, A., "Coase versus the Coasians" [J]. *Quarterly Journal of Economics*, 2001, 116 (03): 853 – 899.

[47] Goodman, P. S., Ravlin, E. C. and Schminke, M., "Understanding Groups in Organizations" [A]. Cummings, L. and Staw, B. (eds.), *Research in Organizational Behavior* [C]. Stamford: JAI Press, 1987.

[48] Granger, C. W. J., "Some Recent Developments in a Concept of Causality" [J]. *Journal of Econometrics*, 1988, 39 (1 – 2): 199 – 211.

[49] Green, J. and Laffont, J. J., *Incentives in Public Decision Making* [M]. North Holland, 1979.

[50] Hakenes, H. and Peitz, M., "Observable Reputation Trading" [J]. *International Economic Review*, 2007, 48 (02): 693 – 730.

[51] Hannan, R. L., McPhee, G. P., Newman, A. H. and Tafkov, I. D., "The Effect of Relative Performance Information on Performance and Effort Allocation in a Multi – Task Environment" [J]. *The Accounting Review*, 2013, 88 (02): 553 – 575.

[52] He, F., Zhang, Q., Lei, J., Fu, W. and Xu, X., "Energy Efficiency and Productivity Change of China's Iron and Steel Industry: Accounting for Undesirable Outputs" [J]. *Energy Policy*, 2013, 54 (03): 204 – 213.

[53] Hechter, M., "When Actors Comply: Monitoring Costs and the Production of Social Order" [J]. *Acta Sociologica*, 1984, 27 (03): 161 – 183.

[54] Hemmer, T., "Allocations of Sunk Capacity Costs and Joint Costs in a Linear Principal – Agent Model" [J]. *The Accounting Review*, 1996, 71 (03): 419 – 432.

[55] Holmstrom, B. and Milgrom, P., "Multitask Principal – Agent Analy-

ses: Incentive Contracts, Asset Ownership, and Job Design" [J]. *Journal of Law, Economics and Organization*, 1991, 7 (Special Issue): 24 – 52.

[56] Holmstrom, B., "Managerial Incentive Problems: A Dynamic Perspective" [J]. *Review of Economic Studies*, 1999, 66 (01): 169 – 182.

[57] Ichino, A. and Maggi, G., "Work Environment and Individual Background: Explaining Regional Shirking Differentials in a Large Italian Firm" [J]. *The Quarterly Journal of Economics*, 2000, 115 (03): 1057 – 1090.

[58] Irlenbusch, B. and Sliwka, D., "Career Concerns in a Simple Experimental Labor Market" [J]. *European Economic Review*, 2006, 50 (01): 147 – 170.

[59] Jefferson, G. H., "China's Iron and Steel Industry: Sources of Enterprise Efficiency and the Impact of Reform" [J]. *Journal of Development Economics*, 1990, 33 (02): 329 – 355.

[60] Jensen, M. C. and Meckling, W. H., "Theory of the Firm: Managerial Behavior, Agency Costs and Ownership Structure" [J]. *Journal of Financial Economics*, 1976, 3 (04): 305 – 360.

[61] Joe, J. R., Louis, H. and Robinson, D., "Managers' and Investors' Responses to Media Exposure of Board Ineffectiveness" [J]. *Journal of Financial and Quantitative Analysis*, 2009, 44 (03): 579 – 605.

[62] Kandel, E. and Lazear, E. P., "Peer Pressure and Partnerships" [J]. *Journal of Political Economy*, 1992, 100 (04): 801 – 817.

[63] Kerr, S. and Jermier, J. M., "Substitutes for Leadership: Their Meaning and Measurement" [J]. *Organizational Behavior and Human Performance*, 1978, 22 (03): 375 – 403.

[64] Kim, D. O., "The Choice of Gainsharing Plans in North America: A Congruence Perspective" [J]. *Journal of Labor Research*, 2005, 26 (03): 465 – 483.

[65] Kim, K. S., "The Korean Miracle (1962 – 1980) Revised: Myths and Realities in Strategy and Development" [D]. *Kellogg Institute Working*

Paper#166, 1991.

[66] Kim, J. W. , Lee, J. Y. Kim, J. Y. and Lee, H. K. , "Sources of Productive Efficiency: International Comparison of Iron and Steel Firms" [J]. *Resources Policy*, 2006, 31 (04): 239 – 246.

[67] King, R. R. , "Reputation Formation for Reliable Reporting: An Experimental Investigation" [J]. *The Accounting Review*, 1996, 71 (03): 375 – 396.

[68] Kofman, F. and Lawarree, J. , "Collusion in Hierarchical Agency" [J]. *Econometrica*, 1993, 61 (03): 629 – 656.

[69] Kornai, J. , "The Soft Budget Constraint" [J]. *Kyklos*, 1986, 39 (01): 3 – 30.

[70] Kreps, D. M. and Wilson, R. , "Reputation and Imperfect Information" [J]. *Journal of Economic Theory*, 1982, 27 (02): 253 – 279.

[71] Kreps, D. M. , Milgron, P. , Roberts, J. and Wilson, R. , "Rational Cooperation in the Finitely Repeated Prionners' Dilemma" [J]. *Journal of Economic Theory*, 1982, 27: 245 – 252.

[72] Laffont, J. J. and Martimort, D. , "Collusion and Delegation" [J]. *The Rand Journal of Economics*, 1998, 29 (02): 280 – 305.

[73] Laffont, J. J. and Martimort, D. , "Collusion Under Asymmetric Information" [J]. *Econometrica*, 1997, 65 (04): 875 – 911.

[74] Laffont, J. J. and Martimort, D. , "Mechanism Design with Collusion and Correlation" [J]. *Econometrica*, 2000, 68 (02): 309 – 342.

[75] Laffont, J. J. and Martimort, D. , "Separation of Regulators Against Collusive Behavior" [J]. *The Rand Journal of Economics*, 1999, 30 (02): 232 – 262.

[76] Laffont, J. J. and Maskin, E. , "Optimal Reservation Price in the Vickrey Auction" [J]. *Economics Letters*, 1980, 6 (04): 309 – 313.

[77] Laffont, J. J. and Meleu, M. , "Separation of Powers and Development" [J]. *Journal of Development Economics*, 2001, 64 (01): 129 – 145.

[78] Larson, J. R. and Callahan, C. , "Performance Monitoring: How it Affects Work Productivity" [J]. *Journal of Applied Psychology*, 1990, 75 (05): 530 – 538.

[79] Lee, T. Y., "The Korean Steel Industry After The Currency Crisis" [D]. Korea Insurance Development Institute. *Working Paper* Vol. 2003 – 36, 2003.

[80] LePine, J. A. and Linn, V. D., "Voice and Cooperative Behavior as Contrasting Forms of Contextual Performance: Evidence of Differential Relationships with Big Five Personality Characteristics and Cognitive Ability" [J]. *Journal of Applied Psychology*, 2001, 86 (02): 326 – 336.

[81] Lieberman, M. B. and Johnson, D. R., "Comparative Productivity of Japanese and U. S. Steel Producers, 1958 – 1993" [J]. *Japan and the World Economy*, 1999, 11 (01): 1 – 27.

[82] Liebermana, M. B. and Johnson, D. R., "Comparative Productivity of Japanese and U. S. Steel Producers, 1958 – 1993" [D]. *Working Paper*, Sloan Steel Project, 1995.

[83] Lin, J. Y., "Supervision, Peer Pressure, and Incentives in a Labor – Managed Firm" [J]. *China Economic Review*, 1991, 2 (02): 215 – 229.

[84] Lohmann, S., "Optimal Commitment in Monetary Policy: Credibility versus Flexibility" [J]. *The American Economic Review*, 1992, 82 (01): 273 – 286.

[85] Loughry, M. L. and Tosi, H. L., "Performance Implications of Peer Monitoring" [J]. *Organization Science*, 2008, 19 (06): 876 – 890.

[86] Ma, J., Evans, D. G., Fuller, R. J. and Stewart, D. F., "Technical Efficiency and Productivity Change of China's Iron and Steel Industry" [J]. *International Journal of Production Economics*, 2002, 76 (03): 293 – 312.

[87] Mah, Jai S., "The Effect of Duty Drawback on Export Promotion: The Case of Korea" [J]. *Journal of Asian Economics*, 2007, 18 (06): 967 – 973.

[88] Mailath, G. J. and Samuelson, L., "Who Wants a Good Reputation" [J]. *The Review of Economic Studies*, 2001, 68 (02): 415 – 441.

[89] Mangel, R. and Useem, M., "The Strategic Role of Gainsharing" [J].

Journal of Labor Research, 2000, 21 (02): 327 – 343.

[90] Marks, M. A. and Panzer, F. J., "The Influence of Team Monitoring on Team Processes and Performance" [J]. *Human Performance*, 2004, 17 (01): 25 – 41.

[91] Mathis, J., McAndrews, J. and Rochet, J. C., "Rating the Raters: Are Reputation Concerns Powerful Enough to Discipline Rating Agencies" [J]. *Journal of Monetary Economics*, 2009, 56 (05): 657 – 674.

[92] Meyer, M. A. and Vickers, J., "Performance Comparisons and Dynamic Incentives" [J]. *The Journal of Political Economy*, 1997, 105 (03): 547 – 581.

[93] Miller, G. S., "The Press as a Watchdog for Accounting Fraud" [J]. *Journal of Accounting Research*, 2006, 44 (05): 1001 – 1033.

[94] Movshuk, O., "Restructuring, Productivity and Technical Efficiency in China's Iron and Steel Industry, 1988 – 2000" [J]. *Journal of Asian Economics*, 2004, 15 (01): 135 – 151.

[95] Murphy, K. R. and Cleveland, J., *Understanding Performance Appraisal: Social, Organizational, and Goal – based Perspectives* [M]. Sage, 1995.

[96] Nalbantian, H. R. and Schotter, A., "Productivity Under Group Incentives: An Experimental Study" [J]. *The American Economic Review*, 1997, 87 (03): 314 – 341.

[97] North, C. D., *Institutions, Institutional Change, and Economic Performance* [M]. Cambridge: Cambridge University Press, 1990.

[98] O'Brien, P. A., "Governance Systems in Steel: The American and Japanese Experience" [A]. In: Hollingsworth, J. R. et al. (eds.), *Governing Capitalist Economies: Performance and Control of Economic Sectors* [M]. New York: Oxford University Press, 1994: 43 – 71.

[99] Owen, B. M., "Media as Industry: Economic Foundations of Mass Communications" [A]. In Islam, R., *The Right to Tell: The Role of Mass Media in Economic Development* [C]. World Bank Institute Development Series, 2002.

[100] Persson, T. and Tabellini, G., *The Economic Effects of Constitutions*

[M]. Cambridge: The MIT Press, 2005.

[101] Pistor, K. and Xu, C., "Governing Emerging Stock Markets: Legal vs Administrative Governance" [J]. *Corporate Governance: An International Review*, 2005, 13 (01): 5 – 10.

[102] Prendergast, C., "The Provision of Incentives in Firms" [J]. *Journal of Economic Literature*, 1999, 37 (01): 7 – 63.

[103] Prendergast, C., "Uncertainty and Incentives" [J]. *Journal of Labor Economics*, 2002, 20 (S2): 115 – 137.

[104] Ray, S. C. and Kim, H. J., "Cost Efficiency in the US Steel Industry: A Nonparametric Analysis Using Data Envelopment Analysis" [J]. *European Journal of Operational Research*, 1995, 80 (03): 654 – 671.

[105] Rogoff, K., "Reputation, Coordination and Monetary Policy" [C]. In Barro, J. (eds.), *Modern Business Cycle Theory*, Cambridge: Harvard University Press, 1989.

[106] Schelling, T. C., *The Strategy of Conflict* [M]. Cambridge: Harvard University Press, 1960.

[107] Selten, R., "The Chain – Store Paradox" [J]. *Theory and Decisions*, 1978, 9 (02): 127 – 159.

[108] Serrin, J. and Serrin, W., *Muckraking!: The Journalism that Changed America* [M]. New York: New Press, 2002.

[109] Shields, M. D. and Waller, W. S., "A Behavioral Study of Accounting Variables in Performance Incentive Contracts" [J]. *Accounting, Organizations and Society*, 1988, 13 (06): 581 – 594.

[110] Sillamaa, M. A., "How Work Effort Responds to Wage Taxation: A Nonlinear Versus a Linear Tax Experiment" [J]. *Journal of Economic Behavior and Organization*, 1999, 39 (02): 219 – 233.

[111] Strömberg, D., "Mass Media Competition, Political Competition, and Public Policy" [J]. *Review of Economic Studies*, 2004, 71 (01): 265 – 284.

[112] Sun, J. W., "Changes in Energy Consumption and Energy Intensity: A complete Decomposition Model" [J]. *Energy Economics*, 1998, 20 (01): 85 – 100.

[113] Tirole, J., "Cognition and Incomplete Contracts" [J]. *American Economic Review*, 2009, 99 (01): 265 – 294.

[114] Tirole, J., "Collusion and the Theory of Organizations", in Laffont, J. J. (eds.), *Advances in Economic Theory: Proceedings of the Sixth World Congress of the Econometric Society*, Cambridge: Cambridge University Press, 1992.

[115] Tirole, J., "Hierarchies and Bureaucracies: On the Role of Collusion in Organizations" [J]. *Journal of Law, Economics, & Organization*, 1986, 2 (02): 181 – 214.

[116] Tsoukalis, L. and Ferreira, A. S., "Management of Industrial Surplus Capacity in the European Community" [J]. *International Organization*, 1980, 34 (03): 355 – 376.

[117] Varian, H. R., "Monitoring Agents with Other Agents" [J]. *Journal of Institutional and Theoretical Economics*, 1990, 146 (01): 153 – 174.

[118] Vernon, R., "Enterprise and Government in Western Europe" [C]. In Vernon, R. (eds.), *Big Business and the State: Changing Relations in Western Europe* [M]. Cambridge: Harvard University Press, 1974.

[119] Veuglers, R., "Reputation as a Mechanism Alleviating Opportunistic Host Government Behavior Against MNEs" [J]. *The Journal of Industrial Economics*, 1993, 42 (03): 1 – 17.

[120] Weigelt, K. and Camerer, C., "Reputation and Corporate Strategy: a Review of Recent Theory and Applications" [J]. *Strategic Management Journal*, 1988 (9): 443 – 454.

[121] Welbourne, T. M., Balkin, D. B. and Gomez – Mejia, L. R., "Gainsharing and Mutual Monitoring: A Combined Agency – Organizational Justice Interpretation" [J]. *Academy of Management Journal*, 1995, 38 (03): 881 – 899.

[122] Wilson, J. Q., *Bureaucracy: What Government Agencies Do and Why They Do It* [M]. New York: Basic Books, 1989.

[123] Wu, Y., "Technical Efficiency and Firm Attributes in the Chinese Iron and Steel Industry" [J]. *International Journal of Applied Econom-*

ics，1996，10（02）：235－248.

[124] ［美］阿维纳什·K. 迪克西特：《经济政策的制定》，中国人民大学出版社 2004 年版。

[125] 安同信、范跃进、刘祥霞：《日本战后产业政策促进产业转型升级的经验及启示研究》，《东岳论丛》2014 年第 10 期。

[126] 白江涛：《中国钢铁产能过剩问题与对策》，《云南社会科学》2013 年第 3 期。

[127] 白雪洁：《塑造沙漏型产业结构：日本新一轮产业结构调整的特征与趋势》，《日本学刊》2011 年第 2 期。

[128] 鲍健强、王学谦、叶瑞克、陈明：《日本构建低碳社会的目标方法与路径研究》，《中国科技论坛》2013 年第 7 期。

[129] 蔡松锋、张鹏：《化解电解铝产能过剩的思考》，《宏观经济管理》2014 年第 4 期。

[130] 曾培炎：《淘汰落后产能、推进节能减排促进钢铁工业增长方式根本转变》，《宏观经济管理》2007 年第 6 期。

[131] 陈俊华：《浅谈提高韶钢小高炉成本竞争力的途径》，《南方金属》2014 年第 4 期。

[132] 陈平、黄健梅：《我国出口退税效应分析：理论与实证》，《管理世界》2003 年第 12 期。

[133] 陈强、刘晓梅：《宏观调控拉响产能过剩警报》，《中国国情国力》2006 年第 2 期。

[134] 陈剩勇、陈晓玲：《产业规划、政府干预与经济增长——2009 年"十大产业振兴规划"研究》，《公共管理与政策评论》2014 年第 3 期。

[135] 陈伟：《日本新能源产业发展及其与中国的比较》，《中国人口·资源与环境》2010 年第 6 期。

[136] 陈文玲：《化解过剩产能需要新思路和新突破》，《经济研究参考》2014 年第 7 期。

[137] 陈霞、许松涛：《资产专用性、淘汰落后产能政策与上市公司资本投资》，《经济与管理》2013 年第 11 期。

[138] 陈晓霞：《金融危机背景下产能过剩动因、问题及治理对策》，《学术交流》2014 年第 9 期。

［139］陈志俊、邹恒甫：《防范串谋的激励机制设计理论研究》，《经济学动态》2002 年第 10 期。

［140］程俊杰：《负面清单管理与转轨时期中国体制性产能过剩治理》，《学习与实践》2014 年第 12 期。

［141］程启月：《评测指标权重确定的结构熵权法》，《系统工程理论与实践》2010 年第 7 期。

［142］迟泓：《国际钢铁产业发展趋势及对我国的启示》，《宏观经济管理》2015 年第 1 期。

［143］川端望：《东亚钢铁企业的比较分析》，《亚洲经营研究第 14 号》2008 年第 6 期。

［144］崔日明、张婷玉：《美国"再工业化"战略与中国制造业转型研究》，《经济社会体制比较》2013 年第 6 期。

［145］戴魁早：《产业集中度与利润率的关系研究——来自钢铁产业的实证检验》，《当代经济科学》2007 年第 6 期。

［146］戴亦一、潘越、刘思超：《媒体监督、政府干预与公司治理：来自中国上市公司财务重述视角的证据》，《世界经济》2011 年第 11 期。

［147］单尚华、王小明：《淘汰落后产能是钢铁行业的当务之急》，《冶金经济与管理》2006 年第 10 期。

［148］董志强、蒲勇健：《公共管理领域监察合谋防范机制》，《中国管理科学》2006 年第 3 期。

［149］董志强、蒲勇健：《掏空、合谋与独立董事报酬》，《世界经济》2006 年第 6 期。

［150］董志强：《公司治理中的监督合谋》，博士学位论文，重庆大学，2006 年。

［151］樊纲、王小鲁、朱恒鹏：《中国市场化指数——各地区市场化相对进程 2011 年报告》，经济科学出版社 2011 年版。

［152］樊琦：《出口退税政策与我国出口商品结构优化——基于不同技术程度行业的研究》，《国际贸易问题》2009 年第 11 期。

［153］樊志刚、杨飞：《产能过剩处置中银行的发展机遇》，《中国金融》2013 年第 19 期。

［154］冯立果、高蕊：《当前我国部分行业产能过剩情况调查及其化解》，

《中国发展观察》2013 年第 6 期。

［155］ 冯梅：《钢铁产能过剩的特点、成因及对策》，《宏观经济管理》
2013 年第 9 期。

［156］ 冯俏彬、贾康：《投资决策、价格信号与制度供给：观察体制性产
能过剩》，《改革》2014 年第 1 期。

［157］ 冯俏彬、贾康：《"政府价格信号"分析：我国体制性产能过剩的
形成机理及其化解之道》，《财政研究》2014 年第 4 期。

［158］ 冯云廷：《论城市竞争与产业地域分工的冲突——兼论"产能过
剩"的形成原因》，《天津社会科学》2014 年第 5 期。

［159］ 符加林、王炳志：《中央政府声誉、地方政府行为与土地监控效
果——对郑州违规用地行为的分析与引申》，《华东经济管理》
2006 年第 12 期。

［160］ 付保宗、郭海涛：《美日的产能过剩及应对措施》，《宏观经济管
理》2011 年第 3 期。

［161］ 付启敏、刘伟：《不确定性条件下产能过剩的纵向一体化模型》，
《系统管理学报》2011 年第 3 期。

［162］ 富元斋：《产能过剩下中小企业政策支持体系的调整》，《云南社
会科学》2014 年第 4 期。

［163］ 耿强、江飞涛、傅坦：《政策性补贴、产能过剩与中国的经济波
动——引入产能利用率 RBC 模型的实证检验》，《中国工业经济》
2011 年第 5 期。

［164］ 谷立霞、王红宝、王俊岭：《低碳经济范式下落后产能退出机制研
究》，《生产力研究》2011 年第 9 期。

［165］ 桂荷发、蔡明超、石劲、汪勇祥：《契约、承诺与制度：来自中国
股改的证据经济研究》2011 年第 11 期。

［166］ 郭静：《发达国家区域发展政策工具创新及启示》，《宏观经济管
理》2014 年第 9 期。

［167］ 郭晓杰：《河北省钢铁产业退出壁垒分析及政策建议》，《河北学
刊》2014 年第 3 期。

［168］ 国家行政学院经济学教研部课题组：《产能过剩治理研究》，《经
济研究参考》2014 年第 14 期。

［169］ 韩国高、高铁梅、王立国、齐鹰飞、王晓姝：《中国制造业产能过

剩的测度、波动及成因研究》,《经济研究》2011 年第 12 期。

[170] 韩国高、王立国:《我国钢铁行业产能利用与安全监测:2000—2010 年》,《改革》2012 年第 8 期。

[171] 韩国高:《行业市场结构与产能过剩研究——基于我国钢铁行业的分析》,《东北财经大学学报》2013 年第 4 期。

[172] 何记东、史忠良:《产能过剩条件下的企业扩张行为分析——以我国钢铁产业为例》,《江西社会科学》2012 年第 3 期。

[173] 河北省发展改革委:《以壮士断腕的勇气化解产能严重过剩矛盾》,《中国经贸导刊》2014 年第 1 期。

[174] 黄新华:《市场经济体制建立和完善进程中的地方政府治理变革——改革开放以来地方行政管理体制改革的回顾与前瞻》,《政治学研究》2009 年第 2 期。

[175] 霍五如:《对钢铁工业淘汰落后产能的探讨》,《冶金财会》2007 年第 8 期。

[176] 贾晋京:《结构性产能过剩的金融化解》,《中国金融》2013 年第 19 期。

[177] 贾康:《国有经济、国有资产及相关问题的认识与改革探讨》,《财政研究》2013 年第 10 期。

[178] 江飞涛、李晓萍:《中国式产业政策的取向与根本缺陷——中国产业政策批判纲要》,http://www.21ccom.net/articles/zgyj/ggzhc/article_2010080414901.html。

[179] 江飞涛、李晓萍:《直接干预市场与限制竞争:中国产业政策的取向与根本缺陷》,《中国工业经济》2010 年第 9 期。

[180] 江源:《钢铁等行业产能利用评价》,《统计研究》2006 年第 12 期。

[181] 黎友焕、王星:《中国钢铁工业产能过剩之殇——中小钢铁企业如何应对钢铁准入制》,《西部论丛》2010 年第 2 期。

[182] 李建标、张斌、李朝阳:《媒体监督与公司治理:一个理论模型》,《郑州大学学报》(哲学社会科学版)2010 年第 3 期。

[183] 李金铠、高子涵:《节能环保与落后产能:市场冲突与理性抉择——"建材下乡"政策分析与评价》,《财政研究》2013 年第 1 期。

［184］李静、杨海生：《产能过剩的微观形成机制及其治理》，《中山大学学报》（社会科学版）2011 年第 2 期。

［185］李连济、王云：《中国转型期的产能过剩问题研究》，《经济问题》2012 年第 12 期。

［186］李培功、沈艺峰：《媒体的公司治理作用：中国的经验证据》，《经济研究》2010 年第 4 期。

［187］李鹏飞：《如何淘汰钢铁行业中产能落后的企业》，《现代经济信息》2014 年第 9 期。

［188］李琪：《当前我国战略性新兴产业低端产能过剩问题研究》，《内蒙古社会科学》（汉文版）2013 年第 11 期。

［189］李荣建：《完善淘汰落后产能法律制度的若干思考》，《宏观经济管理》2007 年第 9 期。

［190］李晓华：《产业转型升级中落后产能淘汰问题研究》，《江西社会科学》2012 年第 5 期。

［191］李晓华：《后危机时代我国产能过剩研究》，《财经问题研究》2013 年第 6 期。

［192］李轩澳、朱红东：《钢铁行业产能过剩的原因分析及治理思路》，《北方经贸》2014 年第 8 期。

［193］李焰、秦义虎：《媒体监督、声誉机制与独立董事辞职行为》，《财贸经济》2011 年第 3 期。

［194］李拥军：《关于钢铁产业淘汰落后产能的相关问题分析》，《中国钢铁行业》2010 年第 12 期。

［195］李正旺、周靖：《产能过剩的形成与化解：自财税政策观察》，《改革》2014 年第 5 期。

［196］联合国开发计划署：《中国人类发展报告 2013：可持续与宜居城市——迈向生态文明》，中国对外翻译出版有限公司 2013 年版。

［197］梁东黎：《转轨期企业落后产能的淘汰机制研究》，《江海学刊》2008 年第 5 期。

［198］梁金修：《加大力度淘汰和改良落后产能》，《宏观经济管理》2006 年第 10 期。

［199］梁文艳：《新政如何化解钢铁产能过剩局面》，《中国产经》2013 年第 12 期。

[200] 梁泳梅、董敏杰、张其仔：《产能利用率测算方法：一个文献综述》，《经济管理》2014 年第 11 期。

[201] 凌玲、卿涛：《培训能提升员工组织承诺吗——可雇佣性和期望符合度的影响》，《南开管理评论》2013 年第 3 期。

[202] 刘立云：《河北省政府与 11 市长签下环保军令状》，《环境保护》2006 年第 18 期。

[203] 刘穷志：《出口退税与中国的出口激励政策》，《世界经济》2005 年第 6 期。

[204] 刘西顺：《产能过剩、企业共生与信贷配给》，《金融研究》2006 年第 3 期。

[205] 刘晔：《焦炭行业产能过剩的特征、原因及对策分析》，《生产力研究》2009 年第 3 期。

[206] 卢锋：《根治产能过剩的关键：资源配置市场行权》，《21 世纪经济报道》2009 年第 21—22 期。

[207] 卢现祥：《对我国产能过剩的制度经济学思考》，《福建论坛》（人文社会科学版）2014 年第 8 期。

[208] 吕铁、李晓华、贺俊：《发达国家淘汰落后产能的做法与启示》，《学习月刊》2010 年第 3 期。

[209] 吕铁：《日本治理产能过剩的做法及启示》，《求是》2011 年第 5 期。

[210] 吕艳、李萍：《关停与淘汰落后钢铁产能条件分析》，《包钢科技》2008 年第 6 期。

[211] 吕阳：《欧盟国家控制固定点源大气污染的政策工具及启示》，《中国行政管理》2013 年第 9 期。

[212] 马正华、樊浩：《"观念的自由"与"自由的传媒"》，《南京社会科学》2014 年第 8 期。

[213] 蒙丹：《我国新能源产业链的低端产能过剩问题研究》，《经济纵横》2010 年第 5 期。

[214] 潘敏、严春晓：《美联储利率承诺的宏观经济效应》，《国际金融研究》2012 年第 4 期。

[215] 潘贻芳、门峰：《加快淘汰钢铁工业落后产能的研究》，《钢铁》2009 年第 3 期。

［216］裴长洪：《论转换出口退税政策目标》，《财贸经济》2008 年第
2 期。

［217］綦建红、陈小亮：《日本对中印 FDI 的趋势变化及其原因剖析》，
《当代亚太》2011 年第 1 期。

［218］乔建生、张文儒、方晶、肖学孟：《产能过剩背景下邢台市钢铁行
业结构调整的策略研究》，《邢台学院学报》2014 年第 3 期。

［219］秦玄：《有效化解产能过剩的思考》，《宏观经济管理》2014 年第
9 期。

［220］全毅、夏雪姣：《日本与德国应对"广场协议"的政策比较及启
示》，《福建论坛》（人文社会科学版）2012 年第 9 期。

［221］［法］让－雅克·拉丰、大卫·马赫蒂摩：《激励理论：委托—代
理模型》（第一卷），中国人民大学出版社 2002 年版。

［222］任泽平：《发达国家实施加速折旧的经验与我国的选择》，《经济
纵横》2014 年第 3 期。

［223］《日本钢铁行业重组情况回顾》，《冶金信息导刊》2006 年第 3 期。

［224］日本通商产业省通商产业政策史编纂委员会：《日本通商产业政策
史》第十四卷，中国青年出版社 1996 年版。

［225］邵建利：《上海工业园区调整和淘汰落后产能的对策研究》，《上
海经济研究》2008 年第 2 期。

［226］沈开艳：《在比较中探寻城市产业转型的新思路——〈城市产业转
型比较研究·上海市杨浦区与日本川崎市的产业转型经验〉书
评》，《上海经济研究》2011 年第 3 期。

［227］盛朝迅：《化解产能过剩的国际经验与策略催生》，《改革》2013
年第 8 期。

［228］时磊：《资本市场扭曲与产能过剩：微观企业的证据》，《财贸研
究》2013 年第 5 期。

［229］史贞：《产能过剩治理的国际经验及对我国的启示》，《经济体制
改革》2014 年第 4 期。

［230］苏波：《加强"五结合"化解产能过剩·中国发展观察》，《中国
发展高层论坛》2014 年。

［231］苏汝劼：《建立淘汰落后产能长效机制的思路与对策》，《宏观经
济研究》2012 年第 5 期。

［232］孙海刚：《钢铁上市公司的技术效率与企业绩效——基于我国钢铁产业竞争力的提升》，《经济管理》2009 年第 7 期。

［233］孙义、黄海峰：《基于企业投资策略视角的产能过剩问题研究》，《现代管理科学》2014 年第 1 期。

［234］孙毅、林晓宁：《战后日本钢铁产业迅速发展的原因分析》，《现代日本经济》2013 年第 5 期。

［235］谭忠富、严菲：《我国钢铁工业用煤效率及能源间接出口分析》，《华北电力大学学报》（社会科学版）2008 年第 1 期。

［236］汤毅：《加快钢铁行业淘汰落后产能的激励机制研究》，《冶金经济与管理》2011 年第 1 期。

［237］唐兴和：《现阶段我国钢铁、水泥行业产能"伪过剩"刍议》，《预测》2014 年第 6 期。

［238］佟福全：《协商仍为上策——美国钢铁贸易摩擦及解决途径》，《国际贸易》2002 年第 4 期。

［239］［美］托马斯·谢林：《承诺的策略》（第 1 版），王永钦、薛峰译，上海人民出版社 2009 年版。

［240］王立国、高越青、王善东：《抑制产能过剩促进水泥工业健康发展——基于 L 省水泥工业调研》，《宏观经济研究》2013 年第 10 期。

［241］王立国、高越青：《基于技术进步视角的产能过剩问题研究》，《财经问题研究》2012 年第 2 期。

［242］王立国、高越青：《建立和完善市场退出机制有效化解产能过剩》，《宏观经济研究》2014 年第 10 期。

［243］王立国、王晓姝、付扬：《铝工业行业产能过剩成因及治理对策研究》，《宏观经济研究》2012 年第 8 期。

［244］王立国、赵琳、高越青：《谨防风电设备、多晶硅行业性产能过剩的风险》，《宏观经济研究》2011 年第 5 期。

［245］王立国、宋雪：《我国居民消费能力研究——基于化解产能过剩矛盾的视角》，《财经问题研究》2014 年第 3 期。

［246］王曼、肖燕：《浅谈我国钢铁行业的产能过剩问题》，《北方经贸》2010 年第 4 期。

［247］王赛德、潘瑞娇：《中国式分权与政府机构垂直化管理——一个基

于任务冲突的多任务委托—代理框架》,《世界经济文汇》2010 年第 1 期。

[248] 王世嵩、周勤:《出口产品技术结构和出口退税政策有效性研究——基于 2002—2007 年省际面板数据的实证分析》,《工业技术经济》2009 年第 12 期。

[249] 王树华、陈柳:《制造业转型升级中的增量调整和存量调整》,《现代经济探讨》2014 年第 6 期。

[250] 王硕:《投资较快增长——产能过剩降压》,《中国国情国力》2006 年第 12 期。

[251] 王维兴:《2013 年上半年重点钢铁企业能源利用状况评述》,第九届中国钢铁年会论文集。

[252] 王维兴:《中国高炉炼铁技术进展》,《钢铁》2005 年第 10 期。

[253] 王玮、陈蕊:《互联网情景下的信任研究评价及展望》,《外国经济与管理》2013 年第 10 期。

[254] 王文祥、史言信:《我国光伏产业困境的形成:路径、机理与政策反思》,《当代财经》2014 年第 1 期。

[255] 王小鲁、余静文、樊纲:《中国分省企业经营环境指数 2013 年报告》,中信出版社 2013 年版。

[256] 王晓姝、李锂:《产能过剩的诱因与规制——基于政府视角的模型化分析》,《财经问题研究》2012 年第 9 期。

[257] 王晓姝、孙爽:《创新政府干预方式治愈产能过剩痼疾》,《宏观经济研究》2013 年第 6 期。

[258] 王艳、陈继祥:《基于政府监管视角的产能过剩行业企业的发展方式研究》,《现代管理科学》2013 年第 10 期。

[259] 王银安:《德国城市化对我们的启示》,《经济研究参考》2014 年第 11 期。

[260] 王岳平:《我国产能过剩行业的特征分析及对策》,《宏观经济管理》2006 年第 6 期。

[261] 王震勤、王维才、张斌:《基于超效率 DEA 的钢铁上市公司技术效率与绩效研究》,《工业技术经济》2013 年第 2 期。

[262] 王志伟:《市场机制能解决产能过剩问题吗?》,《经济纵横》2015 年第 1 期。

［263］文献军：《化解电解铝过剩产能的对策建议》，《经济研究参考》2014 年第 7 期。

［264］吴东华：《落后产能淘汰亟待新思维》，《中国经贸》2010 年第 5 期。

［265］吴建南、马亮：《政府绩效与官员晋升研究综述》，《公共行政评论》2009 年第 2 期。

［266］吴启常、王泰昌、冯又东：《我国不同级别高炉的基建投资和生铁成本比较》，《中国冶金》1998 年第 4 期。

［267］吴溪淳：《关于进一步替代进口和加快淘汰落后产能问题》，《中国钢铁行业》2006 年第 8 期。

［268］吴延兵：《中国哪种所有制类型企业最具创新性?》，《世界经济》2012 年第 6 期。

［269］吴泽邦：《落后产能与过剩产能应区别对待》，《中国经贸导刊》2007 年第 3 期。

［270］项钟庸、王筱留、银汉：《再论高炉生产效率的评价方法》，《钢铁》2013 年第 3 期。

［271］项钟庸、银汉：《高炉生产效率评价方法》，《钢铁》2011 年第 9 期。

［272］熊华文：《加强政府服务职能、推动中小企业节能降耗》，《宏观经济管理》2010 年第 4 期。

［273］熊华文：《淘汰落后产能应合理把握力度和节奏》，《中国经济时报》2010 年版。

［274］修宗峰、黄健柏：《市场化改革、过度投资与企业产能过剩——基于我国制造业上市公司的经验证据》，《经济管理》2013 年第 7 期。

［275］徐细雄、淦未宇：《组织支持契合、心理授权与雇员组织承诺：一个新生代农民工雇佣关系管理的理论框架——基于海底捞的案例研究》，《管理世界》2011 年第 12 期。

［276］杨德明、赵璨：《媒体监督、媒体治理与高管薪酬》，《经济研究》2012 年第 6 期。

［277］杨君、王珺：《地方官员政治承诺可信度及其行动逻辑——来自副省级城市政府年度工作报告（2002—2011）的经验证据》，《中山

大学学报》（社会科学版）2014 年第 1 期。

[278] 杨莉：《我国钢铁产业限产政策失败原因分析》，《经济研究参考》2014 年第 44 期。

[279] 杨万东：《我国产能过剩问题讨论综述》，《经济理论与经济管理》2006 年第 10 期。

[280] 杨晓龙、李碧芳、刘戒骄：《美国加强制造业的策略选择及启示》，《当代经济研究》2012 年第 6 期。

[281] 杨振：《激励扭曲视角下的产能过剩形成机制及其治理研究》，《经济学家》2013 年第 10 期。

[282] 杨振：《"中国式"产能过剩治理需构建"三维"政策体系》，《中国党政干部论坛》2015 年第 1 期。

[283] 杨智璇、班允浩：《煤化工业"十二五"时期的产能过剩防范问题研究——基于山西、陕西和内蒙古煤化工行业的调研》，《财经问题研究》2011 年第 10 期。

[284] 姚文斌、王自勤、宫改云：《美、日、中钢材市场演进的分析研究》，《经济纵横》2007 年第 5 期。

[285] 叶皓：《从被动应付走向积极应对——试论当前政府和媒体关系的变化》，《南京大学学报》（哲学人文科学版）2008 年第 1 期。

[286] 伊文婧、熊华文：《基于数据包络分析方法的淘汰落后产能政策评价及对策研究——以钢铁行业为例》，《中国能源》2014 年第 12 期。

[287] 易诚：《产能过剩与金融风险防范》，《中国金融》2013 年第 19 期。

[288] 殷保达：《中国产能过剩治理的再思考》，《经济纵横》2012 年第 4 期。

[289] 喻国明：《中国传媒发展指数报告（2012）》，人民日报出版社 2012 年版。

[290] 岳璐：《突发公共事件中的媒介角色研究——以矿难报道为例》，《湖南师范大学社会科学学报》2007 年第 2 期。

[291] 张弛、张曙光：《靠市场化解产能过剩、促转型有赖深度开放——2013 年第三季度宏观经济分析》，《河北经贸大学学报》2014 年第 1 期。

［292］张厚明：《我国淘汰落后产能对策研究》，《中国国情国力》2014年第8期。

［293］张静晓、李慧、周天华：《我国建筑业产能过剩测度及对策研究》，《科技进步与对策》2012年第9期。

［294］张群、冯梅、于可慧：《中国钢铁产业产能过剩的影响因素分析》，《数理统计与管理》2014年第3期。

［295］张日旭：《地方政府竞争引起的产能过剩问题研究》，《经济与管理》2012年第11期。

［296］张日旭：《我国电解铝行业产能过剩问题研究——从铝价格波动角度分析》，《价格理论与实践》2012年第10期。

［297］张日旭：《重化工业产能过剩的困境摆脱：解析电解铝行业》，《改革》2012年第11期。

［298］张维迎：《博弈论与信息经济学》，上海人民出版社2004年版。

［299］张新海：《产能过剩的定量测度与分类治理》，《宏观经济管理》2010年第1期。

［300］张新海：《转轨时期落后产能的退出壁垒与退出机制》，《宏观经济管理》2007年第10期。

［301］赵华林、郭启民、黄小赠：《日本水环境保护及总量控制技术与政策的启示——日本水污染物总量控制考察报告》，《环境保护》2007年第12期。

［302］赵静：《地方政府税收竞争对产能过剩的影响》，《技术经济》2014年第2期。

［303］赵黎黎、黄新建：《产能过剩条件下的中国钢铁企业并购绩效分析》，《江西社会科学》2010年第10期。

［304］赵振华：《关于产能过剩问题的思考》，《中共中央党校学报》2014年第2期。

［305］钟春平、潘黎：《"产能过剩"的误区——产能利用率及产能过剩的进展、争议及现实判断》，《经济学动态》2014年第3期。

［306］周辰殉、孙英隽：《政府主导模式下我国行业潮涌现象作用机制的实证研究》，《南方经济》2013年第5期。

［307］周歌：《"控霾军令状"倒逼官员强化环保意识》，《中国报业》2014年第2期。

［308］周劲、付保宗：《产能过剩的内涵——评价体系及在我国工业领域的表现特征》，《经济学动态》2011 年第 10 期。

［309］周劲、付保宗：《工业领域产能过剩形成机制及对策建议》，《宏观经济管理》2011 年第 10 期。

［310］周劲、付保宗：《化解"产能过剩"应注意的几个问题》，《宏观经济管理》2013 年第 7 期。

［311］周劲：《产能过剩的概念、判断指标及其在部分行业测算中的应用》，《宏观经济研究》2007 年第 9 期。

［312］周黎安：《晋升博弈中政府官员的激励与合作——兼论我国地方保护主义和重复建设问题长期存在的原因》，《经济研究》2004 年第 6 期。

［313］周瑞辉、廖涵：《国有产权、体制扭曲与产能利用——基于中国 1998—2007 年制造业行业的面板分析》，《山西财经大学学报》2015 年第 1 期。

［314］［法］朱·弗登博格、让·梯若尔：《博弈论》，中国人民大学出版社 2002 年版。

［315］朱宏任：《单纯地认为落后产能以规模大小划分是一种误解》，http://www. gov. cn/zxft/ft199 /content_ 1605108. htm，2010 年 5 月 13 日。

［316］朱惠斌：《日本产业集群规划的特征及启示》，《世界地理研究》2014 年第 3 期。

［317］祝宝良：《产能过剩的成因与化解》，《中国金融》2013 年第 13 期。